Rainer Kasperzak und Anke Nestler,
unter Mitarbeit von Dipl.-Kfm. Ashkan Kalantary

Bewertung von immateriellem Vermögen

Rainer Kasperzak und Anke Nestler
unter Mitarbeit von Dipl.-Kfm. Ashkan Kalantary

Bewertung von immateriellem Vermögen

Anlässe, Methoden und
Gestaltungsmöglichkeiten

WILEY-VCH

WILEY-VCH Verlag GmbH & Co. KGaA

1. Auflage 2010

Alle Bücher von Wiley-VCH werden sorgfältig erarbeitet. Dennoch übernehmen Autoren, Herausgeber und Verlag in keinem Fall, einschließlich des vorliegenden Werkes, für die Richtigkeit von Angaben, Hinweisen und Ratschlägen sowie für eventuelle Druckfehler irgendeine Haftung.

Bibliografische Information der Deutschen Nationalbibliothek
Die Deutsche Nationalbibliothek verzeichnet diese Publikation in der Deutschen Nationalbibliografie; detaillierte bibliografische Daten sind im Internet über http://dnb.d-nb.de abrufbar.

© 2010 WILEY-VCH Verlag GmbH & Co. KGaA, Boschstr. 12, 69469 Weinheim, Germany

Printed in the Federal Republic of Germany

Gedruckt auf säurefreiem Papier.

Satz TypoDesign Hecker GmbH, Leimen
Druck und Bindung CPI – Ebner & Spiegel, Ulm
Umschlaggestaltung Christian Kalkert, Birken-Honigsessen

ISBN: 978-3-527 50422-0

Inhaltsverzeichnis

Bewertung von immateriellem Vermögen. Rainer Kasperzak und Anke Nestler
Copyright © 2010 WILEY-VCH Verlag GmbH & Co. KGaA, Weinheim
ISBN 978-3-527-50422-0

Abkürzungsverzeichnis

.ch	Schweiz (Top-Level-Domain)
.com	commercial (Top-Level-Domain)
.eu	Europa (Top-Level-Domain)
.fr	Frankreich (Top-Level-Domain)
.info	information (Top-Level-Domain)
.net	network (Top-Level-Domain)
.org	organization (Top-Level-Domain)
Abb.	Abbildung
Abs.	Absatz
AfA	Absetzung für Abnutzung
AHK	Anschaffungs- und/oder Herstellkosten
AICPA	American Institute of Certified Public Accountants
ArbEG	Gesetz über Arbeitnehmererfindungen
ASA	American Society of Appraisers
AStG	Außensteuergesetz
B2B	Business to Business
B2C	Business to Consumer
BBk	Deutsche Bundesbank
BewG	Bewertungsgesetz
BFH	Bundesfinanzhof
BMF	Bundesministerium für Finanzen
BStBl.	Bundessteuerblatt
BVS	Business Valuation Standard
bzw.	beziehungsweise
c. p.	ceteris paribus
CA	Contributory Assets
ca.	circa
CAC	Contributory Asset Charges
CAPM	Capital Asset Pricing Model
CF	Cashflow
COCOMO	Constructive Cost Model

Bewertung von immateriellem Vermögen. Rainer Kasperzak und Anke Nestler
Copyright © 2010 WILEY-VCH Verlag GmbH & Co. KGaA, Weinheim
ISBN 978-3-527-50422-0

CPA	Certified Public Accountant
d. h.	das heißt
DAX	Deutscher Aktienindex
DIN	Deutsches Institut für Normung
DPMA	Deutsches Patent- und Markenamt
DRSC	Deutsches Rechnungslegungs Standards Committee
EBIT	Earnings Before Interest and Taxes
EBITDA	Earnings Before Interest, Taxes, Depreciation and Amortization
EFG	Entscheidung der Finanzgerichte
EK	Eigenkapital
EPA	Europäisches Patentamt
EStG	Einkommensteuergesetz
etc.	et cetera
EUR	Euro
EZB	Europäische Zentralbank
f.	folgende
ff.	fortfolgende
FG	Finanzgericht
FK	Fremdkapital
FTE	Full-Time Employment
GAufzV	Gewinnabgrenzungsaufzeichnungsverordnung
GebrMG	Gebrauchsmustergesetz
GEM	Arbeitskreis der Gesellschaft zur Erforschung des Markenwesens
GeschmMG	Geschmacksmustergesetz
HGB	Handelsgesetzbuch
i. d. R.	in der Regel
i. H. v.	in Höhe von
i.V. m.	in Verbindung mit
IAS/IFRS	International Accounting Standard/International Financial Reporting Standard
IDW S1	IDW Standard 1
IDW	Institut der Wirtschaftsprüfer in Deutschland e.V.
IT	Informationstechnologie
IP	Intellectual Property
IVS	International Valuation Standards
IVSC	International Valuation Standards Council
KRZ	Kreditrisikozuschlag
M&A	Merger and Acquisition

MEEM	Multi-period Excess Earnings Method
MRP	Marktrisikoprämie
MW	Marktwert
NIC	Network Information Center
No.	number
p. a.	per annum
PAS 1070	Publicly Available Specification
PatG	Patentgesetz
RBW	Rentenbarwert
rd.	rund
RP	Risikoprämie
SÄ	Sicherheitsäquivalent
SFAS	Statements of Financial Accounting Standards
sog.	so genannt
SSVS	Statement on Standards for Valuation Services
TAB	Tax Amortization Benefit
TEUR	in Tausend Euro
TLD	Top-Level-Domain
u. a.	unter anderem
UrhG	Urheberrechtsgesetz
US-GAAP	United States Generally Accepted Accounting Principles
USPAP	Uniform Standards of Professional Appraisal Practice
usw.	und so weiter
v. a.	vor allem
VG	Verschuldungsgrad
VW	Vermögenswerte
WACC	Weighted Average Cost of Capital
WARA	Weighted Average Rate on Asset
z. B.	zum Beispiel

Abbildungsverzeichnis

Bewertung von immateriellem Vermögen. Rainer Kasperzak und Anke Nestler
Copyright © 2010 WILEY-VCH Verlag GmbH & Co. KGaA, Weinheim
ISBN 978-3-527-50422-0

14

Tabellenverzeichnis

Bewertung von immateriellem Vermögen. Rainer Kasperzak und Anke Nestler
Copyright © 2010 WILEY-VCH Verlag GmbH & Co. KGaA, Weinheim
ISBN 978-3-527-50422-0

Vorwort

Auf die wachsende Bedeutung von immateriellem Vermögen ist in der Literatur in den vergangenen Jahren immer wieder hingewiesen worden. Dass es sich dabei nicht nur um eine Floskel handelt, belegen inzwischen eindrucksvoll die Bilanzen zahlreicher Unternehmen, die nach IFRS bilanzieren. Veränderte Bilanzregeln bei der Abbildung von Unternehmenserwerben haben dazu geführt, dass vermehrt Kundenbeziehungen, geschützte und nicht geschützte Erfindungen, Marken, Knowhow und viele andere immaterielle Vermögenswerte separat und nicht als Bestandteil des Goodwill ausgewiesen werden müssen. Auch das HGB bietet nach der grundlegenden Bilanzreform BilMoG die Möglichkeit, selbsterstellte immaterielle Vermögenswerte unter bestimmten Voraussetzungen zu aktivieren. Hinzu kommt, dass die Finanzverwaltung immaterielle Werte immer stärker in das zu besteuernde Vermögen, etwa bei Funktionsverlagerung, einbeziehen will.

Vor dem Hintergrund dieser Entwicklungen erscheint es nur verständlich, dass die Nachfrage nach geeigneten finanziellen Bewertungsmethoden, die in diesem Buch auch im Fokus der Betrachtung stehen sollen, ebenfalls signifikant gestiegen ist. Dabei gilt es zu berücksichtigen, dass die Bewertung von immateriellem Vermögen sehr komplex ist. In Abgrenzung zur klassischen Unternehmensbewertung tauchen spezifische und zusätzliche Problemstellungen auf, die sich auf die besonderen Eigenschaften von immateriellen Vermögenswerten zurückführen lassen. Insbesondere besteht die Besonderheit, dass die Bewertung einzelner Vermögenswerte separat erfolgen soll, diese aber gerade erst im Verbund mit anderen Vermögenswerten ihren besonderen Wert entwickeln. Die Forschungsbemühungen stehen hier erst am Anfang. In der Bewertungspraxis haben sich mit dem Cost Approach, dem Market Approach und dem Income Approach inzwischen zwar drei grundlegende finanzorientierte Bewertungsmethoden etabliert. Zahlreiche Ausprägungen dieser Bewertungsmethoden, die sich als Bewertungsverfahren manifestieren, führen jedoch dazu, dass die Bandbreite der eingesetzten Verfahren und der daraus resultierenden Bewertungsergebnisse nicht selten noch recht hoch ist.

Bewertung von immateriellem Vermögen. Rainer Kasperzak und Anke Nestler
Copyright © 2010 WILEY-VCH Verlag GmbH & Co. KGaA, Weinheim
ISBN 978-3-527-50422-0

Daher bemühen sich schon seit einiger Zeit zahlreiche Institutionen um eine weitere Standardisierung der Bewertungsmethoden. Da die Bewertungsproblematik von immateriellen Vermögenswerten in den letzten Jahren verstärkt durch rechnungslegungsbezogene Bewertungsanlässe sichtbar wurde, sind vor allem rechnungslegungs- und prüfungsnahe Institutionen, wie etwa das Institut für Wirtschaftsprüfung in Deutschland (IDW), hier federführend. Allerdings sei betont, dass in diesem Buch auch andere, nicht rechnungslegungsbezogene Bewertungsanlässe behandelt werden, die eine reflexartige Übernahme der in rechnungslegungsbezogenen Bewertungsstandards verankerten Prinzipien nicht immer sachgerecht erscheinen lassen. Zu nennen sind etwa notwendige Bewertungen anlässlich von Schutzrechtsverletzungen oder konzerninternen Transaktionen.

Da im deutschsprachigen Schrifttum die Bewertung von immateriellem Vermögen bisher vornehmlich im bilanziellen Kontext oder gar nur für bestimmte Vermögenswerte behandelt wurde, ist es ein Anliegen der Autoren, die Bewertungsproblematik zunächst auf eine breite Basis zu stellen und dort, wo es sachgerecht erscheint, anlassbezogene Problemlösungen zu präsentieren und zu diskutieren. Dabei richtet sich das Werk an interessierte Wissenschaftler, Bewertungspraktiker, Entscheidungsträger in Unternehmen, Studierende und andere an der Bewertung von immateriellem Vermögen interessierte Personen und Institutionen.

Abschließend bedanken sich die Autoren bei allen, die zum Gelingen und zum erfolgreichen Abschluss dieses Buchprojektes beigetragen haben. Zu nennen ist hier zunächst Herr Ashkan Kalantary, dem unser besonderer Dank für seine intensive Mitwirkung gebührt. Ebenfalls vom Lehrstuhl für Rechnungslegung an der TU Berlin haben Frau Dr. Katja Witte inhaltlich und im Hinblick auf die formale Gestaltung Frau Claudia Schröter wertvolle Unterstützung geleistet. Darüber hinaus haben Frau Nina Gardner, Herr Matthias Gassert, Herr Michael Graser und Herr Sebastian Wittkopp von der VALNES Corporate Finance GmbH bei der Erstellung des Manuskripts mitgewirkt und dieses Buch neben ihrer täglichen Projektarbeit mit zusätzlichem Zeiteinsatz tatkräftig unterstützt.

Bedanken möchten wir uns auch bei Herrn Dr. Axel Bödefeld, Herrn Kay-Uwe Jonas sowie bei Frau Dr. Brigitte Joppich für die Gastkommentare zu ausgewählten rechtlichen Rahmenbedingungen, die für die Bewertung immaterieller Vermögenswerte relevant sind.

Berlin und Frankfurt am Main, im Oktober 2009

Rainer Kasperzak
Anke Nestler

1
Einführung

1.1 Wachsende Bedeutung von immateriellen Investitionen

Der wachsende Wettbewerb in einer globalisierten Wirtschaft und der rasche technologische Wandel haben die Rahmenbedingungen der Unternehmen stark verändert. Im Zuge des Wandels von der sachkapital- hin zu einer humankapitalintensiven Wissens- und Technologiegesellschaft kristallisiert sich vor allem das immaterielle Vermögen als wichtiger Werttreiber der Unternehmen und als Wachstumsfaktor der Volkswirtschaft heraus. Seit 1975 hat sich etwa das Verhältnis des Buchwertes der bilanzierten immateriellen Vermögenswerte zur Marktkapitalisierung des S&P-500-Index in jeder Dekade verdoppelt.[1] In einer viel beachteten Studie kommt der amerikanische Ökonom Nakamura zu dem Ergebnis, dass US-amerikanische Unternehmen im Jahr 2000 mindestens 1 Billion US-Dollar in immaterielle Vermögenswerte investiert haben, ein Betrag, der 10 Prozent des Bruttoinlandproduktes entspricht.[2] Investiert wurde vor allem in Forschung und Entwicklung, Software und Werbung. Aber auch Ausgaben für »kreative« Mitarbeiter wie Ingenieure, Wissenschaftler, Schriftsteller und Künstler spielten eine beachtliche Rolle.

Dass ein stets wachsender Anteil des Bruttoinlandsprodukts entwickelter Volkswirtschaften in immaterielle Werte investiert wird, belegt auch eine Untersuchung der OECD.[3] Gemessen wurde der Anteil wissensbasierter Investitionen am Bruttoinlandsprodukt und die Veränderung dieses Verhältnisses für den Zeitraum 1997 bis 2003. Dabei umfassen die wissensbasierten Investitionen die Ausgaben für Forschung und Entwicklung, Software und (öffentliche und private) Bildung. Im nahezu gleichen Zeitraum waren die Investitionen in Maschinen und Anlagen, gemessen am Bruttoinlandsprodukt, rückläufig.

Die zunehmende Bedeutung von Forschungs- und Entwicklungsprojekten, Wissen einer Organisation, Markennamen, Kunden- und Lieferanten-

---

1) Vgl. Ocean Tomo (2007).
2) Vgl. Nakamura, L. I. (2001).

3) Vgl. OECD (2007).

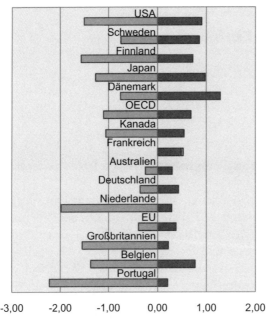

Abb. 1 Wachsende Bedeutung immaterieller Investitionen gemessen am BIP (Daten: OECD Science, Technology and Industry Scoreboard 2007)

beziehungen, patentierten und nicht patentierten Technologien oder anderen immateriellen Werten steht somit außer Frage (vgl. Abb. 1; zu den größten Patentanmeldern des EPA siehe auch Abb. 2). Dabei entwickeln vor allem die Schlüsseltechnologien eine besondere Dynamik. So betrugen die weltweiten Investitionen in die Forschung und Entwicklung allein auf dem Gebiet der Nanotechnologie im Jahre 2004 8 Billionen Euro. Das Marktpotenzial dieser Schlüsseltechnologie wird für das Jahr 2015 gar auf 1 Trillion Euro geschätzt.[4] Die Entwicklung zu einer Wissensgesellschaft spiegelt sich auch in der deutschen Zahlungsbilanzstatistik wider. Insgesamt haben sich die Einnahmen aus technologischen Dienstleistungen im Zeitraum 1986 bis 2004 vervierfacht. Die Einnahmen aus Patenten und Lizenzen haben sich seit 1989 verdoppelt und betrugen 2007 über 5 Milliarden Euro (Zahlungsbilanzstatistik Deutsche Bundesbank, April 2008).

4) Vgl. http://www.epo.org/topics/issues/nanotechnology_de.html, abgerufen am 01.09.2008.

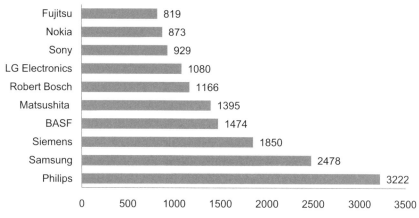

Abb. 2 Die größten Patentanmelder beim EPA 2007
(Quelle: Europäisches Patentamt, Fakten und Zahlen 2008)

Vor dem Hintergrund einer am Shareholder Value ausgerichteten Unternehmensstrategie müssen sich Investitionen in das immaterielle Vermögen als wertsteigernde Projekte manifestieren. Tatsächlich zeigen empirische Kapitalmarktstudien, dass forschungsintensive Unternehmen in der Lage sind, Überrenditen zu generieren. Darüber hinaus konnten signifikante Korrelationen zwischen den Kapitalmarktrenditen und dem bilanziellen Ansatz von immateriellen Aktiva nachgewiesen werden.[5] Der Kapitalmarkt scheint diesbezügliche Informationen somit zu honorieren.

Auch der Gesetzgeber und standardsetzende Rechnungslegungsinstitutionen haben auf diese Entwicklung reagiert. In Deutschland sind im Zuge der Umsetzung des Bilanzrechtsmodernisierungsgesetzes (BilMoG) nunmehr unter bestimmten Voraussetzungen selbsterstellte immaterielle Vermögenswerte in Anlehnung an die International Financial Reporting Standards (IFRS) aktivierungsfähig. In der internationalen Rechnungslegung führt die bilanzielle Abbildung von Unternehmenserwerben dazu, dass eine Vielzahl von immateriellen Vermögenswerten, die im Zuge eines Unternehmenskaufs zugegangen sind, nicht mehr im Geschäfts- oder Firmenwert aufgehen, sondern separat in der Konzernbilanz aktiviert werden müssen. In der Praxis scheint dann die hohe Relevanz von immateriellen Vermögenswerten auf: Zu einem großen Teil verteilt sich der gezahlte Kaufpreis auf die immateriellen Werte des Akquisitionsobjektes.

5) Vgl. im Überblick Oswald, D. R./Zarowin, P. (2007);
Mölls, S. H./Strauß, M. (2007).

Das verstärkte Interesse am immateriellen Vermögen und die Bedeutung, die es mittlerweile im Wirtschaftsleben innehat, lässt selbstverständlich auch die Bewertungsproblematik nicht unberührt. Ob für Zwecke der Transaktionsbewertung, der wertorientierten Steuerung, der bilanziellen Bewertung oder gar der Bemessung von Schadenersatzansprüchen bei Schutzrechtsverletzungen, der Bedarf nach geeigneten zweckadäquaten Bewertungsverfahren steigt kontinuierlich.

Zwar haben sich in der Bewertungspraxis mittlerweile eine Vielzahl von Bewertungsmethoden und -techniken herauskristallisiert, allerdings ist die Bandbreite der eingesetzten Verfahren und der daraus resultierenden Werte zum Teil noch recht hoch. Dies ist nicht zuletzt darauf zurückzuführen, dass die Bewertung des immateriellen Vermögens aufgrund seiner spezifischen Eigenschaften, die es später noch im Detail zu erörtern gilt, hoch komplex ist.

Abbildung 3 illustriert die Ergebnisse einer Fallstudie, die zeigt, dass führende Markenbewertungsunternehmen auf der Basis eines umfangreichen identischen Datensets Markenwerte für ein fiktives Modellunternehmen berechnen, die sich in einer Bandbreite von 200 Mio. bis ca. 1 Mrd. Euro bewegen.[6]

Die deutlichen Abweichungen wurden zum Teil auf den Untersuchungsaufbau und andere Faktoren zurückgeführt.[7] Dennoch wird deutlich, dass sich die Forschung auf diesem Gebiet noch in einem recht frühen Stadium befindet und es weiterer Anstrengungen bedarf, um zu intersubjektiv nach-

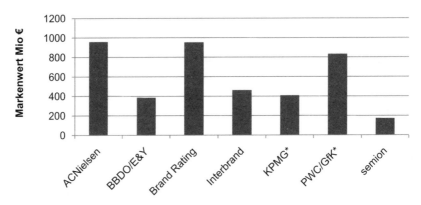

Abb. 3 Markenbewertung »Die Tank AG«
(Quelle: Absatzwirtschaft, 2004)

6) Vgl. Maul, K.-H./Mussler, S./Hupp, O. (2004).
7) Vgl. Castedello M./Schmusch, M. (2008).

vollziehbaren und begründbaren Ergebnissen zu kommen. Darüber hinaus wird an dieser Studie erkennbar, dass Werte ganz erheblich von den zugrunde gelegten Prämissen abhängen, die in diesem Musterfall von den Bewertern ganz unterschiedlich gesetzt wurden. In diesem Zusammenhang bemühen sich gerade in jüngster Zeit verschiedene Institutionen um eine Standardisierung des Bewertungsprozesses. Sehr aktiv zeigt sich – wie auch schon auf dem Gebiet der Unternehmensbewertung – das Institut der Wirtschaftsprüfer in Deutschland, das mit dem IDW RS HFA 16 »Bewertungen bei der Abbildung von Unternehmenserwerben und bei Werthaltigkeitsprüfungen nach IFRS« und dem IDW S 5 »Grundsätze zur Bewertung immaterieller Vermögenswerte« gleich zwei Standards entwickelt hat, die sich auch bzw. explizit mit der Bewertung von immateriellen Vermögenswerten beschäftigen. Weitere beachtenswerte Verlautbarungen zur Bewertung von immateriellen Werten werden u. a. vom International Valuation Standards Council (IVSC) und vom American Institute of Certified Public Accountants (AICPA) herausgegeben.

Da aber prinzipiell jede Bewertung mit Unsicherheiten behaftet ist und demzufolge punktgenaue Schätzungen nicht zu erwarten sind, kann das Ziel etwaiger Standardisierungen nur darin bestehen, das Bewertungsergebnis – gleichwohl in Abhängigkeit vom jeweiligen Bewertungszweck – in akzeptablen Bandbreiten zu halten und einheitliche Vorgehensweisen zu etablieren. So müssen die Standards auch als Versuch gesehen werden, die Grundzüge und Leitlinien der Bewertung von immateriellen Werten zu verankern.

1.2 Klassifizierung des immateriellen Vermögens

Im weitesten Sinne beschäftigen wir uns im Rahmen dieses Buches mit der Bewertung immaterieller Nutzenpotenziale. Es geht also um Ressourcen, von denen erwartet werden kann, dass sie in Zukunft zum wirtschaftlichen Erfolg des unternehmerischen Handelns beitragen. Vielfach verwendet man in diesem Zusammenhang den Begriff »Intellectual Capital«. Er wird häufig – nicht zuletzt in der Managementliteratur – als Oberbegriff für alle wissensbasierten Ressourcen eines Unternehmens verwendet. Edvinsson und Sullivan definieren Intellectual Capital sehr allgemein als »knowledge that can be converted into value«[8]. Darauf aufbauend sind in der Folge verschiedene Taxonomien erarbeitet worden, wobei die Aufteilung

8) Edvinsson, L./Sullivan, P. (1996), S. 358.

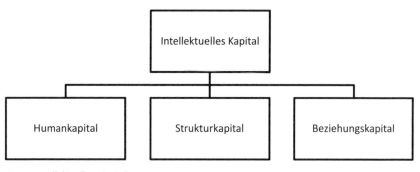

Abb. 4 Intellektuelles Kapital

in Humankapital (Wissen, Knowhow, Erfahrung, Kreativität etc.), unterstützendes Strukturkapital (Informationstechnologie, Gebäude, Organisationsabläufe, Unternehmenskultur etc.) und Beziehungskapital (Kunden, Lieferanten, Unternehmensnetzwerke etc.) weit verbreitet ist (vgl. Abb. 4).

Im engeren Sinne handelt es sich um solche immateriellen Ressourcen, die weder gesetzlich oder vertraglich geschützt sind noch isoliert Gegenstand von Rechtsgeschäften sein können. Sofern es bilanziell nicht erfasst wird, spiegelt das Intellectual Capital den originären Goodwill des Unternehmens wider.

Eine über die in der Managementliteratur verbreitete Dreiteilung des Intellectual Capital hinausgehende Kategorisierung immaterieller Werte hat der Arbeitskreis »Immaterielle Werte im Rechnungswesen« der Schmalenbach-Gesellschaft vorgeschlagen (siehe Abb. 5).[9] Es sei betont, dass das vorgestellte Konzept unabhängig von der Bilanzierung entwickelt worden ist.

Im Schrifttum finden darüber hinaus weitere Begrifflichkeiten und Fachtermini Verwendung, die zwar im weitesten Sinne auch als Intellectual Capital bezeichnet werden können, sich jedoch durch bestimmte Merkmalsausprägungen voneinander abgrenzen lassen. Dabei sind Bezeichnungen wie »Intangible Assets«, »Intangibles«, »Intellectual Assets« sowie »Intellectual Property« wohl am gebräuchlichsten. Als gemeinsame Merkmale kristallisieren sich über die fehlende physische Substanz im Sinne einer fehlenden Körperlichkeit bzw. Greifbarkeit und das künftige Nutzenpotenzial auch bestimmte Attribute heraus, die auf die Absicherung des Nutzenpotenzials und die Möglichkeit einer Verwertbarkeit im Rechtsverkehr abzielen.

9) Vgl. Arbeitskreis »Immaterielle Werte im Rechnungswesen« (2001).

Innovation Capital	• Immaterielle Werte im Bereich Produkt-, Dienstleistungs- und Verfahrensinnovationen • z. B. Software, Filme, Patente, Rezepturen
Human Capital	• Immaterielle Werte im Personalbereich • z. B. Managementwissen, Knowhow der Mitarbeiter, Betriebsklima
Customer Capital	• Immaterielle Werte im Absatzbereich • z. B. Kundenzufriedenheit, Marken, Marktanteile, Kundenlisten
Supplier Capital	• Immaterielle Werte im Beschaffungsbereich • z. B. Entwicklungskooperationen mit Lieferanten, günstige Beschaffungsverträge
Investor Capital	• Immaterielle Werte im Finanzbereich • z. B. Bonitätsrating zur Verbesserung der Kreditkonditionen
Process Capital	• Immaterielle Werte im Organisationsbereich • z. B. funktionierendes Vertriebsnetz, Qualitätssicherung, Kommunikationsnetz
Location Capital	• Standortbezogene immaterielle Werte • z. B. Standortvorteile aufgrund einer günstigen Verkehrsanbindung, lokale Steuervorteile

Abb. 5 Kategorisierung immaterieller Werte (eigene Darstellung in Anlehnung an Arbeitskreis »Immaterielle Werte im Rechnungswesen« der Schmalenbach-Gesellschaft)

Im Steuerrecht werden immaterielle Nutzenpotenziale als immaterielle Wirtschaftsgüter, im Handelsrecht als immaterielle Vermögensgegenstände und im Kontext internationaler Rechnungslegungsvorschriften als immaterielle Vermögenswerte (Intangible Assets) bezeichnet. Immaterielle Vermögenswerte lassen sich von den materiellen Vermögenswerten (Maschinen, Fuhrpark, Immobilien etc.) durch ihre fehlende physische Substanz abgrenzen. Darüber hinaus sind immaterielle Vermögenswerte nicht monetärer Art, was sie von den finanziellen Vermögenswerten, wie etwa den Forderungen oder den Wertpapieren, unterscheidet.

Soweit die wirtschaftlichen Vorteile aus immateriellen Vermögenswerten gesetzlich geschützt sind, handelt es sich um gewerbliche Schutzrechte, auch bezeichnet als Intellectual Property (»IP«). Darunter fallen etwa eingetragene Markennamen, Copyrights oder Patente. So sind neue technische Erfindungen durch das Patentrecht über einen bestimmten Zeitraum geschützt (§§ 16, 16a PatG). Das Markenrecht schützt Zeichen, die geeignet sind, Waren oder Dienstleistungen eines Unternehmens von denjenigen anderer Unternehmen zu unterscheiden (§ 3 MarkenG). Leistungen auf den Gebieten der Literatur, Wissenschaft und Kunst werden durch das Urheberrecht geschützt. Erst jüngst hat der Gesetzgeber auf die neuen Herausforderungen der Informationsgesellschaft reagiert und das Urheberrechtsgesetz reformiert.[10] Zu den gewerblichen Schutzrechten gehören auch das Gebrauchsmusterrecht und das Geschmacksmusterrecht. Auch Letzteres hat durch eine Gesetzesinitiative im Jahre 2004 eine grundlegende Änderung erfahren.

Die wirtschaftlichen Vorteile aus immateriellen Vermögenswerten können jedoch auch rein vertraglich abgesichert sein, z. B. in Form von vertraglichen Kundenbeziehungen. Selbst wenn der rechtliche Schutz, sei es vertraglich oder gesetzlich, nicht gegeben ist, können die wirtschaftlichen Vorteile aus immateriellen Vermögenswerten als wirtschaftliche Werte Objekte von Rechtsgeschäften sein. Als Beispiele können in diesem Zusammenhang Erfindungen, Prototypen oder eine Kundenliste genannt werden. Einige Autoren bezeichnen diese Werte als Intellectual Assets.[11]

Dieses Buch thematisiert insbesondere die Bewertung von immateriellen Werten, deren Nutzenpotenzial entweder gesetzlich oder vertraglich geschützt oder selbstständig im Rechtsverkehr verwertbar ist. Darunter fallen

- gewerbliche Schutzrechte (Intellectual Property) und Überlassungen von gewerblichen Schutzrechten, wie z. B.
  - Marken,
  - Patente,
  - Urheberrechte,
  - Domains,
  - Lizenzen,
- vertragliche Rechte, wie z. B.
  - Kundenbeziehungen und Auftragsbestände,
  - Mitarbeiterstamm,

10) Das Zweite Gesetz zur Regelung des Urheberrechts in der Informationsgesellschaft ist seit dem 01.01.2008 in Kraft.
11) Vgl. etwa Contractor, F. J. (2001), S. 6 ff.

- wirtschaftliche Werte, wie z. B.
  - Kundenstamm und Kundenlisten,
  - ungeschütztes Knowhow, Technologien usw.,
  - angearbeitete Forschungs- und Entwicklungsprojekte.

1.3 Ökonomische Eigenschaften des immateriellen Vermögens

Wie empirische Untersuchungen gezeigt haben, lassen sich mit Investitionen in immaterielle Werte wesentlich höhere Renditen erwirtschaften als mit Sachanlageinvestitionen.[12] Andererseits, und dies lehrt auch die Kapitalmarkttheorie, gehen mit höheren Renditen auch höhere Risiken einher. Darüber hinaus weisen Investitionen in immaterielle Vermögenswerte weitere ökonomische Besonderheiten auf, die im Rahmen einer Bewertung nicht unberücksichtigt bleiben dürfen.[13]

1.3.1 Nichtkonkurrierende Nutzung

Die Knappheit materieller und finanzieller Vermögenswerte wird durch die Höhe der Opportunitätskosten, also den Nutzen der eben verdrängten alternativen Einsatzmöglichkeit signalisiert. Man spricht von rivalisierender Nutzung, sofern die Vermögenswerte nicht gleichzeitig auch anderen Verwendungsmöglichkeiten zugeführt werden können. Beispielsweise kann ein Transportunternehmen einen LKW oder eine Fluggesellschaft ein Flugzeug nicht gleichzeitig auf verschiedenen Routen einsetzen. Bei immateriellen Werten ist eine gleichzeitige Mehrfachnutzung hingegen oftmals typisch. So deckt, um bei dem Beispiel der Fluggesellschaft zu bleiben, ein softwaregestütztes Flugreservierungssystem sowohl die Buchung der verschiedenen Flugrouten als auch andere Dienstleistungen wie Mietwagenbuchungen, Gepäckversicherungen etc. mit ab. Ein anderes typisches Beispiel ist die gleichzeitige Nutzung eines Markennamens für unterschiedliche Produkte (z. B. Nutzung der Marke Camel als Zigarettenmarke und als Marke für Bekleidung und Schuhe).

12) Vgl. Aboody, D./Lev, B. (2000).
13) Vgl. im Überblick u. a. Berry, J. (2005), S. 30 ff.

1.3.2 Kosten- und Erlösstruktur

In der frühen Entwicklungsphase eines immateriellen Wertes sind zumeist hohe Investitionen erforderlich. Verwiesen sei beispielhaft auf die Entwicklung neuer Wirkstoffe in der Pharmaindustrie, die Entwicklung alternativer Antriebstechnologien in der Automobilindustrie, die Entwicklung einer neuen Software oder auf die notwendigen Investitionen zum Aufbau eines Markennamens. Diese Investitionen haben Fixkostencharakter und sind als nicht wiedereinbringbar (irreversibel) einzustufen. Schlägt die Investition fehl, sind die in der Forschungs- und Entwicklungsphase angefallenen Kosten endgültig verloren, da die anfänglichen Investitionen keine alternative Verwendung haben. Es handelt sich dann um Sunk Costs. So gelingt es in der Pharmaindustrie nur wenigen neu entwickelten Wirkstoffen als Blockbuster einen Milliarden-Umsatz zu erreichen. Manche Entwicklungen erweisen sich gar als Fehlinvestition, sofern die Vermarktung an den behördlichen Zulassungsschranken scheitert.

Im Gegensatz zu den hohen Fixkosten in der Entwicklungsphase verursacht die Produktion eines immateriellen Wertes nur geringe Grenzkosten. Ein klassisches Beispiel ist die einfache Reproduzierbarkeit einer entwickelten Software durch das Kopieren auf eine CD.

1.3.3 Netzwerkeffekte

Man spricht von einem Netzwerkeffekt, wenn mit jedem zusätzlichen Nutzer eines Produktes oder einer Dienstleistung der Nutzen für alle Konsumenten steigt. Dies zeigt sich zum Beispiel bei der Etablierung von Windows als Standardbetriebssystem. Mit der Zahl der Nutzer steigt auch die Zahl der neu entwickelten Applikationen. Da die Kostenstruktur durch hohe entwicklungsbedingte Fixkosten und geringe Grenzkosten in der Nutzungsphase geprägt ist, lassen sich häufig wachsende Grenzerträge erzielen.

1.3.4 Risikostruktur

Der erwartete Nutzen aus immateriellen Werten ist zumeist mit einem höheren Risiko behaftet als der Nutzenzufluss, den materielle oder finanzielle Vermögenswerte erwarten lassen. Ein Grund dafür ist die nur unzureichende Möglichkeit, das Nutzenpotenzial vor dem Zugriff Dritter zu schützen. Die bestehenden gesetzlichen oder vertraglichen Möglichkeiten können eine vollständige Absicherung in der Regel nicht gewährleisten. Beispielhaft sei auf die Abwanderung von Knowhow-Trägern, Patent- und Markenschutzverletzungen oder Nachahmerprodukte verwiesen. Investitionen in immaterielle Vermögenswerte werden zudem oftmals in einer frühen, besonders risikobehafteten Phase des Innovationsprozesses durchgeführt. Hohe irreversible Kosten für die Grundlagenforschung und die Entwicklung gehen hier mit hohen Marktunsicherheiten einher. Im weiteren Verlauf des Innovationsprozesses sollte das Risiko abnehmen, sofern sich die Vermarktungsmöglichkeiten stärker abzeichnen.

2
Bewertungsanlässe und Wertkonzeptionen

Ausgangspunkt der Bewertung von immateriellem Vermögen ist regelmäßig der Bewertungsanlass. Eine Bewertung immaterieller Werte kann aus verschiedenen Gründen notwendig sein. Die Vielfalt möglicher Bewertungsanlässe hat aufgrund ihrer wachsenden Bedeutung in den letzten Jahren zugenommen. Dabei ist zu berücksichtigen, dass mit der Bestimmung des Bewertungsanlasses auch immer eine bestimmte Wertkonzeption und spezifische Wertprämissen verknüpft sind. So zielen manche Bewertungsanlässe auf die Ermittlung eines objektivierten, vom individuellen Entscheidungsfeld losgelösten Wertes, während für andere die Ermittlung eines subjektbezogenen Wertansatzes sachgerecht ist. In Abhängigkeit vom jeweiligen Bewertungsanlass sind somit auch in ihrer Höhe unterschiedliche Werte für einen immateriellen Vermögenswert zu erwarten, da die Bewertungsparameter aus unterschiedlichen Perspektiven in die Wertermittlung eingehen.

2.1 Bewertungsanlässe

2.1.1 Transaktionsbezogene Bewertungsanlässe

Dass die Möglichkeiten zur Klassifizierung von Bewertungsanlässen vielfältig sind, zeigt bereits ein Blick in die Unternehmensbewertungsliteratur. Bedeutsam in der Praxis sind insbesondere transferorientierte Bewertungen immaterieller Werte. Darunter fallen neben dem Erwerb bzw. der Veräußerung einzelner immaterieller Werte auch Bewertungen für Zwecke der Lizenzierung und Nutzungsüberlassung sowie zur Bestimmung von Verrechnungspreisen.

2.1.1.1 Erwerb bzw. Veräußerung von immateriellen Werten
Immaterielle Vermögenswerte sind sehr häufig Gegenstand von Transaktionen zwischen verschiedenen Parteien im Rahmen eines sog. Asset Deals.

Bewertung von immateriellem Vermögen. Rainer Kasperzak und Anke Nestler
Copyright © 2010 WILEY-VCH Verlag GmbH & Co. KGaA, Weinheim
ISBN 978-3-527-50422-0

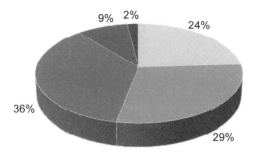

How would you characterize the level of importance placed upon IP assets in M&A transactions today versus 10 years ago?

9% 2% 24%

36%

29%

- Significantly more important
- Slightly more important
- Little to no change
- Slightly less important
- Significantly less important

Abb. 6 Bedeutung von IP in M&A-Transaktionen (Quelle: M&A Insights: Spotlight on Intellectual Property Rights, A mergermarket study in association with CRA International and K&L Gates, Dezember 2008)

Bei einem Asset Deal erfolgt die Übertragung von einem Eigentümer auf den neuen Eigentümer für jedes einzelne Wirtschaftsgut nach den maßgeblichen Vorschriften (für Marken z. B. nach dem MarkenG). Von besonderer Bedeutung ist, dass die zu übertragenden Wirtschaftsgüter genau definiert sein müssen. So muss im Einzelnen genau festgelegt sein, welche immateriellen Werte (z. B. welche Markenrechte einer Markenfamilie, Domains, Patente, ungeschütztes Knowhow etc.) Gegenstand der Transaktion sind. Die Beschreibung der zu übertragenden immateriellen Werte erfolgt in der Regel in detaillierten Anhängen des Kaufvertrags.[14] Abbildung 6 zeigt die zunehmende Bedeutung von immateriellen Vermögenswerten im Rahmen von Unternehmenstransaktionen.

Die Hintergründe solcher Transaktionen (zwischen fremden Dritten) sind vielfältig. Mögliche Motive für eine Veräußerung von immateriellen Vermögenswerten sind:

- *Kartellrechtliche Gründe*: Der Veräußerer hat aus einer getätigten Übernahme eines Wettbewerbers Auflagen, die ihn zur Desinvestition von Bereichen in bestimmten Märkten und von bestimmten Marken zwingt.

14) Vgl. zum Asset Deal Holzapfel, H.-J./Pöllath, R. (2008), Tz. 250 ff.

- *Strategische Neuausrichtung*: Der Veräußerer bereinigt im Zuge einer strategischen Neuausrichtung seines Geschäfts seine Geschäftsfelder und veräußert Bereiche bzw. die Vermögenswerte, die nicht bzw. nicht mehr zum Kerngeschäft zählen.
- *Maßnahmen zur Liquiditätssicherung*: Der Veräußerer realisiert zusätzliche Erlöse aus der Veräußerung von immateriellen Werten. Teilweise wird diese Strategie als Sale-and-Lease/Licence-Back gestaltet. Das bedeutet, dass der immaterielle Vermögenswert an einen Dritten veräußert und gleichzeitig von dem Veräußerer zurücklizenziert wird.
- *Nicht betriebsnotwendiges Vermögen*: Immaterielle Vermögenswerte wie z. B. bestimmtes Knowhow oder gegebenenfalls Marken können im Unternehmen generiert werden, aber im Zusammenhang mit der unternehmerischen Aufgabe nicht betriebsnotwendig sein. Solche Vermögenswerte können daher, ohne das Geschäftsmodell zu berühren, werterhöhend veräußert werden.

Der Erwerber muss bei einem Kauf von immateriellen Vermögenswerten die Make-or-Buy-Alternative prüfen. Der Erwerb von immateriellen Vermögenswerten ist in diesem Zusammenhang anders zu beurteilen als der Erwerb von Unternehmen: Unternehmen sind durch das Zusammenwirken vielfältiger Produktivfaktoren sehr komplex. Bei einzelnen Vermögenswerten sind diese Zusammenhänge unter Umständen etwas weniger komplex und die Make-Variante präziser kalkulierbar. So ist es aus der Sicht eines Erwerbers kalkulierbar, wie hoch die Investitionen für den Aufbau einer eigenen Marke ungefähr sind und welche Schwierigkeiten hier bestehen. Damit kann der Erwerber die Alternative der Selbsterstellung eher abschätzen. Umgekehrt ist bei der Buy-Variante zu bedenken, dass das »Herauslösen« eines einzelnen immateriellen Vermögensgegenstands aus dem bisherigen Zusammenwirken mit anderen Erfolgsfaktoren ein höheres Risiko als beim Unternehmenserwerb darstellt. So ist beispielsweise manchmal nur schwer zu analysieren, wie sich eine Marke ohne die bestehenden Vertriebsmitarbeiter und -systeme und die entsprechenden Kundenkontakte entwickeln wird. Vor diesem Hintergrund erfolgt die Transaktion immaterieller Vermögenswerte sehr häufig als Bündel mehrerer erfolgskritischer immaterieller Vermögenswerte (z. B. Marke, wichtige Vertriebsmitarbeiter, Kundenverträge) oder auch gemeinsam mit materiellen Vermögenswerten (z. B. einer Produktionseinheit). Im Ergebnis bleibt aber bei solchen Transaktionen die wesentliche Schwierigkeit, dass einzelne Assets aus einem bestehenden Unternehmensverbund herausgelöst werden, was zu erheblichen Fragen und Risiken in Hinblick auf die Weiterführung und operative Umsetzung der erworbenen Vermögenswerte führt.[15] Ein wesentlicher Einfluss ist daher die Bewertungsperspektive, d. h. die Frage, ob der Vermögenswert in Fortführung des bisherigen oder eines ähnlichen Geschäftsmodells Going Concern bewertet wird oder alternativ Stand Alone bzw. in Zusammenwirken mit neuen Faktoren.

2.1.1.2 Lizenzierung und Nutzungsüberlassung

Von der Übertragung von immateriellen Vermögenswerten ist die in der Regel zeitlich befristete Nutzungsüberlassung abzugrenzen. Die Überlassung eines immateriellen Vermögenswertes durch den Rechteinhaber an einen Dritten wird in Form eines Nutzungsvertrags vereinbart (Lizenzvertrag bzw. Knowhow-Vertrag). Der Eigentümer des immateriellen Vermögenswertes als Lizenzgeber gewährt das Nutzungsrecht an dem immateriellen Vermögenswert, die Gegenleistung des Lizenznehmers ist in der Regel das Lizenzentgelt. Der immaterielle Vermögenswert bleibt damit im Eigentum des Lizenzgebers. Für die Ausgestaltung des Lizenzvertrags besteht grundsätzlich Vertragsfreiheit, sodass Lizenznehmer und Lizenzgeber hier weitreichende Gestaltungsspielräume haben im Hinblick darauf, wie Rechte und Pflichten zwischen den Vertragsparteien vereinbart werden. Lizenzeinnahmen wie -ausgaben in Deutschland für Patentlizenzen sind seit den 1970er-Jahren kontinuierlich gestiegen. Dies gibt einen Anhaltspunkt für die zunehmende Kommerzialisierung von gewerblichen Schutzrechten in den letzten dreißig bis vierzig Jahren (siehe Abb. 7).

Die vertragliche Überlassung von immateriellen Vermögenswerten kann sowohl für rechtlich geschützte immaterielle Vermögenswerte (Intellectual Property, IP) als auch für ungeschützte immaterielle Vermögenswerte (z. B. Knowhow) vereinbart werden.

Grundgedanke für die Ableitung eines Nutzungsentgeltes ist, dass die Lizenzgebühr einen angemessenen finanziellen Rückfluss für den immateriellen Vermögenswert widerspiegeln soll. Umgekehrt können Lizenzzahlungen wertvolle Anhaltspunkte für den Wert des immateriellen Vermögenswertes geben, da sie direkt zurechenbare Cashflows darstellen. Folglich gibt es einen wesentlichen inneren Zusammenhang zwischen Wert und Lizenzierung bzw. Bewertung und Lizenzermittlung.

Für materielle Vermögenswerte ist der Marktpreis für die Nutzungsgebühr in der Regel wesentlich transparenter als für immaterielle. Für die Nutzung einer Immobilie ist z. B. der Korridor für marktübliche Mieten be-

---

15) Zu den wirtschaftlich kritischen Problemen bei einer Transaktion als Carve-out siehe Hölscher, L./Nestler, A./Otto, R. (2007), S. 273 ff.

2 Bewertungsanlässe und Wertkonzeptionen

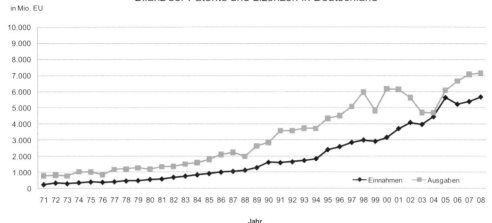

Quelle: Deutsche Bundesbank Statistik

Abb. 7 Einnahmen und Ausgaben für Patentlizenzen seit den 1970er-Jahren

kannt, wobei der Markt für die Höhe der Mieten nach wertrelevanten Kriterien wie z. B. Immobilientyp (Gewerbe, privat), Lage, Beschaffenheit etc. recht genau unterscheiden kann. Der Markt für die Nutzungsüberlassung von immateriellen Vermögenswerten ist hingegen sehr heterogen. Die Höhe der Nutzungsgebühren richtet sich nach dem zu lizenzierenden immateriellen Vermögenswert, dem Umfang der Nutzung, der Branche, den vertraglichen Vereinbarungen zwischen Lizenzgeber und -nehmer und zahlreichen anderen Kriterien. Nur sind diese vertraglichen Vereinbarungen im Markt selten bekannt, Makler bzw. Vermittler sind selten involviert und die Informationen solcher Vereinbarungen meistens sehr vertraulich.

2.1.1.3 Konzerninterne Transaktionen und Verrechnungspreise

Wie Untersuchungen der OECD zeigen, beträgt der Anteil des Handels zwischen verbundenen Unternehmen an den Welthandelsströmen inzwischen mehr als 60 Prozent.[16] Ein nicht unbedeutender Anteil der konzerninternen Transaktionen entfällt dabei auf die Übertragung und Nutzungsüberlassung immaterieller Vermögenswerte.

Verrechnungspreise dienen primär der Steuerung dezentral organisierter Unternehmen. Gleichzeitig haben sie auch einen teilweise sogar erheblichen Effekt auf die Konzernsteuerquote aufgrund der unterschiedlichen

---

16) Vgl. Neighbour, J. (2002).

nationalen Steuerregime. Vor diesem Hintergrund legen lokale Finanzverwaltungen ein besonderes Augenmerk auf die Wertansätze, zu denen Leistungsbeziehungen innerhalb eines Unternehmens bzw. Konzerns abgerechnet werden. Die Finanzverwaltungen legen als Basis für diese konzerninternen Transaktionen international den sog. Fremdvergleichsgrundsatz (*arm's-length principle*) zugrunde. Das bedeutet, dass die Abrechnung von Leistungen, beispielsweise Lizenzgebühren für die Nutzung einer Marke, so erfolgen muss, wie sie auch zwischen voneinander unabhängigen Dritten unter gleichen oder vergleichbaren Verhältnissen vereinbart worden wären.[17] Die Angemessenheit der Verrechnungspreise nach diesem Prinzip ist durch den Steuerpflichtigen nachzuweisen.[18]

Im Rahmen der Unternehmenssteuerreform 2008 hat der deutsche Gesetzgeber die Regeln zur Anwendung des Fremdvergleichsgrundsatzes präzisiert und eine Hierarchie international anerkannter Verrechnungspreismethoden im Außensteuergesetz verankert. Gleichzeitig wurde die Besteuerung grenzüberschreitender Funktionsverlagerungen im Außensteuergesetz reglementiert.[19] Damit soll u. a. verhindert werden, dass im Inland geschaffene immaterielle Werte wie Knowhow, Wissen, Markenrechte, Kundenstamm usw. und damit in Zusammenhang stehendes steuerliches Substrat unversteuert ins Ausland verlagert werden.

Zwar trifft den Steuerpflichtigen nicht die Beweislast hinsichtlich der Angemessenheit der Verrechnungspreise. Allerdings sieht das Gesetz bei Auslandssachverhalten erhöhte Mitwirkungs- und Dokumentationspflichten und eine Beweisvorsorgepflicht des Steuerpflichtigen vor.[20] Diese Pflichten sind durch die Unternehmenssteuerreform 2008 noch verschärft worden. So hat der Steuerpflichtige den Nachweis über die Einhaltung des Fremdvergleichsgrundsatzes zu führen und hierzu Aufzeichnungen für den in Rede stehenden Geschäftsvorfall[21], allgemein erforderliche Aufzeichnungen[22] (d. h. allgemeine Informationen

---

17) Vgl. Art. 9 Abs. 1 OECD-MA 2003 sowie § 1 AStG.

18) Zur Dokumentationspflicht von Verrechnungspreisen in Deutschland siehe FAZ-Institut (2004), im Hinblick auf immaterielle Wirtschaftsgüter S. 72 ff.

19) Vgl. § 1 Abs. 3 AStG sowie Verordnung zur Anwendung des Fremdvergleichsgrundsatzes nach §1 Abs. 1 des Außensteuergesetzes in Fällen grenzüberschreitender Funktionsverlagerungen (Funktionsverlagerungsverordnung) FVerlV vom 12.08.2008, BGBl. 2008, S. 1680 ff.

20) Vgl. § 90 Abs. 2 und 3 AO i. V. m. GAufzV; dazu auch BMF, Schreiben vom 12.04.2005, BStBl. I 2005, 570 (»Verwaltungsgrundsätze-Verfahren«).

21) Vgl. § 2 GAufzV.

22) Vgl. § 4 GAufzV.

über Beteiligungsverhältnisse, Geschäftsbetrieb und Organisationsaufbau, eine Darstellung der Geschäftsbeziehungen zu nahestehenden Personen, eine Funktions- und Risikoanalyse sowie eine Verrechnungspreisanalyse) und gegebenenfalls zusätzliche Aufzeichnungen in besonderen Fällen[23] (z. B. Informationen über die Änderung von Geschäftsstrategien) zu erstellen. Insbesondere muss der Steuerpflichtige die für ihn und die vereinbarten Bedingungen maßgeblichen Markt- und Wettbewerbsverhältnisse darlegen und Vergleichsdaten bzw. Informationen über vergleichbare Geschäfte zwischen fremden Dritten (z. B. Preise und Geschäftsbedingungen, Kostenaufteilungen, Gewinnaufschläge, Bruttospannen, Nettospannen und Gewinnaufteilungen) heranzuziehen. Zusätzlich sind Aufzeichnungen über innerbetriebliche Daten zu erstellen, die eine Plausibilitätskontrolle der vom Steuerpflichtigen vereinbarten Verrechnungspreise ermöglichen (z. B. Prognoserechnungen und Daten zur Absatz-, Gewinn- und Kostenplanung).[24] Die Finanzverwaltung soll die Aufzeichnungen regelmäßig nur für die Durchführung einer Außenprüfung verlangen. Sie sind ihr dann innerhalb von 60 Tagen vorzulegen. Handelt es sich um Aufzeichnungen über außergewöhnliche Geschäftsvorfälle[25] (z. B. der Abschluss oder die Änderung langfristiger Verträge oder Vermögensübertragungen im Zuge von Umstrukturierungsmaßnahmen), so verkürzt sich die Vorlagefrist auf 30 Tage. Ferner sind diese außergewöhnlichen Geschäftsvorfälle zeitnah (d. h. innerhalb von sechs Monaten nach Ablauf des Wirtschaftsjahres des Geschäftsvorfalls) zu dokumentieren.

Die Nichterfüllung dieser Pflichten kann auf mehrfache Weise sanktioniert werden. Zunächst wirkt sie gewissermaßen wie eine Beweislastumkehr. Erkennt die Finanzverwaltung die gewählten Verrechnungspreise nicht an und hat der Steuerpflichtige in diesem Zusammenhang seine allgemeinen Sachverhalts- und Beweisvorgepflichten verletzt, kann die Finanzverwaltung die mit den Verrechnungspreisen zusammenhängenden Einkünfte schätzen. Dabei ist »eine durchschnittliche Umsatzrendite oder Verzinsung für das im Unternehmen eingesetzte Kapital anzusetzen, welche unter Berücksichtigung der ausgeübten Funktionen, eingesetzten Wirtschaftsgüter und übernommenen Risiken zu erwarten ist«.[26] Bei einer Verletzung der erhöhten Mitwir-

---

23) Vgl. § 5 GAufzV.
24) Vgl. § 1 Abs. 3 GAufzV.
25) Vgl. § 3 GAufzV.

26) § 90 Abs. 2 i. V. m. § 162 Abs. 2 AO, § 1 Abs. 4 AStG.

kungs- und Aufzeichnungspflichten[27] (z. B. bei Nichtvorlage der oben beschriebenen erforderlichen Aufzeichnungen, bei Vorlage im Wesentlichen nicht verwertbarer Aufzeichnungen oder bei nicht zeitnaher Aufzeichnung von außergewöhnlichen Geschäftsvorfällen) kann die Finanzverwaltung ebenfalls eine Schätzung der Einkünfte vornehmen. Dabei darf sie eventuelle Preisspannen auch zu Lasten des Steuerpflichtigen ausschöpfen und kann somit zu einem noch höheren Schätzbetrag kommen. Ferner wird bei Nichtvorlage der angeforderten Aufzeichnungen oder bei Vorlage im Wesentlichen unverwertbarer Aufzeichnungen ein Strafzuschlag von mindestens 5 000 Euro (bzw. mindestens 5 Prozent und höchstens 10 Prozent der von der Finanzverwaltung hinzu geschätzten – und damit hypothetischen – Einkünfte, wenn sich danach ein Zuschlag von mehr als 5 000 Euro ergibt), erhoben. Werden verwertbare Aufzeichnungen hingegen verspätet vorgelegt, wird für jeden vollen Tag der Fristüberschreitung ein Verspätungszuschlag von 100 Euro, maximal ein Verspätungszuschlag bis zu 1 000 000 Euro festgesetzt. Der Finanzverwaltung steht ein gewisser Entscheidungsspielraum hinsichtlich der Höhe der Zuschläge zu. Ferner kann sich der Steuerpflichtige unter engen Voraussetzungen exkulpieren und damit der Festsetzung eines Straf- und oder Verspätungszuschlages entgehen. Eine solche Exkulpationsmöglichkeit wird jedoch regelmäßig ausscheiden, wenn keine Verrechnungspreisdokumentation vorgelegt wird. Sie kommt daher praktisch allenfalls in Betracht, wenn Streit über die Verwertbarkeit der Aufzeichnungen besteht.

Dr. Axel Bödefeld, RA, Oppenhoff & Partner

Im Juli 2009 hat das Bundesministerium der Finanzen einen Entwurf der »Grundsätze der Verwaltung für die Prüfung der Einkunftsabgrenzung zwischen nahe stehenden Personen in Fällen von grenzüberschreitenden Funktionsverlagerungen« (Verwaltungsgrundsätze – Funktionsverlagerung) veröffentlicht. In dem Entwurf dieser Verwaltungsgrundsätze finden sich zahlreiche Hinweise auf Bewertungsfragen bei konzerninternen Übertragungen.

27) § 90 Abs. 3 AO i. V. m. GAufzV.

2.1.2 Bilanzielle Bewertungsanlässe

Obwohl das immaterielle Vermögen zu den wichtigsten Werttreibern vieler Unternehmen gehört, reflektieren die Jahresabschlussdaten diese Werte noch unzureichend. Dies ist darauf zurückzuführen, dass in vielen nationalen Rechnungslegungssystemen ein Ansatzverbot für selbsterstellte immaterielle Vermögenswerte verankert ist. Nach IAS 38 besteht für diese Vermögenswerte zwar unter bestimmten Voraussetzungen eine Ansatzpflicht, über das tatsächliche Wertpotenzial der immateriellen Vermögenswerte veröffentlicht das Unternehmen im Rahmen der Pflichtpublizität jedoch nach wie vor wenig. Zum einen werden lediglich die in der Entwicklungsphase angefallenen Aufwendungen erfasst, die Forschungsphase bleibt hingegen unberücksichtigt. Zum anderen verhindert eine kostenorientierte Betrachtungsweise die Aufdeckung des künftigen Nutzenpotenzials. Dies könnte nur eine zukunftsorientierte Cashflow-Betrachtung liefern. Schließlich werden wichtige immaterielle Werttreiber wie Marken, Kundenlisten, Drucktitel oder Marktanteile explizit von der Bilanzierung ausgeschlossen, sofern sie selbsterstellt sind.[28] Dies erschwert die Vergleichbarkeit zwischen Unternehmen, die immaterielle Werttreiber selbst entwickeln und solchen, die eine Akquisitionsstrategie verfolgen.

Aufgrund dieser Informationsdefizite setzen verschiedene rechnungslegungsnahe Institutionen und Organisationen auf eine freiwillige Berichterstattung über selbsterstellte immaterielle Vermögenswerte im Rahmen des sog. »Value Reporting«.[29] Eine Vorreiterrolle nimmt in diesem Zusammenhang der »Skandia Intellectual Capital Navigator« ein, den das schwedische Finanzdienstleistungsunternehmen Skandia im Zeitraum von 1994 bis 1998 ergänzend zum Jahresabschluss veröffentlicht hat. In Anlehnung an die Balanced Scorecard werden verschiedene finanzielle und nicht finanzielle Kennzahlen unterschiedlichen wertschaffenden Bereichen zugeordnet, u. a. dem Kundenbereich und dem Mitarbeiterbereich. Andere Autoren haben diese Überlegungen aufgegriffen, weiterentwickelt und Vorschläge erarbeitet die darauf abzielen, das nicht bilanzierte Vermögen des Unternehmens aufzudecken und zu bewerten. So schlägt der Arbeitskreis »Externe Unternehmensrechnung der Schmalenbach-Gesellschaft« vor, die Adressaten im Rahmen des Value Reporting auch über nicht bilanzierte Werte des berichterstattenden Unternehmens zu informieren.[30] Das Deutsche Rechnungslegungs Standards Committee (DRSC) spricht im Rahmen des Stan-

---

28) Vgl. IAS 38.63.
29) Vgl. im Überblick Kasperzak, R. (2004), S. 307 ff.

30) Vgl. Arbeitskreis »Externe Unternehmensrechnung« (2002).

dards zur Abbildung von immateriellen Vermögenswerten des Anlagevermögens gar die Empfehlung aus, im Konzernlagebericht auch über das intellektuelle Kapital zu berichten.

Losgelöst von der bilanziellen »Diskriminierung« selbsterstellter immaterieller Vermögenswerte und der diskutierten Lösungsvorschläge haben fundamentale Veränderungen bei der bilanziellen Abbildung von Unternehmenserwerben nach US-GAAP und IFRS die Bewertung immaterieller Vermögenswerte und die damit einhergehenden Problemstellungen in den Fokus von Wissenschaft und Praxis gerückt. Ursächlich hierfür ist insbesondere der komplexer gewordene Prozess der Kaufpreisallokation und die damit verfolgte Zielsetzung, immaterielle Vermögenswerte im Konzernabschluss (z. B. Kundenbeziehungen, Markennamen, Wettbewerbsverbote, Auftragsbestände usw.) verstärkt separat und nicht als Bestandteil des Goodwill auszuweisen und zu bewerten. Indem die internationalen Rechnungslegungsstandards die bilanzierenden Unternehmen dazu verpflichten, den Kaufpreis so weit wie möglich auf die identifizierbaren materiellen und immateriellen Vermögenswerte und Schulden aufzuteilen, werden die Investoren in die Lage versetzt, die wirtschaftliche Logik der Transaktion besser zu verstehen und nachzuvollziehen, wofür das Management den Kaufpreis gezahlt hat.

Eine solche Kaufpreisaufteilung und Aufdeckung immaterieller Werte ist unter bestimmten Voraussetzungen auch steuerrechtlich geboten. Werden beispielsweise Anteile an einer Personenhandelsgesellschaft erworben, sind die bisher nicht bilanzierten immateriellen Wirtschaftsgüter in einer steuerrechtlichen Ergänzungsbilanz auszuweisen.[31] Weitere steuerbilanzielle Bewertungsanlässe resultieren u. a. aus gesellschaftsrechtlichen Umstrukturierungen nach dem Umwandlungssteuergesetz. So sind bei einer Verschmelzung auf eine Personengesellschaft oder natürliche Person die übergehenden Wirtschaftsgüter, einschließlich der nicht entgeltlich erworbenen und selbst geschaffenen immateriellen Wirtschaftsgüter, in der steuerlichen Schlussbilanz gem. § 3 Abs. 1 Umwandlungssteuergesetz anzusetzen. Auch lösen Einlagen immaterieller Wirtschaftsgüter steuerbilanzielle Bewertungen aus.

Ferner ist eine individuelle Bewertung immaterieller Vermögenswerte häufig dann erforderlich, wenn im Zuge einer Unternehmenstransaktion auf der Basis eines Asset Deals ein gesamtes »Asset-Bündel« erworben wird (z. B. Marke, Mitarbeiterstamm, Produktionsstandort) und für das Asset-Bündel zunächst ein Kaufpreis verhandelt wird. Für Zwecke der Bilanzie-

---

31) Vgl. Zieren, W. (2005), Rz. 39 ff.

rung ist der Wert für das gesamte Transaktionsobjekt aber dann auf die einzelnen bilanzierungsfähigen Vermögenswerte aufzuteilen und über ihre wirtschaftliche Nutzungsdauer planmäßig abzuschreiben. Häufig wird angestrebt, die Werte der einzelnen Vermögenswerte in dem Kaufvertrag bereits festzuschreiben und damit als Arm's-length-Preis zu dokumentieren.

2.1.3 Interne Unternehmenssteuerung

Rückwirkungen aus der wachsenden Bedeutung des immateriellen Vermögens für den Unternehmenserfolg ergeben sich auch für die Unternehmenssteuerung und das Controlling.[32] Im Sinne einer am Shareholder Value orientierten Unternehmenspolitik benötigt das Management Informationen darüber, ob die Investitionen in immaterielle Vermögenswerte zur Steigerung des Unternehmenswertes beigetragen haben (Kontrollfunktion). Darüber hinaus benötigt das Management eine Entscheidungshilfe bei der Allokation finanzieller Ressourcen. Erwartungsgemäß sind traditionelle Management- und Controllingsysteme, vergleichbar mit der Situation in der externen Berichterstattung, nur selten geeignet, die neuen Herausforderungen der Wissensgesellschaft adäquat zu verarbeiten. Die Verankerung immaterieller Werttreiber in Budgetplanung und Investitionscontrolling wird daher als eine zentrale Herausforderung des Wertmanagements angesehen.[33]

Neben einer rein monetären Bewertung des immateriellen Vermögens, so wie sie etwa durch bilanzielle Bewertungsanlässe induziert wird, sind für Zwecke der internen Unternehmenssteuerung eine Vielzahl von indikatorgestützten Erfassungs- und Bewertungssystemen entwickelt worden.[34] Diese zielen darauf ab, den Zusammenhang zwischen den immateriellen Werttreibern und dem Unternehmenserfolg bzw. Unternehmenswert aufzudecken und damit steuerbar zu machen. Die monetäre Bewertung einzelner immaterieller Werte tritt somit nicht selten in den Hintergrund.

Die Methoden für Zwecke der internen Steuerung weichen aufgrund der unterschiedlichen Zielrichtung häufig von den rein finanziell orientierten, transaktionsbasierten Methoden ab. So sind im Bereich der Steuerung von Unternehmensmarken zahlreiche verschiedene Modelle entwickelt worden, die primär der strategischen Markensteuerung zuzuordnen sind und nicht der Ermittlung von objektivierten oder subjektiven Markenwerten. Ver-

32) Vgl. Stoi, R. (2004), S. 186 ff.
33) Vgl. Servatius, H.-G. (2004).

34) Vgl. Günther, T./Kirchner-Khairy, S./Zurwehme, A. (2004); Weber, J./Kaufmann, L./Schneider, Y. (2006).

gleichbare Überlegungen gibt es für die interne Steuerung von Patentportfolios oder vom Mitarbeiterstamm. Die Methoden zur internen Steuerung von immateriellen Vermögenswerten sind allerdings nicht Gegenstand dieses Buches.

2.1.4 Finanzierungsbedingte Bewertungsanlässe

Der relative Bedeutungszuwachs der immateriellen Aktiva stellt viele innovative Unternehmen, insbesondere kleine und mittelständische, vor noch ungelöste Finanzierungsfragen, da Banken traditionell das materielle Vermögen als Kreditsicherheit heranziehen. Dies belegt auch eine Untersuchung der KfW-Bankengruppe, deren Resultate in Abbildung 8 wiedergegeben werden.[35]

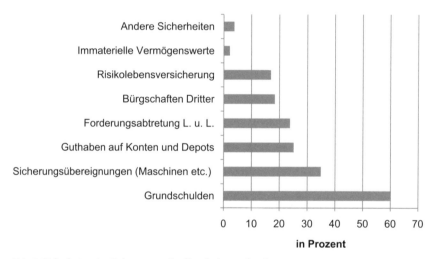

Abb. 8 Sicherheiten im Rahmen von Kreditaufnahmen für die Jahre 2004 bis 2006 (Quelle: KfW-Unternehmensbefragung, 2007)

Die Untersuchung hat auch gezeigt, dass, wenn überhaupt, neu erstellte oder erworbene Markenrechte als Kreditsicherheit in Frage kommen.[36] Neu entwickelte Patente, Gebrauchs- und Geschmacksmuster oder Urheberrechte sind dagegen als einzige Kreditsicherheit kaum akzeptiert.

---

35) Vgl. Zimmermann, V. (2007), S. 83.
36) Vgl. Natusch, I. (2009).

Derzeit scheint das immaterielle Vermögen über die Ratingnote und die Kapitalkosten eher eine indirekte Finanzierungsfunktion zu besitzen. In einer ebenfalls von der KfW-Bankengruppe durchgeführten Studie in Bezug auf die Patentierungsaktivitäten mittelständischer Unternehmen wurde festgestellt, dass patentstarke Unternehmen seltener Kreditablehnungen erfahren als Unternehmen ohne Patente. Auch wenn Größen- und Alterseffekte das Untersuchungsergebnis teilweise verzerren, ist anzunehmen, dass Patente als Signal für eine positive Unternehmensentwicklung wahrgenommen werden und den Kreditzugang zumindest erleichtern.[37]

Über die klassische Kreditfinanzierung hinaus werden im internationalen Umfeld teilweise auch innovative Finanzierungsformen umgesetzt. Ein Beispiel ist die Möglichkeit, künftige Zahlungsströme (Verkaufserlöse oder Lizenzeinnahmen) aus immateriellen Werten zu verbriefen. Einer der Vorreiter dieser Vorgehensweise war der Künstler David Bowie, der 1997 ein Verbriefungsvolumen von 55 Mio. US-Dollar für die künftigen Erträge aus 25 Musikalben erzielte. Als weitere Finanzierungsoptionen werden diskutiert[38]:

- Abspaltung F&E-intensiver Unternehmensteile und Finanzierung der Abspaltung über die Emission von Wertpapieren, die z. B. mit Patentpools oder F&E-Programmen unterlegt sind,
- Ausgabe von Stammaktien, deren verbriefte Rechte sich auf ein F&E-Projekt oder F&E-Portfolio beziehen (sog. Tracking Stocks),
- außerbilanzielle Eigenkapitalfinanzierung über die Auslagerung der F&E-Aktivitäten auf eine Zweckgesellschaft und Finanzierung derselben über die Emission von Finanztiteln; wird der emittierte Finanztitel mit einer Kaufoption auf einen Anteil der Muttergesellschaft ausgestattet, spricht man von einem *Stock warrant off-balance-sheet research and development* (SWORD).

Während die aufgeführten Finanzierungsalternativen wohl eher für Großunternehmen in Betracht kommen, bietet sich für KMU vor allem das Sale and-Lease-Back-Verfahren an. Dabei werden Nutzungsrechte an immateriellen Werten an einen Intermediär verkauft und anschließend zurückgeleast oder -lizenziert. So wurde die Marke »Asbach« der Firma Underberg im Rahmen einer solchen Transaktion an eine Leasinggesellschaft verkauft und zurückgeleast.[39] Diese Finanzierungsformen setzen ebenfalls eine monetäre Bewertung des betreffenden immateriellen Wertes voraus.

---

37) Vgl. Ehrhart, N./Zimmermann, V. (2007), S. 5.
38) Vgl. Ehrhart, N. (2006), S. 157 f.
39) Vgl. Köhler, P. (2006).

2.1.5 Litigation

Das Recht an immateriellen Vermögenswerten kann durch verschiedene Handlungen Dritter im geschäftlichen Verkehr verletzt werden. Unter Verletzung versteht man das Benutzen eines Schutzrechts ohne Befugnis des Schutzrechteinhabers. Bei Geschmacksmustern wäre das z. B das Nachbilden eines Musters oder Modells, bei Marken die Verwendung eines gleichen oder ähnlichen Zeichens für eine Ware oder Dienstleistung. Hierzu gehört auch die sog. Produktpiraterie. Unter Produktpiraterie versteht man die gezielte Verletzung von Schutzrechten durch unrechtmäßiges Kopieren der Produkte, Marken, Muster, Modelle, Bilder oder anderer Dinge, aus denen das Schutzrecht besteht.[40] Ein Schutzrecht ist somit verletzt wenn:

- die Ausführungsform des Dritten identisch ist mit dem Schutzrechtsgegenstand oder
- die Ausführungsform des Dritten ähnlich ist mit dem Schutzrechtsgegenstand; in diesem Fall muss der Schutzbereich festgestellt werden.

Die Schutzfähigkeit der immateriellen Vermögenswerte richtet sich im Einzelfall nach den jeweiligen gesetzlichen Normen, d. h. insbesondere nach dem PatG, GebrMG, GeschmMG, MarkenG und dem UrhG. Im Fall einer Verletzung von gewerblichen Schutzrechten hat der Verletzer dem Inhaber des immateriellen Vermögenswertes den mittelbar oder unmittelbar durch die Verletzung entstandenen Schaden zu ersetzen.[41] Voraussetzung ist, dass die Verletzung schuldhaft war und der Verletzer kausal den Schaden verursacht hat. In den letzten Jahren haben die Patentverletzungsklagen kontinuierlich zugenommen (siehe Abb. 9).

Die Ermittlung eines solchen Schadens führt auf das Gebiet der sog. IP Litigation. Die Methoden zur Berechnung des Schadens richten sich nach dem jeweiligen Einzelfall und der laufenden Rechtsprechung. In der laufenden Rechtsprechung haben sich bei der Verletzung von gewerblichen Schutzrechten und Urheberrechten drei Schadensberechnungsmethoden entwickelt:

- Berechnung des konkret entstandenen Schadens, einschließlich eines etwaigen entgangenen Gewinns (§§ 249 ff., 252 BGB) sowie eine Ent-

40) Vgl. Rebel, D. (2007), S. 64 ff.
41) Der Schutzrechteinhaber hat neben dem Anspruch auf Schadensersatz bei Verletzung seines Schutzrechtes weitere Rechte, wie z. B. einen Unterlassungsanspruch. Siehe hierzu Ilzhöfer, V. (2007), S. 242 ff.

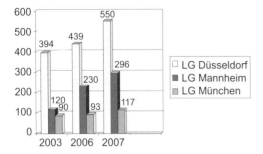

Abb. 9 Patentverletzungsklagen in Deutschland
(Quelle: Taylor Wessing, 2008)

schädigung in Geld nach § 251 BGB bei Unmöglichkeit der Naturalrestitution,

- Herausgabe des Verletzergewinns sowie
- Zahlung einer angemessenen Lizenzgebühr (»Lizenzanalogie«).

Die Kriterien für die Schadensberechnung sind somit primär juristisch begründet. In der Berechnung selbst liegen jedoch grundsätzlich auch wesentliche betriebswirtschaftliche Überlegungen, sodass die Quantifizierung bei einem Verletzungsfall in einem engen Zusammenhang mit dem Wert des immateriellen Vermögenswertes stehen sollte.

2.2 Bewertungskonzeptionen

Die verschiedenen Bewertungsanlässe bilden den Ausgangspunkt bei der Auswahl einer geeigneten Bewertungskonzeption. Die Bewertungskonzeption ist somit die Perspektive, aus der der immaterielle Vermögenswert bewertet wird. Dabei stellt der Wert eines immateriellen Vermögenswertes eine Größe dar, die allenfalls zufällig mit dem tatsächlich gezahlten Preis übereinstimmen wird. Preise sind das Ergebnis von Verhandlungen und bilden sich auf der Grundlage von Angebot und Nachfrage. Besonderes Verhandlungsgeschick oder die Notwendigkeit, das Bewertungsobjekt aufgrund von markttaktischen Überlegungen unbedingt erwerben bzw. aufgrund von Liquiditätsengpässen unbedingt veräußern zu müssen, sind nur einige der Faktoren, die Wert-Preis-Differenzen entstehen lassen. Der Wert hingegen beruht auf einem finanziellen Kalkül aus einer bestimmten Perspektive, die zur Entscheidungsunterstützung herangezogen wird.

47

2.2.1 Objektivierte und subjektive Wertkonzeption

Hinsichtlich der Frage, ob der Wert eines immateriellen Vermögenswertes eine objektiv oder subjektiv geprägte Größe darstellt, genügt ein Blick auf die in der Unternehmensbewertungsliteratur geführte Diskussion. Dort gilt es als gemeinhin akzeptiert, dass ökonomischen Werten kein Tatsachencharakter zugeschrieben werden kann, das Bewertungsobjekt mithin keinen »Wert an sich« oder einen objektinhärenten Wert besitzt, der nur noch aufgedeckt werden muss.[42] Werte sind stets subjektbezogen, indem sie die Beziehung zwischen dem zu bewertenden Objekt und einem Subjekt aufzeigen.[43] Unter Berücksichtigung der persönlichen Handlungsalternativen und der Erwartungen hinsichtlich des künftigen Nutzenpotenzials ermittelt der Bewerter einen subjektiven Entscheidungswert. Als Grenzpreis markiert er für den Käufer die Preisobergrenze und für den Verkäufer die Preisuntergrenze.

Die aus entscheidungslogischen Gründen unumstrittene subjektive Wertkonzeption stößt allerdings immer dann an ihre Grenzen, wenn der Bewertungsanlass eine Neutralisierung im Sinne einer »intersubjektiven Nachprüfbarkeit« erforderlich macht. Dies ist etwa regelmäßig der Fall, wenn die Bewertung zur Rechtsfrage wird und einer gerichtlichen Überprüfung standhalten muss. Nun finden sich in der Praxis zahlreiche Bewertungsanlässe, die eine derartige Wertermittlung zwingend erforderlich machen. Diese Wertkonzeption zeichnet sich vor allem dadurch aus, dass die individuellen Wertvorstellungen von Käufer und Verkäufer keine Berücksichtigung im Wertkalkül finden. Es wird, losgelöst von der spezifischen Bewertungssituation, unterstellt, dass das Potenzial des Bewertungsobjektes von einem repräsentativen Akteur erschlossen werden kann, sofern er über die entsprechenden Eigenschaften des Bewertungsobjektes sowie seine Marktchancen und Marktrisiken informiert ist. Die Objektivierung soll insbesondere durch den ausgeprägten Marktbezug gewährleistet werden, sei es über direkt beobachtbare Marktpreise des Bewertungsobjektes bzw. geeigneter Vergleichsobjekte oder über simulierte Marktpreise unter Berücksichtigung marktbezogener Bewertungsparameter.

42) Vgl. Kuhner, C. (2007), S. 826.
43) Vgl. Moxter, A. (1982), S. 28 f.

2.2.2 Objektivierte Wertkonzeption

Steht eine Bewertung immaterieller Vermögenswerte an, findet eine objektivierte Wertkonzeption ihren Niederschlag vor allem im

- gemeinen Wert oder Verkehrswert,
- Teilwert,
- Fair Value und
- beizulegenden Wert.[44]

Gemeiner Wert und Teilwert sind Begrifflichkeiten aus dem Steuerrecht. Wie oben bereits ausgeführt, können steuerbilanzielle Bewertungsanlässe u. a. im Rahmen von gesellschaftsrechtlichen Umstrukturierungen eine Bewertung immaterieller Wirtschaftsgüter notwendig machen. Dabei stellt das Umwandlungssteuergesetz auf den sog. gemeinen Wert ab. Gem. § 9 Abs. 2 BewG wird der gemeine Wert »durch den Preis bestimmt, der im gewöhnlichen Geschäftsverkehr nach der Beschaffenheit des Wirtschaftsgutes bei einer Veräußerung zu erzielen wäre«. Der gemeine Wert orientiert sich an einem funktionierenden Absatzmarkt, er ist als Marktwert bzw. als Verkehrswert aufzufassen und findet mit diesem synonyme Verwendung.[45] Die Orientierung am erzielbaren Preis bezweckt die Objektivierung der Bemessungsgröße, »d. h. für die Ermittlung können daher ausschließlich objektive Gesichtspunkte maßgeblich sein«[46].

Bei der Berechnung des *gemeinen Wertes* sind preisbeeinflussende Faktoren zu berücksichtigen, nicht hingegen ungewöhnliche oder persönliche Verhältnisse. Die BFH-Rechtsprechung stellt auf einen fiktiven Käufer ab, sofern ein funktionierender Absatzmarkt oder vergleichbare marktgängige Gegenstände nicht existieren.[47] Darüber hinaus stellt der BFH fest, dass es bei der Bewertung von Erfindungen, Patenten und ähnlichen »nicht vergleichbaren« Wirtschaftsgütern nicht unmittelbar auf den Veräußerungspreis ankomme; »ihr gemeiner Wert sei vielmehr [...] aufgrund von Ertragsüberlegungen durch Kapitalisierung der Reinerträge zu ermitteln«[48].

---

44) Klarstellend sei an dieser Stelle darauf hingewiesen, dass die objektivierte Wertkonzeption nicht mit dem vom IDW definierten objektivierten Wert (v. a. gemäß Bewertungsstandard IDW S 1) identisch ist. Vielmehr wird objektivierte Wertkonzeption hier mit einer generellen Bewertungsperspektive des neutralen Investors mit finanzieller Zielsetzung umschrieben.

45) Vgl. Glaschke, M. (2006), S. 26.

46) Knittel, M. (2006), Kommentar zu § 9 BewG, Anm. 29.

47) Vgl. BFH-Urteil vom 29.04.1987 (X R 2/80) BStBl. 1987, S. 769.

48) BFH-Urteil vom 29.04.1987 (X R 2/80).

Der *Teilwert*, der sich aus dem früher entstandenen Begriff des gemeinen Werts entwickelt hat, ist definiert als »der Betrag, den ein Erwerber des ganzen Betriebes im Rahmen des Gesamtkaufpreises für das einzelne Wirtschaftsgut ansetzen würde« (§ 6 Abs. 1 Nr. 1 EStG). Die Fortführung des Geschäftsbetriebes (Going Concern) wird unterstellt. Die Teilwertdefinition stellt zunächst auf eine Gesamtbewertung des Unternehmens ab. Anschließend müsste der Unternehmenswert auf die einzelnen Vermögenswerte zugerechnet werden. Aufgrund der Verbundenheit der einzelnen Vermögenswerte erscheint eine willkürfreie Zurechnung jedoch nicht möglich. Daher geht die Rechtsprechung den Weg über die sog. Teilwertvermutungen, die bestimmte Annahmen über den Wert der einzelnen Vermögenswerte treffen und vom Steuerpflichtigen widerlegt werden müssen, um den Ansatz eines niedrigeren Teilwertes herbeizuführen. Dabei bildet der Börsen- oder Marktpreis die Grundlage für die Ermittlung des Teilwerts.

Im Gegensatz zum gemeinen Wert wird nicht auf den Absatzmarkt, sondern auf den Beschaffungsmarkt abgestellt. Existiert ein solcher nicht, ist ein fiktiver Einkaufspreis zu ermitteln. Die Wiederbeschaffungskosten bilden nach ständiger Rechtsprechung gleichzeitig die Obergrenze für die Bemessung des Teilwerts.[49]

Da weder konkrete gesetzliche Vorgaben noch Grundsätze seitens der Finanzverwaltung zur Bewertung immaterieller Wirtschaftsgüter generell existieren, verfügt der Steuerpflichtige über gewisse Spielräume bei der Auswahl möglicher Bewertungsmethoden und damit einhergehender Bewertungsparameter. Grundsätzlich sind dabei betriebswirtschaftliche und allgemein anerkannte, aktuelle Bewertungsprinzipien zu beachten.

Im Zuge der Internationalisierung der Rechnungslegung hat sich in den zurückliegenden Jahren eine lebhafte Diskussion um die Eignung einer weiteren objektivierten Wertkonzeption, der sogenannten Zeitwertbilanzierung (Fair-Value-Bilanzierung) entwickelt. Das Ziel der Fair-Value-Bilanzierung besteht darin, den Adressaten möglichst zeitnahe Informationen zur Verfügung zu stellen. Der Wertmaßstab des Fair Value basiert auf einer hypothetischen Markttransaktion und ist nach IFRS definiert als jener Betrag »zu dem zwischen sachverständigen, vertragswilligen und voneinander unabhängigen Geschäftspartnern ein Vermögenswert getauscht oder eine Schuld beglichen werden kann«[50].

Der Objektivierungsgedanke der Fair-Value-Konzeption kommt darin zum Ausdruck, dass bevorzugt auf beobachtbare Marktdaten zurückgegriffen werden soll und damit die Einschätzung des Bewertenden in den Hinter-

49) Vgl. Knittel, M. (2006), Kommentar zu § 10 BewG, Anm. 118.

50) Diese Definition findet sich u.a. in IFRS 3, Anhang A.

grund tritt. Preise für identische oder vergleichbare Vermögenswerte auf funktionierenden Märkten haben daher oberste Priorität. Sofern derartige Märkte nicht existieren, und bei immateriellen Vermögenswerten ist dies zumeist der Fall, ist der Fair Value qualifiziert zu »schätzen«. Dabei kann der Bewerter auf verschiedene Bewertungsmethoden zurückgreifen, die im Detail Gegenstand des nachfolgenden Kapitels sind. In jedem Fall sind die Berechnungsannahmen im Einklang mit öffentlich zugänglichen Daten zu treffen. Dabei kann es sich um Marktstudien, Analystenstudien, Kapitalmarktdaten oder sonstige öffentlich zugängliche Daten handeln. Für die Wertermittlung ist es von zentraler Bedeutung, dass für die Datenerhebung nicht die Perspektive des bilanzierenden Unternehmens, sondern jene eines repräsentativen Marktteilnehmers entscheidend ist. Vergleichbar mit dem gemeinen Wert ist der Fair Value als Veräußerungspreis konzipiert.[51]

Die amerikanischen Standardsetzer nehmen darüber hinaus eine weitere Differenzierung des Fair Value nach der wertmaximalen Verwendung vor (»highest and best use concept«). Stellt die unternehmensinterne Nutzung im Verbund mit anderen Vermögenswerten die wertmaximale Verwertung dar, kommt die so genannte In-Use-Prämisse zur Anwendung. Ausschlaggebend für die Ermittlung des Fair Value »in use« ist dann die Veräußerung an einen fiktiven, repräsentativen Marktteilnehmer verbunden mit der Annahme, dass dieser den Vermögenswert in Kombination mit anderen materiellen oder immateriellen Vermögenswerten unter Ausnutzung branchen- bzw. marktüblicher Verbundvorteile, auch bezeichnet als unechte Synergieeffekte, verwendet.[52] Liefert der Vermögenswert aus der Perspektive eines repräsentativen Marktteilnehmers hingegen keine zusätzlichen unechten Synergien, erfolgt die Bewertung auf Stand-Alone-Basis. In diesem Fall ermittelt der Bilanzierende mit dem Fair Value »in exchange« einen Wert, der sich am Einzelveräußerungspreis ohne Berücksichtigung von Synergien orientiert.

Mit dem beizulegender Wert gem. § 253 Abs. 2 und 3 finden sich auch im deutschen Handelsrecht konzeptionelle Analogien zum Fair-Value-Konstrukt. Allerdings ist der beizulegende Wert als Korrekturwert (nach unten) zu den fortgeführten Anschaffungs- oder Herstellungskosten konzipiert, während die IFRS dem Bilanzierenden auch die Möglichkeit eröffnen, Neubewertungsgewinne auszuweisen. Da der beizulegende Wert gesetzlich nicht hinreichend konkretisiert ist, kommen als Hilfswerte Wiederbeschaf-

---

51) Diese klare Positionierung findet sich erst im jüngst veröffentlichten Exposure Draft des IASB zum Fair Value Measurement. Vgl. IASB (2009), Rz. 15.

52) Vgl. SFAS 157.13; Hitz, J.-M. (2007), S. 362 f.

fungskosten, Reproduktionskosten und, für Zwecke der Bewertung immaterieller Vermögenswerte, vor allem Ertragswerte in Betracht.[53]

2.2.3 Subjektive Wertkonzeption

Im Gegensatz zur objektivierten Wertkonzeption zielt die subjektive Wertkonzeption auf die Berechnung von Entscheidungswerten oder Grenzpreisen ab. Gesucht ist aus der Sicht des Käufers die Kaufpreisobergrenze und aus Sicht des Verkäufers die Verkaufspreisuntergrenze. Nicht der Markt oder die Perspektive eines fiktiven repräsentativen Marktteilnehmers sind ausschlaggebend für die Wertermittlung bzw. für die Ermittlung einzelner Wertparameter. Vielmehr prägt das individuelle Entscheidungsfeld den Bewertungsprozess und das Bewertungsergebnis.

Zum individuellen Entscheidungsfeld gehören zunächst die persönlichen monetären und nicht monetären Ziele, wobei letztere in klassischen Bewertungskalkülen in der Regel ausgeklammert bleiben. Die Orientierung an den persönlichen Handlungsalternativen stellt einen weiteren wichtigen Parameter im Rahmen der Bestimmung von Entscheidungswerten dar. Dabei wird die konkrete Alternativenkonstellation von der Bewertungsmethodik determiniert. Spiegelt im zukunftsorientierten Ertragswertkalkül etwa die geforderte Rendite einer risikoäquivalenten Anlage am Kapitalmarkt die geeignete Alternative wider, sind es bei Anwendung einer kostenorientierten Bewertungsmethode z. B. die Kosten, die vom potenziellen Käufer eines immateriellen Vermögenswertes aufgewendet werden müssten, um das Bewertungsobjekt zu reproduzieren.

Das Prinzip der Subjektbezogenheit umfasst selbstverständlich auch die Risikopräferenzen des Bewerters. Kommen in objektivierten Wertkalkülen marktbezogene Größen, wie z. B. vom Kapitalmarkt abgeleitete Risikoprämien zum Einsatz, lässt die subjektive Wertkonzeption prinzipiell Raum für eine individuelle Risikoberücksichtigung, z. B. auf der Basis gegriffener Risikoprämien oder, theoretisch fundierter, unter Zuhilfenahme von Risikonutzenfunktionen. Ihre Eignung für praktische Bewertungszwecke wird allerdings kritisch gesehen, sodass die Bestimmung von marktmäßig objektivierten Risikoprämien auch für Zwecke der Entscheidungswertermittlung zunehmend Verbreitung findet.

Schließlich werden die subjektiven Einschätzungen des Bewerters hinsichtlich der Einsatzmöglichkeiten des Bewertungsobjektes im Unterneh-

53) Vgl. Krag, J./Mölls, S. (2001), S. 204 f.

men und seines künftigen Nutzenpotenzials das Bewertungsergebnis maßgeblich beeinflussen. Somit sind nicht nur unechte, sondern darüber hinaus auch echte Synergieeffekte zu berücksichtigen. Dabei handelt es sich um unternehmensspezifische Verbundvorteile, die der Vermögenswert durch den geplanten Einsatz im konkreten Ressourcenverbund mit anderen Vermögenswerten erzielt, die jedoch in einem anderen Ressourcenverbund (Unternehmen) nicht zu realisieren wären.

Typische Bewertungsanlässe, die eine Ermittlung von Entscheidungswerten notwendig machen, sind etwa die Preisfindung im Rahmen einer geplanten Transaktion oder Bewertungen für Zwecke der wertorientierten Unternehmenssteuerung. Unter bestimmten Restriktionen kommt die subjektive Wertkonzeption auch bei bilanziellen Bewertungen zum Tragen. In diesem Zusammenhang ist auf den Impairment-Test nach IAS 36 (Impairment of Assets) zu verweisen. Der Standard regelt die Vorgehensweise bei der Bestimmung von außerplanmäßigen Abschreibungen auf einzelne Vermögenswerte. Um festzustellen, ob eine außerplanmäßige Wertminderung vorliegt, ist der Buchwert des Vermögenswertes seinem erzielbaren Betrag gegenüberzustellen. Indem der erzielbare Betrag als der höhere der beiden Beträge aus beizulegendem Zeitwert (Fair Value) abzüglich Veräußerungskosten und dem internen Nutzungswert (»value in use«) definiert ist, stellt IAS 36 auf eine Gegenüberstellung von objektivierter und subjektiver Wertkonzeption ab. Sehr prägnant kommt dies in IAS 40.49 (Investment Property) zum Ausdruck:

> Der beizulegende Zeitwert spiegelt den Kenntnisstand und die Erwartungen sachverständiger und vertragswilliger Käufer und Verkäufer wider. Dagegen spiegelt der Nutzungswert die Erwartungen des Unternehmens wider, einschließlich der Auswirkungen unternehmensspezifischer Faktoren, die nur für das Unternehmen zutreffen können, nicht aber im Allgemeinen für Unternehmen anwendbar sind.

Einschränkend ist jedoch darauf hinzuweisen, dass für die Berechnung des internen Nutzungswertes – dieser bestimmt sich als Barwert der künftigen Zahlungsmittelüberschüsse – auch Elemente der objektivierten Wertkonzeption Berücksichtigung finden. So muss das Unternehmen gem. IAS 36.33(a) im Rahmen der Schätzung der künftigen Cashflows externen Informationen ein stärkeres Gewicht beimessen und der zur Abzinsung der künftigen Zahlungsüberschüsse herangezogene Kalkulationszinsfuß soll die »objektivierte« Einschätzung des Marktes hinsichtlich des Zeitwertes des

Geldes und des vermögenswertspezifischen Risikos widerspiegeln (IAS 36.BCZ54).

2.3 Bewertungsstandards

Die Bewertung von immateriellen Vermögenswerten wird erheblich von rechnungslegungsspezifischen Bewertungsanlässen geprägt. Aufgrund der Notwendigkeit, immaterielle Vermögenswerte für bilanzielle Zwecke unter einer finanzorientierten Perspektive separat zu bewerten, haben vor allem internationale Rechnungslegungsstandards die Bewertungsverfahren sehr stark geprägt. Das bedeutet aber auch, dass diese Standards anlassbezogen zu sehen und auch anzuwenden sind. Verschiedene Besonderheiten in einer Bewertung, die durch die Rechnungslegungsvorschriften vorgegeben sind, gelten für eine Bewertung in einem anderen Kontext – z. B. im Rahmen von Transaktionen – nicht gleichermaßen. Folglich sind Bewertungen immaterieller Vermögenswerte immer vor dem Hintergrund des jeweiligen Anlasses und der damit verbundenen Bewertungsstandards und sonstigen Regelungen, wie etwa der ständigen Rechtsprechung, durchzuführen.

2.3.1 Rechnungslegungsorientierte Bewertungsstandards

Das immaterielle Vermögen erlangt in einer auf die Informationsfunktion fokussierten Rechnungslegung eine stetig wachsende Bedeutung. Dementsprechend sind in den letzten Jahren Rechnungslegungsstandards entwickelt worden, die sich mit dieser Thematik auseinandersetzen. Im Rahmen der bilanziellen Bewertungsanlässe wurde bereits auf die Notwendigkeit der Bewertung von immateriellen Vermögenswerten im Rahmen der sog. Kaufpreisallokation hingewiesen. In der US-amerikanischen Rechnungslegung sind in diesem Zusammenhang SFAS 141 »Business Combinations« und SFAS 142 »Goodwill and Other Intangible Assets« einschlägig. Spezifische Fragen der Bewertung bzw. der Bewertungstechnik behandeln diese Standards allerdings nicht. Ergänzend sind daher SFAS 157 »Fair Value Measurements« und AICPA Practice Aid »Assets Acquired in a Business Combination to Be Used in Research and Development Activities: A Focus on Software, Electronic Devices and Pharmaceutical Industries« relevant.[54] Die Task Force hat sich allgemein mit der Fair-Value-Bewertung von imma-

54) Vgl. AICPA (Practice Aid, 2001).

teriellen Vermögenswerten und im Speziellen mit der Bewertung von laufenden Forschungs- und Entwicklungsprojekten, die im Zuge von Unternehmenszusammenschlüssen erworben werden und gem. SFAS 141 bilanziell abzubilden sind, auseinandergesetzt.

Im Juni 2008 hat die Appraisal Foundation ein Diskussionspapier mit dem Titel »Best Practices for Valuation in Financial Reporting: Intangible Asset Working Group – The Identification of Contributory Assets and the Calculation of Economic Rents« herausgegeben. In dem Papier werden Best Practices für die Kalkulation von Wertbeiträgen bei Anwendung der Residualwertmethode dargestellt.

Im Hinblick auf die IFRS ist auf den jüngst verabschiedeten Exposure Draft »Fair Value Measurement« hinzuweisen, der sich mit grundsätzlichen Fragen der Bestimmung von Fair Values auseinandersetzt, zur Lösung konkreter Bewertungsprobleme jedoch nur einen geringen Beitrag leistet. Die Fair-Value-Bewertung von immateriellen Vermögenswerten wird im Rahmen der Kaufpreisallokation durch IFRS 3 »Business Combinations« lediglich allgemein gefordert und in IAS 38 »Intangible Assets« finden sich vage Hinweise auf mögliche Bewertungstechniken (IAS 38.30). Diese Lücke versucht die vom Institut der Wirtschaftsprüfer in Deutschland herausgegebene Stellungnahme zur Rechnungslegung »Bewertungen bei der Abbildung von Unternehmenserwerben und bei Werthaltigkeitsprüfungen nach IFRS (IDW RS HFA 16)« zu schließen. Im Hinblick auf die Bewertung immaterieller Vermögenswerte werden einzelne Wertkonzepte und Bewertungsverfahren thematisiert.

Die rechnungslegungsorientierte Bewertung von immateriellen Vermögenswerten hat zwar eine große Bedeutung, ist aber nur einer der möglichen Bewertungsanlässe (siehe oben). Die in diesen Bewertungsstandards dargestellten Prinzipien sind aber nicht gleichermaßen auf andere Anlässe übertragbar. Daher sind für die Bewertung immaterieller Vermögenswerte andere Bewertungsstandards und damit verbundene andere Prämissen zu beachten.

2.3.2 Sonstige Bewertungsstandards

Der in Deutschland wohl bekannteste Bewertungsstandard ist der IDW Standard: Grundsätze zur Bewertung immaterieller Vermögenswerte (IDW S 5), der vom Institut der Wirtschaftsprüfer (IDW) herausgegeben wird. Dieser Standard legt vor dem Hintergrund der in Theorie und Praxis entwickelten Standpunkte die Grundsätze dar, nach denen deutsche Wirtschaftsprüfer immaterielle Vermögenswerte bewerten. Wie auch andere Bewertungsstandards des IDW enthält dieser Standard detaillierte Erläuterungen über Bewertungsanlässe, Funktion des Bewerters und Anwendung der Methoden. Er unterteilt sich in einen allgemeinen Teil sowie in eine Darstellung der Besonderheiten bei der Bewertung von Marken. Es ist vorgesehen, den IDW Standard um Ausführungen zu weiteren speziellen immateriellen Vermögenswerten zu ergänzen.

Neben dem in Deutschland oft zitierten Bewertungsstandard des Instituts der Wirtschaftsprüfer gibt es im internationalen Umfeld professioneller Bewertungen zahlreiche Bewertungsstandards, die entweder speziell für immaterielle Vermögenswerte erstellt wurden oder zumindest in einem spezifischen Teil explizit auf die Bewertung von immateriellen Vermögenswerten eingehen. So wurde Ende 2009 eine Erweiterung für die Bewertung von Kundenbeziehungen veröffentlicht.

Ein Bewertungsstandard, der im internationalen Umfeld eine zunehmende Bedeutung erlangt, sind die International Valuation Standards (IVS). Sie werden seit 1985 vom International Valuation Standards Council (IVSC) herausgegeben. Die IVS beinhalten Grundsätze zur Bewertung von Grundvermögen, technischen Anlagen, Unternehmen und auch von immateriellen Vermögenswerten. Die Bewertung immaterieller Vermögenswerte ist in »Guidance Note No. 4 Valuation of Intangible Assets« geregelt. Diese Guidance Note wurde Anfang des Jahres 2009 überarbeitet und der Öffentlichkeit zur Diskussion vorgestellt. Der aktuelle Entwurf umfasst zahlreiche Abgrenzungen und erläutert die allgemein akzeptierten Bewertungsmethoden. Gleichzeitig wurde eine neue »Guidance Note No. 16 Valuation of Intangible Assets for IFRS Reporting Purposes« entwickelt, die ebenfalls seit Anfang 2009 als Entwurf vorliegt. Das IVSC reagiert damit auf die hohen Anforderungen an die Bewertung immaterieller Vermögenswerte im Rahmen von Kaufpreisallokationen nach IFRS 3 und hat einen Bewertungsanlass speziell für Zwecke der Rechnungslegung erstellt.

Mit Wirkung für Bewertungen ab dem 1. Januar 2008 hat die amerikanische Berufsorganisation der Wirtschaftsprüfer, das American Institute of Certified Public Accountants (AICPA) einen Bewertungsstandard zur Durchführung von Bewertungen herausgegeben, der für alle Berufsträger bindend ist. Der Standard »Statement on Standards for Valuation Services No. 1 – Valuation of a Business, Business Ownership Interest, Security or Intangible Asset« (SSVS No. 1) umfasst verschiedene Bewertungsgegenstände und beinhaltet separate Hinweise, die bei einer Bewertung von immateriellem Vermögen bei Anwendung der verschiedenen Bewertungsmethoden zu beachten sind. Die Anwendung des SSVS No. 1 wird für den CPA durch verschiedene so genannte Toolkits erläutert.

Die American Society of Appraisers (ASA) ist eine Berufsvereinigung von Bewertungsprofessionals in den USA. Die ASA hat einen Bewertungsstandard, den *ASA Business Valuation Standard* (BVS) herausgegeben, der in Verbindung mit den *Uniform Standards of Professional Appraisal Practice* (US-PAP) herausgegeben von The Appraisal Foundation sowie mit den *Principles of Appraisal Practice and Code of Ethics* der American Society of Appraisers anzuwenden ist. Die BVS ist ein Standard, um ein Minimum für die Bewertung von Unternehmen, Unternehmensanteilen und Beteiligungen zu definieren. Sie sind von den Mitgliedern der ASA (einschließlich der Anwärter, akkreditierte Mitglieder und Fellows) anzuwenden. Die BVS bestehen aus verschiedenen, kurzen Teilen zu einzelnen bewertungstechnischen Themen wie z. B. zur Bewertung auf der Basis kapitalwertorientierter Methoden. Im Juli 2008 wurde der BVS-IX zu »Intangible Asset Valuation« ergänzt. Der BVS-IX sieht als anerkannte Verfahren analog zum aktuellen Stand der finanzorientierten Bewertung die drei Methoden kapitalwertorientierte Verfahren (Income Approach), marktwertorientierte Verfahren (Market Approach) und kostenorientierte Verfahren (Cost Approach) vor. Grundsätzlich enthält der BVS-IX nur ganz allgemeine Bewertungsprinzipien und beschränkt sich auf einige Stichpunkte. In einem separaten Anhang A sind für ausgewählte immaterielle Vermögenswerte (Patente, Betriebs- und Geschäftsgeheimnisse, Marken und Copyrights) Erläuterungen ergänzt.

Neben den internationalen Bewertungsstandards sind im deutschsprachigen Raum Bemühungen erkennbar, für die Bewertung einzelner immaterieller Vermögenswerte gesonderte Richtlinien zu entwickeln.

Das sog. Brand Valuation Forum, ein Arbeitskreis der Gesellschaft zur Erforschung des Markenwesens (GEM) und des Markenverbands, hat Anfang des Jahres 2007 zehn Grundsätze für Markenbewertung erstellt. Die Grundsätze sehen vor, dass Bewertungsanlass und -funktion zu berücksichtigen sind, die Art der Marke und der Markenschutz ebenso wie die Marken- und Zielgruppenrelevanz. Wichtig ist dem Arbeitskreis, dass für eine Bewertung markenspezifische Einzahlungsüberschüsse isoliert werden sollen und kapitalwertorientierte Methoden zum Einsatz kommen.

Darüber hinaus haben Normungsinstitute sich mit Instrumenten für die Bewertung ausgewählter immaterieller Vermögenswerte befasst. So hat z. B. das Österreichische Normungsinstitut einen Leitfaden zur Bestimmung des Markenwertes erarbeitet (ON-Regel ONR 16800). Das Deutsche Institut für Normung (DIN) hat 2007 allgemeine Grundsätze der Patentbewertung formuliert und als PAS 1070 »Grundsätze ordnungsgemäßer Patentbewertung« veröffentlicht. PAS steht dabei für Publicly Available Specification, d. h. öffentlich verfügbare Spezifikationen.

3
Finanzielle Bewertungsverfahren

3.1 Einführung und Methodenüberblick

Für die Bewertung von immateriellem Vermögen stellt die betriebswirtschaftliche Forschung zahlreiche Ansätze und Methoden zur Verfügung. Die
in der Literatur und Praxis am häufigsten eingesetzten und diskutierten Methoden stammen aus der klassischen Investitions- und Unternehmensbewertungstheorie. Diese stellen regelmäßig den Ausgangspunkt bei der
finanziellen Bewertung immaterieller Werte dar und zählen zu den quantitativen Bewertungsverfahren. Im folgenden Abschnitt wird die Vorgehensweise für eine Bewertung nach diesen Verfahren beschrieben.

Bevor jedoch der Blick auf die Bewertungsmethoden und Gestaltungsmöglichkeiten gerichtet werden kann, ist es notwendig, das Bewertungsobjekt als solches abzugrenzen. Unabhängig davon, ob ein ganzes Unternehmen oder ein einzelner Vermögenswert zu bewerten ist, muss zunächst das
Bewertungsobjekt identifiziert und abgegrenzt werden. Regelmäßig sind
materielle Vermögenswerte oder Schulden bzw. Unternehmen durch ihre
rechtliche Einheit oder ihre vertragsspezifische Gestaltung hinreichend abgegrenzt, sodass der zu bewertende Gegenstand eindeutig identifiziert ist.
Dagegen tauchen für immaterielle Werte ohne rechtlichen oder vertraglichen Rahmen einige praktische Probleme auf.

Zunächst ist – gerade in Hinblick auf eine mögliche Transaktion und einem Wechsel von Eigentumsrechten – der rechtliche Schutzumfang zu
identifizieren. Immaterielle Vermögenswerte können auf der Basis des gewerblichen Rechtsschutzes vor einem unerlaubten Zugriff bzw. einer unerlaubten Nutzung durch Dritte geschützt werden. Wirtschaftlicher Bewertungsgegenstand und rechtliches »Bündel« von Assets sind dabei eindeutig
zu identifizieren. Streitigkeiten über das rechtmäßige Eigentum an dem gewerblichen Schutzrecht bzw. Verletzungen des geistigen Eigentums können
einen ganz erheblichen Einfluss auf den Wert haben.

Darüber hinaus gibt es immaterielle Vermögenswerte, die vom gewerblichen Rechtsschutz nicht explizit erfasst werden, die aber einen erheblichen

59

Bewertung von immateriellem Vermögen. Rainer Kasperzak und Anke Nestler
Copyright © 2010 WILEY-VCH Verlag GmbH & Co. KGaA, Weinheim
ISBN 978-3-527-50422-0

Wert beinhalten. Zu dieser Art von immateriellen Vermögenswerten gehören vor allem Betriebs- und Geschäftsgeheimnisse und Knowhow.

Prinzipiell wird für die Eingrenzung immaterieller Ressourcen auf die isolierte Ertragskraft des Bewertungsobjektes, also die Möglichkeit Einzahlungsüberschüsse zu generieren, abgestellt. Jedoch bereitet die Isolierung der Ertragskraft immaterieller Werte in der Praxis erhebliche Probleme. Lösungsansätze werden im folgenden Kapitel diskutiert.

Ist das Bewertungsobjekt hinreichend abgegrenzt, muss für die Wahl des entsprechenden Bewertungsansatzes und der korrespondierenden Bewertungsmethode die Bewertungsperspektive einbezogen werden. Hierbei kann das Bewertungsziel grundsätzlich eine unternehmensexterne oder eine unternehmensinterne Perspektive verfolgen, indem z. B. im Rahmen der externen Berichterstattung entsprechende Informationen bereitgestellt werden oder das Management des immateriellen Vermögens verbessert wird, um damit interne Entscheidungsträger zu unterstützen. Viele Ansätze beziehen sich auf beide Perspektiven, da eine Abgrenzung der jeweiligen Bewertungszwecke in der Praxis nicht immer möglich bzw. notwendig ist.

Eine weitere Fragestellung ist, ob die Bewertung unter Going-Concern-Gesichtspunkten erfolgt, d. h. der Wert des immateriellen Vermögensgegenstands aus dem Zusammenspiel mit den anderen »Assets« ermittelt werden soll (z. B. im Rahmen eines Sale-and-Lease-Back-Modells), oder ob der Wert völlig losgelöst von den bestehenden Assets erfolgt und ein separater, Stand-Alone-Wert zu berechnen ist (z. B. isolierter Verkauf von Marken). Letzteres führt in der Regel zu zusätzlichen Bewertungsabschlägen, da zusätzliches Risiko durch die Abhängigkeit der Cashflows von anderen, noch unbekannten Faktoren besteht. Dies entspricht im Grunde auch dem Gedanken der US-GAAP, die eine Unterscheidung nach »in use« versus »in exchange« treffen. Der Bewertungsanlass spielt somit auch hier eine unmittelbare und sehr bedeutende Rolle.

Die Grundlage der klassisch finanziellen Bewertungsmethoden bildet der Vergleich des Bewertungsobjektes mit einer Handlungsalternative. In diesem Zusammenhang differenziert man in den Kostenwertansatz (Cost Approach), den kapitalwertorientierten Ansatz (Income Approach) und den Marktwertansatz (Market Approach).[55] Die Anwendung des Marktwertansatzes setzt idealtypischerweise beobachtbare Marktpreise für das immaterielle Vermögen voraus. Die Marktpreise spiegeln dabei die Übereinstimmung aller Marktteilnehmer über folgende Wertindikatoren wider: die zukünftigen entziehbaren Zahlungsströme und die hierfür geforderte

---

55) Vgl. Reilly, R. F./Schweihs, R. P. (1999), S. 95 ff.; Smith, G./Parr, R. (2000), S. 163 ff.

Risikoprämie. Ausgangspunkt im kapitalwertorientierten Ansatz ist nicht ein »fertiger« Marktpreis, vielmehr werden die genannten Wertindikatoren isoliert ermittelt und mit Hilfe von Barwertkalkülen auf einen Gegenwartswert für das immaterielle Vermögen verdichtet. Der Kostenwertansatz zielt im Gegensatz zum marktwert- und kapitalwertorientierten Ansatz nicht auf den Zukunftserfolgswert des Bewertungsobjektes, sondern wird vom Substanzwert des immateriellen Vermögens determiniert. Hierbei resultiert der Wert des Bewertungsobjektes aus den zur Herstellung benötigten Reproduktions- oder Wiederbeschaffungskosten.

Wird ein objektivierter Marktwert für Bilanzierungszwecke nach internationalen Rechnungslegungsstandards abgeleitet, wird von den einschlägigen Standards eine absteigende Präferenzfolge aus markt-, kapital- und kostenwertorientierten Ansätzen gefordert. Diese Vorgehensweise entspricht der aus der internationalen Rechnungslegung stammenden Präferenzfolge zur Fair-Value-Bewertung.[56] Für andere Bewertungszwecke ist die Einhaltung einer Präferenzfolge nicht notwendig. Bislang wird immer wieder die These vertreten, dass der kostenorientierte Ansatz nicht sinnvoll anwendbar ist. Richtig ist zwar, dass dieser Ansatz das zukünftige Potenzial eines immateriellen Vermögenswertes nicht widerspiegeln kann. Allerdings besteht insbesondere bei einzelnen Assets die Handlungsalternative zum Erwerb darin, diesen immateriellen Vermögenswert selbst zu erstellen. Der kostenorientierte Ansatz gibt insofern eine wichtige Wertschwelle für immaterielle Vermögenswerte an.

Aus den klassisch finanziellen Ansätzen haben sich in der Literatur und Praxis einzelne Methoden für die Bewertung von immateriellem Vermögen entwickelt, die in Abbildung 10 übersichtsweise dargestellt sind.

Welche der Ansätze und Methoden letztendlich zur Anwendung kommen, ist im Ergebnis von der Art des Bewertungsobjektes selbst, dem Bewertungsanlass und -zweck sowie den zur Verfügung stehenden Daten abhängig. Für eine Plausibilitätsprüfung ist grundsätzlich die Ergänzung eines Verfahrens durch eines der anderen Verfahren sinnvoll.

---

56) Vgl. IAS 38.39 ff. sowie IFRS 3 Appendix E12 ff.

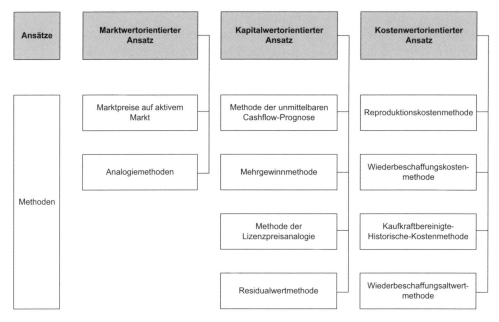

Abb. 10 Methodenüberblick

3.2 Kostenorientierter Ansatz (Cost Approach)

3.2.1 Theoretischer Hintergrund

Den Ausgangspunkt des kostenwertorientierten Ansatzes stellen die Anschaffungs- bzw. Herstellungskosten des Bewertungsobjektes dar. Kostenwertorientierte Methoden basieren auf der Annahme, dass für die Reproduktion des Bewertungsobjektes nicht mehr als diejenigen Kosten aufgewendet werden müssten, die beim Ersatz durch ein vergleichbares Gut notwendig wären. Damit folgt man dem Opportunitätskostenprinzip. Hintergrund des kostenwertorientierten Ansatzes ist folglich, den durch die Nutzung des Bewertungsobjektes in der Zukunft entstehenden finanziellen Vorteil mit dem Preis eines Substitutes zu vergleichen. Es wird dem Bewertungsobjekt der durch die Nutzung entstehende finanzielle Vorteil entzogen und den Bereitstellungskosten gegenübergestellt. In diesem Zusammenhang können Kosten als Summe der Aufwendungen definiert werden, welche zur Bereitstellung des Vermögens benötigt werden.[57]

[57] Vgl. Reilly, R. F./Schweihs, R. P. (1999), S. 97 ff.

3.2.2 Kostenkomponenten

Für die Bewertung mit Hilfe des kostenwertorientierten Ansatzes sind grundsätzlich sämtliche Kosten zu erfassen bzw. zu schätzen, die für eine Erstellung des immateriellen Vermögenswertes anfallen. Dabei werden die Kostenarten in Abhängigkeit vom Bewertungsobjekt einen jeweils anderen Stellenwert einnehmen. So fallen etwa für die Entwicklung eines Medikamentes neben Forschungs- und Entwicklungskosten auch Kosten für eine mögliche Zulassung an, wohingegen bei der Entwicklung von Software erfahrungsgemäß vor allem die Personalkosten als zentrale Wertdeterminante einzubeziehen sind.

Bei der Ableitung der relevanten Kostenkomponenten sind grundsätzlich Vollkosten zu berücksichtigen. Das bedeutet, das nicht nur die Einzelkosten zu erfassen sind, sondern auch die relevanten Gemeinkosten, wie z. B. für anteilige Miete, Energie, Management und Dienstleistungen. Bei den Personalkosten sind neben den unmittelbaren Gehältern auch die Nebenkosten des Arbeitgebers und die sozialen Leistungen an die Mitarbeiter einzubeziehen.

3.2.3 Kostenwertorientierte Methoden

Für den kostenwertorientierten Ansatz sind in der Vergangenheit verschiedene Bewertungsmethoden erarbeitet worden. Zu den Methoden, denen in der Praxis eine hohe Bedeutung beigemessen wird, gehören die Wiederbeschaffungskostenmethode, die Reproduktionskostenmethode, die kaufkraftbereinigte historische Kostenmethode sowie die Wiederbeschaffungszeitwertmethode. Bei der Bewertung von immateriellem Vermögen unter Anwendung des kostenwertorientierten Ansatzes muss zunächst eine Auswertung der Datengrundlage stattfinden. Diese Datenanalyse kann Anhaltspunkte für die Auswahl des geeigneten Ansatzes liefern.

3.2.3.1 Reproduktionskostenmethode

Bei der Bewertung von immateriellem Vermögen mit Hilfe der Reproduktionskostenmethode wird angenommen, dass das Bewertungsobjekt in unveränderter Form mit denselben Eigenschaften und vergleichbarem Nutzen reproduziert werden kann. Der durch die Reproduktion eines exakten Duplikats entstehende Aufwand dient dabei als Wertmaßstab für das Bewertungsobjekt. Dabei kann das Bewertungsobjekt aus verschiedenen Bestandteilen bestehen, die zu unterschiedlichen Aufwendungen bzw. Kosten

Kostenorientierter Ansatz
(Cost Approach)

führen. Die Summe dieser Kosten fließt somit als wertbestimmende Größe in den Reproduktionskostenwert ein. Demnach wird der Vermögenswert von aktuellen Marktwerten, z. B. für Material und Personal, bestimmt. Aufgrund dieser Marktorientierung werden bei der Reproduktionskostenmethode leicht nachvollziehbare und damit objektivierbare Daten zugrunde gelegt. Jedoch birgt genau dieser Vorteil auch das Risiko, dass der Vermögenswert aufgrund variierender Parameter, wie sie etwa durch technische Weiterentwicklungen sowie steigende bzw. sinkende Personalkosten gegeben sind, fehlbewertet wird. Aufgrund dessen ist gegebenenfalls eine Anpassung des Reproduktionswertes vorzunehmen.[58]

3.2.3.2 Wiederbeschaffungskostenmethode

Im Rahmen der Bewertung von immateriellem Vermögen unter Anwendung der Wiederbeschaffungskostenmethode erfolgt die Wertbestimmung anhand der Aufwendungen für die Wiederbeschaffung des Bewertungsobjektes mit demselben Nutzeffekt, der sich durch die Eigenschaften und Funktionalität des zu bewertenden immateriellen Vermögenswertes manifestiert. Dabei kann sich der Vermögenswert in seiner Form vom Bewertungsobjekt unterscheiden. Als maßgebliche Prämisse für die Handlungsalternative gilt ausschließlich die Übereinstimmung im Nutzeffekt: Die Handlungsalternative, das Ersatzprodukt, erfüllt dieselben Aufgaben wie das Bewertungsobjekt. Demnach könnten für die Bewertung eines alten Patents auf ein Schmerzmittel die aktuellen Kosten für die Entwicklung eines neuen Schmerzmittelpatents als Wertindikator herangezogen werden, wenn das neue Produkt dieselbe Wirkung erzielt und somit im Nutzeffekt mit dem alten Schmerzmittel vergleichbar ist. Gleichermaßen müssen auch die ökonomischen Rahmenbedingungen (z. B. Marktanteil, Umsatzstärke, Eigner) dem des Bewertungsobjektes entsprechen.

In der Regel wird die Handlungsalternative in ihren Eigenschaften dem Bewertungsobjekt allein aufgrund des technischen Fortschritts überlegen sein. Dieser Umstand muss in Form eines Bewertungsabschlags berücksichtigt werden. Dies geschieht, indem der zusätzliche Nutzen aus der technischen Weiterentwicklung identifiziert wird und die damit korrespondierenden Forschungs- und Entwicklungsaufwendungen wertmindernd in das Bewertungsergebnis einfließen.

---

[58] Vgl. Jäger, R./Himmel, H. (2003), S. 427 f.

3.2.3.3 Kaufkraftbereinigte historische Kostenmethode

Bei der Bewertung von immateriellem Vermögen unter Anwendung der kaufkraftbereinigten historischen Kostenmethode wird der Wert des Bewertungsobjektes von der Summe der historischen Kosten, die im Laufe der Forschung und Entwicklung, Erweiterung, Ingangsetzung, wirtschaftlichen Nutzung und Sicherung des Bewertungsobjektes tatsächlich angefallen sind, determiniert. Um die aufsummierten Kosten mit dem aktuellen Geldwert vergleichbar zu machen, müssen die historischen Kosten an das aktuelle Preisniveau angepasst werden. Als Indikatoren für die Kaufkraftbereinigung können beispielsweise für konsumnahe Vermögenswerte (z. B. der Markenname) der Konsumentenpreisindex und für erzeugernahe Vermögenswerte (z. B. Patente auf ein Produktionsverfahren) der Erzeugerpreisindex herangezogen werden.[59]

Durch die Kaufkraftbereinigung der aufsummierten Kosten werden diese mit dem realen Geldwert vergleichbar.

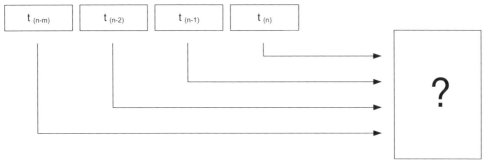

Abb. 11 Indexierung im Cost Approach

3.2.3.4 Wiederbeschaffungszeitwertmethode

Der Wiederbeschaffungszeitwert entspricht den Wiederbeschaffungskosten abzüglich der Abnutzung sowie der technischen und wirtschaftlichen Abschreibung des Bewertungsobjektes. Da abnutzbare Vermögenswerte, wie z. B. Patente, definitionsgemäß abzuschreiben sind, müssen auch die Wiederbeschaffungskosten der Handlungsalternative an den Zeitwert angepasst werden. Hierfür sind die Wiederbeschaffungskosten um die der Nutzungsdauer entsprechenden planmäßigen, fiktiven Abschreibungen zu vermindern. Sind die Wiederbeschaffungskosten nur für ein Vergleichsobjekt erweiterter technischer Funktionalität bestimmbar, so ist dieser Wert zusätzlich um einen entsprechenden Abschlag zu reduzieren.

59) Vgl. Reilly, R. F./Schweihs, R. P. (1999), S. 130 f.

3.2.4 Fallbeispiel

Im nachfolgenden Beispiel wird exemplarisch die Bewertung selbsterstellter Software unter Anwendung des Reproduktionsansatzes und unter Berücksichtigung der Inflation betrachtet.

Für eine selbsterstellte Cashflow-Planungssoftware soll eine Verkaufspreisuntergrenze ermittelt werden. Im Rahmen der vierjährigen Entwicklung sind nachfolgende Kosten angefallen:

Kostenstellenberechnung	T_{-3} TEUR	T_{-2} TEUR	T_{-1} TEUR	T_0 TEUR
Personalkosten	50,00	50,00	100,00	125,00
Marketing	10,00	10,00	20,00	15,00
Sachkosten und Verwaltung	5,00	10,00	5,00	10,00
Summe	**65,00**	**70,00**	**125,00**	**150,00**

In einem ersten Schritt müssen die angefallenen Kosten gegebenenfalls um Effizienzverluste bereinigt und um weitere Kostenkomponenten, wie z. B. Beratungskosten, erweitert werden:

Bereinigungen				
Personalkosten für Akquisition	−5,00	0,00	−5,00	−10,00
Marketing	−10,00	−10,00	−20,00	−15,00

Modifizierung				
Externe Beratungskosten	20,00	15,00	5,00	0,00

Nachfolgend ergibt sich folgende Kostenstruktur:

Kosten (bereinigt und modifiziert)				
Personalkosten	45,00	50,00	95,00	115,00
Sachkosten und Verwaltung	5,00	10,00	5,00	15,00
Externe Beratungskosten	20,00	15,00	5,00	0,00
Summe	**70,00**	**75,00**	**105,00**	**130,00**

Im nächsten Schritt werden die bereinigten und modifizierten Kosten mit einem Wachstumsfaktor, der für die Personalkosten bei 5 % und für die übrigen Kosten bei 2,5 % liegt, indexiert:

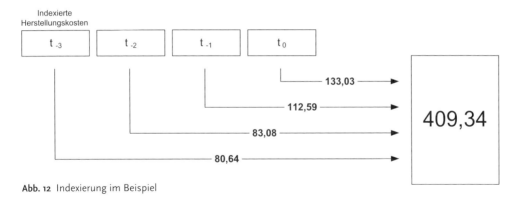

Abb. 12 Indexierung im Beispiel

Indexierung		T_{-3}	T_{-2}	T_{-1}	T_0
Personalkosten	5%	53,38	56,49	102,21	117,84
Sachkosten und Verwaltung	2,5%	27,26	26,59	10,38	15,19
Indexierung Anschaffungskosten p.a.		**80,64**	**83,08**	**112,59**	**133,036**
Indexierte Anschaffungskosten zum 31.12.2003					**409,34**

Die Summe der indexierten Herstellungskosten entspricht dem Reproduktionswert der Software in Höhe von TEUR 409,34.

3.2.5 Würdigung des kostenwertorientierten Ansatzes

Der wesentliche Vorteil des kostenwertorientierten Ansatzes liegt darin, dass – anders als bei einer Unternehmensbewertung – der einzelne Vermögenswert grundsätzlich leichter selbst erstellt werden kann, sodass die Make-or-Buy-Variante ein echter Alternativenvergleich ist. Soweit ein immaterieller Vermögenswert vertretbar selbst erstellt werden kann und diese Alternative der Buy-Variante vorzugswürdig erscheint, ergibt sich damit eine nachweisbare Wertobergrenze.

Der zentrale Nachteil des kostenwertorientierten Ansatzes besteht allerdings darin, dass das gegenwärtige und zukünftige Ertragspotenzial immaterieller Werte weder abgebildet noch bewertet wird. Somit kann eine kostenorientierte Bewertung zu zu hohen oder zu niedrigen Wertansätzen führen. Eine gute Näherung erzielt das Verfahren bei vergleichsweise neuen und austauschbaren Vermögenswerten, wenn der Aufschlag für eine erfolgreiche Entwicklung (z. B. Time-to-Market) keine wesentliche Rolle spielt.

Die Tatsache, dass immaterielle Vermögenswerte gerade einzigartig und damit schwer »kopierbar« sind, stellt den Ansatz unter theoretischen Gesichtspunkten grundsätzlich in Frage. Insofern wird man sich mit einer Näherungslösung zufriedengeben müssen. Problematisch ist in diesem Zusammenhang indes die Erfassung und Bestimmung derjenigen Kosten, die während eines langwierigen Entwicklungsprozesses angefallen sind und die Frage, welche Kosten davon obsolet sind. Im Nachhinein lassen sich häufig viele Produkte effizienter entwickeln, allerdings gehören »Forschungsumwege« oftmals dazu. Dabei lassen sich mehrere Typen von Veralterung (Obsoleszenz) unterscheiden:[60]

- funktionale Veralterung durch den Verlust der ursprünglichen Funktion oder bestimmter Funktionen,
- technologische Veralterung durch die technische Überholung von v. a. technologieorientierten immateriellen Vermögenswerten,
- wirtschaftliche Veralterung durch den Verlust an wirtschaftlichem Nutzen.

Durch die Identifizierung und Quantifizierung von Obsoleszenz ist aus den Kosten für einen immateriellen Vermögensgegenstand der Wert herauszuarbeiten.

Im Ergebnis spielt das kostenwertorientierte Verfahren in der Praxis zumindest als Grenzpreis in Form einer Kaufpreisobergrenze für den Wert von immateriellen Vermögenswerten eine ganz erhebliche Rolle. Die Berechnung ist für Dritte gut nachvollziehbar und damit transparent. Im Idealfall sollte dieses Verfahren niemals isoliert, sondern in Verbindung mit anderen Ansätzen, z.B. als Plausibilitätskontrolle eingesetzt werden. Nur so können zukünftige Effekte aus dem immateriellen Vermögenswert ökonomisch sinnvoll einbezogen werden.

3.3 Kapitalwertorientierter Ansatz (Income Approach)

3.3.1 Theoretischer Hintergrund

Bevor in den folgenden Abschnitten die mit dem kapitalwertorientierten Ansatz verbundenen Methoden und Gestaltungsmöglichkeiten dargestellt werden, wird zunächst auf den theoretischen Hintergrund dieses Ansatzes eingegangen.

---

60) Vgl. Reilly, R. F./Schweihs, R. P. (1999), S. 99 ff.

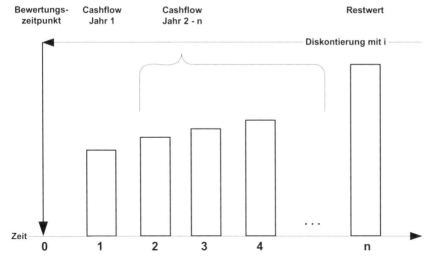

Abb. 13 Zukunftserfolgsverfahren

3.3.1.1 Konzeptionelle Grundlagen der Barwertermittlung

Die Bewertung von immateriellem Vermögen mit Hilfe des kapitalwertorientierten Ansatzes greift auf die Verfahren der modernen dynamischen Investitionsrechnung zurück. Hierbei stellt der Wert eines immateriellen Vermögens die Eigenschaft dar, dem Eigentümer in Zukunft entziehbare finanzielle Vorteile zu gewähren. Aufgrund der perspektivischen Orientierung wird dieses Verfahren generell Zukunftserfolgswertverfahren genannt (vgl. Abb. 13).

Kapitalwertorientierte Verfahren ermitteln den Wert des immateriellen Vermögens mittels Kapital- bzw. Barwertbildung. Sie stellen somit den Gegenwartswert prognostizierter zukünftiger Zahlungsströme dar (Barwert, Present Value). Der Wert des immateriellen Vermögens ergibt sich hierbei aus dem Vergleich der zukünftigen Zahlungsströme mit einer geeigneten Handlungsalternative, deren Eigenschaften sich in einer Renditeforderung, den vermögenswertspezifischen Kapitalkosten, bündeln lassen. Barwerte stellen je nach Bewertungszweck und Perspektive auf die Einschätzungen zukünftiger Erwartungen der Eigner (subjektive Entscheidungswerte) oder der Marktteilnehmer (objektivierte Werte) ab.

Im Zuge der Ermittlung von Barwerten sind die nachstehenden Arbeitsschritte notwendig:

a) Identifizierung und Prognose der bewertungsrelevanten Zahlungsströme,

Kapitalwertorientierter
Ansatz (Income
Approach)

b) Festlegung der vermögenswertspezifischen Kapitalkosten und
c) Bestimmung der Nutzungsdauer des Bewertungsobjektes.

Zu a) Identifizierung und Prognose der bewertungsrelevanten Zahlungsströme

Um den Objektwert zu erhalten, sind die isolierten Einzahlungsüberschüsse des zu bewertenden immateriellen Vermögens von Relevanz. Im Unterschied zur Unternehmensbewertung ist im Rahmen der Bewertung immaterieller Werte zusätzlich die Problematik der Zurechenbarkeit von Zahlungsströmen auf einzelne immaterielle Werte zu lösen, also im Grunde das Problem der Allokation der finanziellen Überschüsse des Gesamtunternehmens auf dessen einzelne Vermögenswerte. Im Schrifttum und in der Praxis haben sich bislang vier Methoden zur Bestimmung der bewertungsrelevanten Zahlungsströme etabliert. Die Methode der unmittelbaren Cashflow-Prognose leitet Zahlungsüberschüsse direkt aus dem immateriellen Vermögen ab. Ist eine solche direkte Ableitung nicht möglich, werden diese indirekt entweder mit Hilfe der Methode der Lizenzpreisanalogie, der Residualwertmethode oder der Mehrgewinnmethode ermittelt.[61]

Zu b) Festlegung der vermögenswertspezifischen Kapitalkosten

Die Ermittlung vermögenswertspezifischer Kapitalkosten stellt den Bewerter vor größtenteils noch ungelöste Fragen, da bisher keine Theorie zu deren Bestimmung entwickelt worden ist. Prinzipiell reflektieren die vermögenswertspezifischen Kapitalkosten die Renditeforderung des Eigners an der immateriellen Ressource. Im kapitalwertorientierten Ansatz wird diese Renditeforderung in Form einer Handlungsalternative abgebildet. Die vermögenswertspezifischen Kapitalkosten stellen für die Eigner daher Opportunitätskosten dar, welche unter anderem auch die mit der Prognoseunsicherheit einhergehenden Risiken widerspiegeln sollen.

Zu c) Bestimmung der Nutzungsdauer des Bewertungsobjektes

Schließlich stellt die Lebensdauer des Bewertungsobjektes eine weitere wichtige Wertdeterminante im Barwertkalkül dar. Im Gegensatz zur Unternehmensbewertung, bei der in der Regel von der Fortführung der Unternehmung (Going-Concern-Prämisse) ausgegangen wird, ist bei der Bewertung von immateriellem Vermögen zumeist die Lebensdauer (z. B. Laufzeit von Patenten) gesondert zu bestimmen.

61) Vgl. Reilly, R. F./Schweihs, R. P. (1999), S. 192 ff.; Smith,
    G./Parr, R. (2000), 222 ff.

Durch Diskontierung der über die Prognosedauer (T) erzielbaren Einzahlungsüberschüsse ($E_t - A_t$) mit den vermögenswertspezifischen Kapitalkosten (r) auf den Bewertungsstichtag ist anschließend der Wert des immateriellen Vermögens bestimmbar.

$$\text{Wert des immateriellen Vermögens} = \sum_{t=1}^{T} \frac{E_t - A_t}{(1+r)^t}$$

Formel 1 Barwertformel im Grundmodell

3.3.1.2 Risiko und Prognoseunsicherheit im Barwertkalkül

Die Frage, welche bewertungsrelevanten Überschüsse ein immaterieller Vermögenswert generiert, ist zwangsläufig mit der Unsicherheitsproblematik verknüpft. Dieses Problem ist auch mit einer noch so sorgfältig durchgeführten Planungsrechnung nicht zu beseitigen. Der unabwendbare Zustand unsicherer Erwartungen muss daher adäquat im Bewertungskalkül berücksichtigt werden.

In der betriebswirtschaftlichen Literatur wird dieses Problem regelmäßig anhand des Grundmodells der Entscheidungstheorie verdeutlicht. Hiernach wird unter dem Begriff der Unsicherheit allgemein ein Zustand unvollkommener Information verstanden, welcher es nicht ermöglicht, Handlungskonsequenzen derart genau vorherzusagen, dass sich nur ein einziges Ereignis als Folge ergeben kann.[62]

Für die im Zähler des Barwertkalküls erfassten prognostizierten Zahlungsüberschüsse bedeutet das, dass sie der Höhe nach nicht mit Sicherheit feststehen. Üblicherweise werden in diesem Zusammenhang die Begriffe Risiko und Unsicherheit synonym verwendet. So wird Risiko als eine Entscheidungssituation definiert, die dadurch charakterisiert ist, dass es Investoren gelingt, künftigen Entwicklungen subjektive Wahrscheinlichkeiten zuzuordnen.

Das mit einem Bewertungsobjekt einhergehende Risiko kommt prinzipiell durch die Abweichung vom Erwartungswert (µ), also durch ein Streuungsmaß, zum Ausdruck. Der Erwartungswert, der mit Hilfe der Wahrscheinlichkeitsverteilung der künftigen Zahlungen errechnet wird, stellt die Vorstellung mittleren Niveaus dar und wird wie folgt berechnet:[63]

$$\text{Erwartungswert, } \mu \, (CF) = \sum_{t=1}^{T} NE_t \times P_t$$

Formel 2 Erwartungswert

62) Vgl. Drukarczyk, J./Schüler, A. (2009), S. 35 ff.
63) Vgl. Krag, J./Kasperzak, R. (2000), S. 26 f.

Kapitalwertorientierter
Ansatz (Income
Approach)

Zur Bestimmung des Erwartungswertes werden die in den einzelnen Umweltzuständen erwarteten Nettoeinzahlungen (NE_t) mit ihren Eintrittswahrscheinlichkeiten (P_t) multipliziert und anschließend addiert.

Die Abweichung vom Erwartungswert spiegelt das Risiko des Projektes wider und wird mit Hilfe des Streuungsmaßes in Form der Varianz (σ^2_{CF}) oder der Standardabweichung (σ_{CF}) bestimmt:

$$\text{Varianz, } \sigma^2\,(NE) = \sum_{t=1}^{T}(NE_t - \mu_t)^2 \times P_t$$

Formel 3 Varianz

Da die Varianz, also die quadrierte Abweichung vom Erwartungswert, prinzipiell große Abstände zum Erwartungswert stärker erfasst als kleine und negative und positive Abweichungen neutralisiert werden, wird gemeinhin auf die statistische Größe der Standardabweichung als Risikomaß zurückgegriffen:

$$\text{Standardabweichung, } \sigma(NE) = \sqrt{\sigma^2(NE)}$$

Formel 4 Standardabweichung

3.3.1.3 Äquivalenzanforderungen

Wie einführend dargestellt, werden im Zähler des Barwertkalküls unsichere Erwartungswerte in Form prognostizierter Nettoeinzahlungen berücksichtigt. Die Bewertung immaterieller Werte im kapitalwertorientierten Ansatz beruht auf einem Alternativenvergleich, d. h. dass der Objektwert durch den Vergleich der unsicheren Zahlungsströme mit einer geeigneten Alternative approximiert wird. Für die Vergleichbarkeit dieser konkurrierenden Handlungsalternativen, also z. B. den Erwerb von anderen immateriellen Vermögenswerten oder die Investition am Kapitalmarkt, müssen sich die im Zähler erfassten Zahlungen und die im Nenner des Bewertungskalküls erfassten Kapitalkosten nach bestimmten Kriterien entsprechen.

Um dieser Forderung nachzukommen, werden bei der Ermittlung des Objektwertes im Sinne der Unternehmensbewertungstheorie Äquivalenzprinzipien berücksichtigt, welche prinzipiell auch für die Bewertung immateriellen Vermögens Anwendung finden. Ziel der Äquivalenzprinzipien ist es, den Zähler und den Nenner des Barwertkalküls hinsichtlich Arbeitseinsatz-, Unsicherheits-, Kaufkraft-, Steuer- und Planungshorizontäquivalenz anzupassen.[64]

Für den Fall, dass ein Eigner seine Arbeitskraft in den Aufbau eines immateriellen Vermögens einbringt und diese bei einer bloßen Investition in eine Handlungsalternative nicht anfallen würde, sind hierfür in Form eines Unternehmerlohns kalkulatorische Kosten zu berücksichtigen. Folglich ist das Bewertungsobjekt nicht mehr ohne Weiteres mit der Handlungsalternative, z. B. einer Investition am Kapitalmarkt, vergleichbar. Die Arbeitseinsatzäquivalenz wird dann durch die Minderung der Einzahlungsüberschüsse im Barwertkalkül in Höhe des Unternehmerlohns oder über die Erhöhung der alternativen Erträge durch einen zusätzlichen Nebenverdienst erreicht.

Für die Berücksichtigung der steuerlichen Belastung in Form von persönlichen Einkommensteuern sowie Unternehmenssteuern verlangt das Verfügbarkeitsäquivalenzprinzip, dass alle dem Anleger künftig zufließenden und anschließend zur Disposition stehenden Ausschüttungen vollständig sowohl im Bewertungsobjekt als auch in der Handlungsalternative berücksichtigt werden müssen. Das Prinzip der Verfügbarkeitsäquivalenz fordert darüber hinaus, dass die zu vergleichenden Alternativen hinsichtlich ihres Liquiditätsgrades miteinander vergleichbar sind.[65] Da für immaterielles Vermögen i. d. R. kein aktiver Handel auf organisierten Märkten existiert, ist gegebenenfalls ein Verfügbarkeitsabschlag vom ermittelten Wert vorzunehmen, sofern für die Alternative kein regelmäßiger Handel stattfindet. Alternativ kann der Diskontierungszinsfuß um einen Verfügbarkeitszuschlag erhöht werden.

Zur Anpassung des oftmals unterschiedlich hohen Risikos der Alternativen bedarf es somit einer Korrektur des Bewertungskalküls entweder durch Risikoabschläge im Zähler oder durch Risikozuschläge im Nenner.

Um den Einfluss der Inflation auf die Bewertung zu vermeiden, müssen Bewertungsobjekt und Anlagealternative einheitlich real oder nominal betrachtet werden. Damit kann eine Kaufkraftäquivalenz gewährleistet werden.

Mit der Planungshorizontäquivalenz wird gefordert, dass sich die Handlungsalternativen in ihren Laufzeiten entsprechen. Oftmals ist die Laufzeit von immateriellen Vermögenswerten befristet, sodass die für die Unternehmensgesamtbewertung typische Problematik, Annahmen über die Rendite der Anschlussinvestition jenseits des Detailplanungshorizonts treffen zu

64) Vgl. Smith, G./Parr, R. (2000), 264 ff.; Moxter, A. (1983), S. 176 ff. und Ballwieser, W. (2007), S. 82; Krag, J./Kasperzak, R. (2000), S. 36.

65) Vgl. Kuhner, C./Maltry, H. (2006), S. 88 f.

müssen, zumeist nicht auftritt. Andernfalls kann auf die in der Unternehmensbewertungstheorie diskutierten Verfahren zurückgegriffen werden.[66]

3.3.2 Ermittlung der Nutzungsdauer

Die Nutzungsdauer stellt vor allem im kapitalwertorientierten Ansatz eine kritische Determinante dar. Mit zunehmender Nutzungsdauer steigt der Objektwert des immateriellen Vermögens, parallel nimmt die Prognosequalität ab. Daher ist eine qualitativ hochwertige Schätzung des Prognosezeitraums für die Höhe des Wertes von elementarer Bedeutung.[67]

Einzelne Vermögenswerte weisen regelmäßig eine begrenzte ökonomische Nutzungsdauer auf, wobei auch hier Ausnahmen denkbar sind. Daher ist im Einzelfall die zu erwartende verbleibende Restnutzungsdauer des jeweiligen immateriellen Vermögens zum Bewertungszeitpunkt unter rein wirtschaftlicher Betrachtung zu ermitteln und zur Wahrung der Laufzeitäquivalenz zwischen Bewertungs- und Vergleichsobjekt im Barwertkalkül zu berücksichtigen. Die Nutzungsdauer erhält folglich die Funktion, den Prognosezeitraum abzuleiten. Sie stellt damit einen elementaren Bestandteil im Barwertkalkül dar. Die Nutzungsdauer definiert denjenigen Zeitraum, in dem das immaterielle Vermögen positive Ergebnisbeiträge erwirtschaftet und endet in dem Zeitpunkt, ab dem keinerlei Ergebnisbeiträge seitens des immateriellen Vermögens generiert werden.

Sofern die Annahme einer unbegrenzten Nutzungsdauer plausibel ist, wird der Prognosezeitraum, vergleichbar mit der klassischen Unternehmensbewertung, in Phasen aufgeteilt. Hierbei wäre die Bewertung auf zwei Phasen zu verteilen: die Detailplanungsphase und die Phase der ewigen Rente.

$$\text{Wert des immateriellen Vermögens} = \sum_{t=1}^{T} \frac{NE_t}{(1+r)^t} + \frac{NE_{T+1}}{(r-w) \cdot (1+r)^T}$$

Formel 5 Barwertformel im Phasenmodell

In der Detailplanungsphase wird für die Bewertung ganzer Unternehmen ein Prognosezeitraum zwischen drei und fünf Jahren betrachtet. Aufgrund der gegenwartsnahen Betrachtung kann die Detailplanungsphase zur verlässlicheren Prognose der Zahlungsströme und der Kalkulationszinssätze verwendet werden. Die zweite, unbegrenzte Phase bezieht sich auf die Zah-

66) Vgl. im Überblick Ballwieser, W. (2007), S. 83 ff.

67) Vgl. Reilly, R. F./Schweihs, R. P. (1999), S. 57 ff.

lungsströme der letzten Periode der Detailplanungsphase, die mit einem Wachstumsabschlag (w) unendlich lang fortgeschrieben wird.

3.3.2.1 Nutzungsdauerbeeinflussende Determinanten

Die Nutzungsdauer von immateriellem Vermögen wird durch unterschiedliche Determinanten beeinflusst. Neben wirtschaftlichen und rechtlichen Faktoren können auch nutzungsbedingte und technologische Größen in die Berechnung der Nutzungsdauer einfließen.[68]

Nutzungsdauerbeeinflussende Determinanten	
Wirtschaftlich bedingt	Nachfrageschwankungen Zinsraten Inflation Finanzierungsprobleme Geschmacksänderungen Rentabilitätsprobleme
Rechtlich bedingt	Schutzrechte Vertragsrechte Rechnungslegungs- und steuerliche Einflüsse Regulatorische Einflüsse
Nutzungsbedingt	Verlust des Vorsprungs Auslastung Verschleiß Erhaltungsaufwendungen Zusammenspiel mit anderen VW
Technologisch bedingt	Überholung Technischer Fortschritt Erweiterungen

Abb. 14 Nutzungsdauerbeeinflussende Determinanten

68) Vgl. Reilly, R. F./Schweihs, R. P. (1999), S. 208.

Kapitalwertorientierter
Ansatz (Income
Approach)

Zu den wirtschaftlichen Einflüssen zählen, neben makroökonomischen Entwicklungen, mikroökonomische Präferenzen von Konsumenten sowie die ökonomische Situation des Eigners bzw. der Gesamtunternehmung. Nutzungsbedingte Einflüsse ergeben sich insbesondere aus der Verwendung des immateriellen Vermögens. Unter den rechtlichen Determinanten wird die gesetzliche, vertragliche oder durch Regularien vorgegebene Nutzungsdauer verstanden. Die technologische Nutzungsdauer ist der Zeitraum, in welchem das immaterielle Vermögen seine wesentlichen Funktionen noch ausüben kann, ohne dass ein anderes Objekt die gleichen Funktionen günstiger, besser und schneller ausführt.[69]

Dabei ist die Identifizierung der rechtlichen oder vertraglichen Determinanten aufgrund der gesetzlichen Bestimmungen bzw. der Vertragsunterlagen unmittelbar nachvollziehbar. Die Erhebung der wirtschaftlichen, nutzungsbedingten oder technologischen Determinanten erfolgt hingegen nur unter subjektiven Gesichtspunkten, welche oft nur mit Schwierigkeiten objektivierbar sind, da diese prinzipiell auf Vergangenheitswerten sowie auf Einschätzungen der zukünftigen Entwicklungen basieren.

Unklar ist in der Theorie und auch in der Praxis, von welcher Fiktion die Nutzungsdauer ausgeht. So kann durch einen regelmäßigen »Erhaltungsaufwand« ein immaterieller Vermögenswert immer wieder erneuert bzw. erhalten werden. Alternativ kann von der Fiktion ausgegangen werden, dass keine weiteren Investitionen in den immateriellen Vermögenswert vorgenommen werden und sich der Wert somit über seine geschätzte Nutzungsdauer »abnutzt«. In diesem Fall wäre zu überlegen, welche Restnutzungsdauer der Vermögenswert in diesem Szenario hat. Besonders relevant ist diese Überlegung z. B. bei Marken. Wird in Marketing und in die Positionierung der Marke nicht weiter investiert, verliert sie oftmals sehr schnell an Marktanteil und damit an Umsatzpotenzial. Unter dem Gesichtspunkt der Transaktion wird jedoch ein Käufer in aller Regel eine Marke erwerben, um sie zu pflegen und weiterzuentwickeln. Die Diskrepanz dieser beiden Fiktionen kommt insbesondere dann zum Ausdruck, wenn eine Marke beispielsweise mit unendlicher Nutzungsdauer bewertet, handelsrechtlich und steuerrechtlich aber über einen bestimmten Zeitraum abgeschrieben wird. Hier hat sich in der Bewertungstheorie für immaterielle Vermögenswerte noch keine einheitliche Vorgehensweise herausgebildet. In der Praxis ist das oftmals mit großen Problemen verbunden. Für die Bewertung ist schließlich von wesentlicher Bedeutung, dass die Bewertung konsistent ist und die angestellten Überlegungen zur Nutzungsdauer mit bzw. ohne Erhaltungsaufwand transparent gemacht werden.

69) Vgl. Reilly, R. F./Schweihs, R. P. (1999), S. 213 f.

3.3.2.2 Methoden zur Quantifizierung der Nutzungsdauer

In der Theorie haben sich einige Methoden etabliert, um eine Nutzungsdauer für immaterielle Vermögenswerte abzuleiten. Mit den qualitativen, den quantitativen und den analytischen Methoden differenziert man in der Literatur drei unterschiedliche Methoden zur Erhebung der Nutzungsdauer.[70]

3.3.2.2.1 Qualitative Methoden

Ausgangspunkt der qualitativen Methoden zur Erfassung der Nutzungsdauer von immateriellem Vermögen bildet das aus der Produktpolitik für das Marketing bekannte Konzept des Produktlebenszyklus (vgl. Abb. 15). Dabei wird unterstellt, dass auch immaterielle Werte einem »natürlichen« Lebenszyklus unterliegen und nach Ablauf der Nutzungsdauer am Markt nicht mehr nachgefragt werden und somit wertlos sind. Analysiert wird hierbei typischerweise die Entwicklung des Umsatzes im Zeitverlauf. Im Schrifttum wird das Modell analog zur Umsatzentwicklung häufig als Glockenkurve dargestellt:

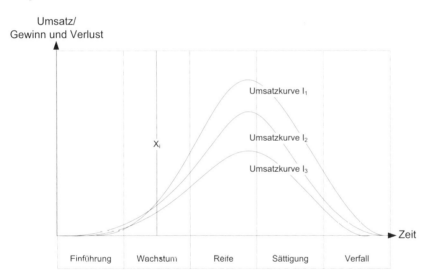

Abb. 15 Produktlebenszyklusanalyse

Der Lebenszyklus kann in fünf Phasen untergliedert werden. In der ersten Phase, der Einführung, kommt dem Eigner die Eigenschaft eines Innovators zugute. Der Markt befindet sich in der Testphase. Die Eigenschaften

---

70) Vgl. Grüner, T. (2006), S. 107 und ausführlich Reilly, R. F./
Schweihs, R. P. (1999), S. 214 ff.

des immateriellen Wertes werden in einem kleinen Umfang erprobt, kleinere Modifikationen können noch vorgenommen werden. Die Einführungsphase umfasst den Zeitraum von der Markteinführung bis zum Erreichen der Gewinnschwelle. Die Wachstumsphase bezeichnet den Zeitraum, in welchem das immaterielle Vermögen vom Markt angenommen wird. Anfängliche Modifikationen sind abgeschlossen. Aufgrund der wachsenden Nachfrage steigt auch der Preis für die Nutzung des immateriellen Vermögens. Dieser »Lebensabschnitt« reicht bis zum Erreichen des Gewinnmaximums. Die Reifephase markiert den Zeitrahmen, in welchem das immaterielle Vermögen voll vom Markt akzeptiert und integriert wird. Letzte Mängel und Probleme sind vollständig beseitigt. Die Reifephase endet im Umsatzmaximum. In der vierten Phase werden aufgrund der hohen Nachfrage andere Wettbewerber auf das immaterielle Vermögen aufmerksam, sodass es zu Imitationen kommt und der Wettbewerbsdruck steigt. Das Auftreten von Imitatoren kann mit Hilfe von Schutzrechten, wie z. B. Patentierung, erschwert werden. Diese Phase endet mit dem Erreichen der Verlustzone. In der letzten Phase, dem Verfall, verliert das immaterielle Vermögen seine Marktführerschaft, die wertbestimmenden Komponenten werden durch verbesserte oder wirtschaftlichere Substitute ersetzt. Das immaterielle Vermögen wird aus dem Markt genommen.[71]

Bei der Betrachtung ist von einer möglichen Forschungs- und Entwicklungsphase abzusehen, da in dieser Zeitspanne keine Ergebnisbeiträge erwirtschaftet werden können und diese daher nicht in den Definitionsbereich der wirtschaftlichen Nutzungsdauer fallen.

In Abbildung 15 markiert X_i den Erwerbszeitpunkt des immateriellen Wertes. Dabei definiert der Bereich rechts hiervon bis zur Berührung der Abszisse die Restnutzungsdauer. Die Umsatzkurven I_1 bis I_3 stellen den Lebenszyklus aller Vermögenswerte einer Kategorie, z. B. Markennamen oder Kundenbeziehungen dar.

Die Produktlebenszyklen definieren die funktionale und wirtschaftliche Restnutzungsdauer immaterieller Werte. Fällt das zu bewertende immaterielle Vermögen in die Kategorie der in der Abbildung aufgezeichneten immateriellen Werte und ist eine vergleichbare Einordnung in einen der Lebenszyklen möglich, so kann aus dem Verlauf der vergleichbaren immateriellen Werte die Nutzungsdauer des Bewertungsobjektes abgeleitet werden.

Vor dem Hintergrund der erörterten Eigenschaften von immateriellem Vermögen und unter besonderer Berücksichtigung von selbst erstellten immateriellen Werten ist jedoch aufgrund mangelnder Vergleichbarkeit und

---

71) Vgl. Reilly, R. F./Schweihs, R. P. (1999), S. 214 ff.

weitgehend fehlender Übertragbarkeit davon auszugehen, dass dem Einsatz von Produktlebenszyklen zur Determinierung der Nutzungsdauer, und somit des Prognosezeitraums, praktische Grenzen gesetzt sind.

3.3.2.2.2 Quantitative Methoden

Quantitative Methoden approximieren die Nutzungsdauer unter Zuhilfenahme von Vergangenheitsdaten.[72] Diese Methode eignet sich insbesondere für immaterielle Werte, bei denen historische Daten vergleichbarer immaterieller Werte zur Verfügung stehen.

Anhaltspunkte quantitativer Methoden können externe Datenbanken mit kategorisierten Nutzungsdauern sein, aber auch die unternehmensinterne Anlagebuchhaltung und das interne Rechnungswesen. Einen weiteren Anhaltspunkt können – je nach Bewertungsanlass – die steuerlichen Abschreibungsdauern (AfA-Tabellen) des Bundesministeriums für Finanzen (BMF) liefern (siehe Tabelle 1):

Tab. 1 Steuerliche Nutzungsdauer[73]

Immaterieller Vermögenswert	Nutzungsdauer	Quellen
Computer-Trivialprogramme (alle Programme im Wert von unter 150 €)	sofort abzuschreiben	R 5.5 Abs. 1 Sätze 2, 3 EStR 2005
Archiv einer Handels- und Kreditauskunft (Datenbank)	5 Jahre	FG Münster v. 23.06.1980, EFG 1981, S. 1
Arzneimittelzulassungen	15 Jahre, wenn Nachweis vorhanden, auch kürzer	BMF v. 12.07.1999, BStB1 1999 I, S. 686
Belieferungsrechte	vertraglich vereinbarte Laufzeit	BMF v. 03.08.1993, BStB1 1994 II, S. 686 BMF v. 28.05.1998, BStB1 1998 II, S. 775
Gebrauchs- und Geschmacksmuster	max. 5 Jahre	Schoor, Hans W.: BBK 2001, S. 852
Knowhow/technisches Spezialwissen	3–5 Jahre	BFH v. 23.11.1988, BStB1 1988 II, S. 82
Lizenzen	3–5 Jahre	BHF v. 27.02.1976, BStB1 1976 II, S. 529
Markenzeichen (Warenzeichen)	15 Jahre, wenn kein Nachweis für eine kürzere Laufzeit vorhanden ist	BMF v. 27.02.1998, BStB1 1998 I, S. 252; BMF v. 12.07.1999, BStB1 1999 I, S. 686
Nutzungsrechte	Dauer des Rechts	BFH v. 17.03.1977, BStB1 1977 II, S. 595, 598
Patente und Erfindungen (geschützt)	max. 5 Jahre	BFH v. 20.02.1970, BStB1 II, S. 484 und v. 05.06.1970, BStB1 II, S. 594
Patente und Erfindungen (ungeschützt)	weniger als 5 Jahre	Schoor, Hans W.: BBK 2001, S. 852

72) Vgl. Reilly, R. F./Schweihs, R. P. (1999), S. 215 f.
73) Quelle: Grüner, T. (2006), S. 110.

Kapitalwertorientierter Ansatz (Income Approach)

Für Zwecke der Bilanzierung wird die wirtschaftliche Nutzungsdauer immaterieller Werte des Unternehmens ermittelt. Eine Analyse von von Keitz ergab für 100 deutsche IFRS-Bilanzierer im Zeitraum von 2001 bis 2003 folgende wirtschaftliche Nutzungsdauern:

Tab. 2 Empirische Beobachtungen aus der IFRS-Rechnungslegungspraxis[74]

immaterieller Vermögenswert	vorwiegender Zeitraum der Nutzungsdauer	Prozent der analysierten Unternehmen
Software	bis 5 Jahre	ca. 79 %
ungeschützte Rechte, Knowhow	5–10 Jahre	ca. 54 %
Schutzrechte	5–10 Jahre	ca. 53 %
Lizenzen	5–10 Jahre	ca. 63 %
Konzessionen	10–20 Jahre	ca. 50 %

3.3.2.2.3 Analytische Methoden zur Quantifizierung der Nutzungsdauer

Analytische Methoden entnehmen die Nutzungsdauer aus so genannten Überlebenskurven (»Survivor Curve«). Die aus der Versicherungsmathematik stammende Methodik wird verwendet, um Laufzeiten für Lebensversicherungen zu approximieren. Hierbei wird dargestellt, wie sich eine hypothetische Gruppe von Personen aus einem speziellen Personenkreis durch Tod erwartungsgemäß vermindert.

Für die Anwendung solcher Sterbetafeln zur Bestimmung von Nutzungsdauern immaterieller Werte bietet das Schrifttum verschiedene Methodenansätze. Prinzipiell folgen sämtliche Methoden der gleichen Systematik: Zunächst wird eine Gruppe von vergleichbaren immateriellen Werten mit verschiedenen Nutzungsdauern zusammengefasst. Für die Analyse sind insbesondere folgende Daten erforderlich:

- Anzahl der vergleichbaren immateriellen Werte zum Bewertungsstichtag und in der Vergangenheit sowie
- Lebensdauer der immateriellen Werte.[75]

Die zugrunde liegenden Daten werden aus bereits im Unternehmen vorhandenen historischen Informationen hergeleitet. Auf Basis dieser Daten

74) Vgl. von Keitz, I. (2005), S. 38 f.; Abbildung entnommen aus Grüner, T. (2006), S. 110.
75) Vgl. Grüner, T. (2006), S. 112.

werden durchschnittliche Abschmelzungsraten ermittelt, welche als Näherungswerte für die Nutzungsdauer des Bewertungsobjektes dienen.

In der Literatur und Praxis werden Survivor Curves, aufgrund einer meist breiten Datenbasis, insbesondere zur Ermittlung von Nutzungsdauern für Kundenbeziehungen herangezogen.

Ausgangspunkt der Bildung einer Survivor Curve ist die Analyse der immateriellen Werte in der Vergangenheit. Aus diesen werden historische Abgangsraten ermittelt, von welchen zukünftige Abschmelzraten (»churn rates«) des Bestandes an immateriellem Vermögen abgeleitet werden.

Bei der Herleitung solcher Abschmelzraten zur Bewertung von immateriellen Werten kann zwischen rein anzahlbezogenen und/oder umsatzbezogenen Daten unterschieden werden. Die Datenauswahl ist im Wesentlichen von der Beschaffenheit des immateriellen Vermögens abhängig, kann aber prinzipiell vom Bewerter frei bestimmt werden.

Im Folgenden soll die Methodik zur Herleitung einer Survivor Curve für die Bewertung von Kundenbeziehungen erörtert werden.

In einem ersten Schritt wird auf Basis von historischen Unternehmensdaten die Anzahl an bestehenden und verlorenen Kunden analysiert. Prinzipiell kann anhand dieser Daten bereits eine Überlebenskurve abgeleitet werden. Dies würde jedoch implizieren, dass die Struktur des zu bewertenden Kundenportfolios nahezu identisch mit den historischen Kundendaten entsprechend ihrer erzielten Umsätze pro Kunde ist. Da dies in der Praxis die Ausnahme darstellt, ist zusätzlich eine umsatzbezogene Analyse des historischen Kundenportfolios durchzuführen.

Für diese Zwecke werden unter Anwendung einer umsatzbezogenen Analyse die Kunden in verschiedenen Klassen kategorisiert. Beispielsweise können in einem Cluster Mengenkunden mit vergleichsweise niedrigen Umsätzen und entsprechend weniger Loyalität dem Unternehmen gegenüber erfasst werden. In einem weiteren Cluster können Individualkunden zusammengefasst werden, welche mit wesentlich höheren Umsätzen einen stärkeren Grad an Loyalität aufweisen. Für diese Cluster können anschließend durchschnittliche periodische und umsatzgewichtete Abschmelzraten ermittelt werden. Als Nächstes kann aus den verdichteten Daten eine Überlebenskurve modelliert werden, welche abgebrochen wird, sobald die ermittelten Umsätze aus heutiger Sicht für die Unternehmung unwesentlich erscheinen.

Die allgemeine Form einer Überlebenskurve kann entsprechend Abbildung 16 dargestellt werden:

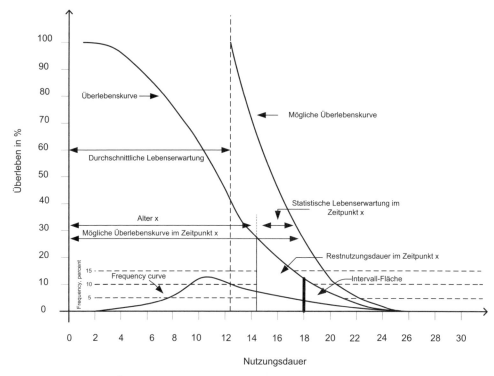

Abb. 16 Überlebenskurve – Survivor Curve (entnommen aus
Reilly, R. F./Schweihs, R. P. (1999), S. 218)

In einem ersten Schritt wird eine Grundgesamtheit vergleichbarer immaterieller Werte, wie z. B. Mobilfunkvertragskunden, in einem Portfolio zu-
sammenfasst.

Das Alter des zu bewertenden immateriellen Vermögens entspricht dem
Zeitpunkt seines Zugangs, z. B. durch Vertragsunterschrift, bis zum Bewertungsstichtag. Folglich bemisst sich die Verweildauer eines immateriellen
Wertes mit seinem aktuellen Alter beim Ausscheiden aus dem Unternehmen. Der Zeitpunkt des Ausscheidens definiert das Ende der Nutzungsdauer der Kundenbeziehung und demzufolge die letzte Planperiode des Barwertkalküls. Die durchschnittliche Nutzungsdauer der immateriellen Werte
des Vergleichsportfolios ergibt sich durch den Quotienten aus der Fläche
unterhalb der Überlebenskurve des Vergleichsportfolios und der Anzahl der
im Portfolio erfassten immateriellen Werte:

$$\varnothing \text{ Nutzungsdauer des Vergleichsportfolios} = \frac{\text{Fläche unterhalb der Überlebenskurve}}{\text{Anzahl der im Portfolio erfassten imm. Werte}}$$

Formel 6 Durchschnittliche Nutzungsdauer des Vergleichsportfolios

Die durchschnittliche Restnutzungsdauer des zu bewertenden immateriellen Vermögens entspricht dem Quotienten aus der Fläche unterhalb der Überlebenskurve, rechts vom Bewertungsstichtag und der Anzahl der immateriellen Werte, die bis zum Bewertungsstichtag im Unternehmen verweilen.

$$\varnothing \text{ Restnutzungsdauer} = \frac{\text{Fläche unterhalb der Überlebenskurve, rechts vom Bew.stichtag}}{\text{Verbliebene imm. Werte des Verkaufsportfolios zum Bew.stichtag}}$$

Formel 7 Durchschnittliche Restnutzungsdauer

Der Schnittpunkt der Überlebenskurve mit der Abszisse markiert den Punkt, an dem das am längsten im Unternehmen verbliebene immaterielle Vermögen aus der Unternehmung ausscheidet.

Wenn in einem nächsten Schritt die Restnutzungsdauer des zu bewertenden immateriellen Vermögens abgeleitet werden soll, muss der Bereich rechts vom Bewertungsstichtag analysiert werden.

Beispiel:

Nachfolgend wird die Vorgehensweise zur Bestimmung des Bewertungszeitraums von Kundenbeziehungen am Beispiel einer Kundenliste dargestellt. Zur Vereinfachung wird hierbei von einer homogenen Umsatzstruktur für jeden Kunden ausgegangen. In einem ersten Schritt werden sämtliche historische Kundendaten analysiert und in Form einer Matrix zusammengefasst.[76]

In der ersten Spalte der Matrix werden die am Anfang eines jeden Jahres zu verbuchenden Kundenzugänge über einen Betrachtungszeitraum von 2001 bis 2009 zusammengefasst. In der Horizontalen wird die Entwicklung dieser Zugänge ausgehend vom Zugangsjahr bis hin zum Jahr des Bewertungsstichtages betrachtet.

[76] Beispiel und Methodik entnommen aus Reilly, R. F./ Schweihs, R. P. (1999), S. 218 ff.

Kapitalwertorientierter
Ansatz (Income
Approach)

Tab. 3 Beispiel zur Berechnung der Überlebensrate

Zugänge		2001	2002	2003	2004	2005	2006	2007	2008	2009
						Historische Daten				
2001	90	90	87	80	69	60	52	47	41	34
		3	7	11	9	8	5	6	7	
2002	45		45	37	31	24	18	15	10	7
			8	6	7	6	3	5	3	
2003	35			35	30	27	25	22	17	14
				5	3	2	3	5	3	
2004	50				50	44	36	29	21	13
					6	8	7	8	8	
2005	42					42	37	30	22	18
						5	7	8	4	
2006	70						70	61	50	41
							9	11	9	
2007	30							30	18	10
								12	8	
2008	40								40	31
									9	
2009	60									60
Summe	462									
Bestand		90	132	152	180	197	238	234	219	228
Abgänge		3	15	22	25	29	34	55	51	0

Beispielsweise wurden im Jahr 2001 90 Kunden akquiriert, wobei 3 dieser Kunden innerhalb des gleichen Jahres die Beziehung zum Unternehmen wieder abbrachen. Im Jahr 2009 sind lediglich noch 34 Kunden aus dem Zugangsjahr 2001 vorzufinden.

Tab. 4 Entwicklung des Kundenstamms

Zugänge		2001	2002	2003	2004	2005	2006	2007	2008	2009
						Historische Daten				
2001	90	90	87 ←	80	69	60	52	47	41 >	34
		3	7	11	9	8	5	6	7	
2002	45		45	37	31	24	18	15	10	7

Nach der Sortierung der Kundendaten muss für die Entwicklung des zu bewertenden Kundenstamms ein angemessenes Zeitfenster, das sich unmittelbar vor dem Bewertungsstichtag befinden sollte (im Beispiel grau hinterlegte Spalten in Tabelle 3), festgelegt werden. Diese Datenbandbreite aus den Jahren 2006 bis 2008 wird dann unter Rücksichtnahme exogener

Wertdeterminanten näher analysiert. Deutet das Ergebnis dieser Analyse Anpassungen an, wird das Zeitfenster entsprechend erweitert.

Innerhalb dieser Bandbreite ist es nun möglich, die Verweildauer der Kunden zu analysieren. In einem Intervall von 2 bis 3 Jahren ist ein Anfangsbestand von 116 Kunden vorhanden, der genau 2 Jahre stabil bleibt (siehe hierzu die mit einer Ellipse umrandeten Zahlen des Beispiels). Der im Intervall 2 bis 3 enthaltene Anfangsbestand aus 116 Kunden setzt sich zusammen aus 36 Zugängen des Jahres 2004, 30 Zugängen in 2005 und 50 Zugängen in 2006. In dem Intervall 2 bis 3 sind 24 Abgänge (24 = 7 + 8 + 9) zu verzeichnen, dies entspricht einer Abgangsrate von 20,69 %. Die Abgangsrate berechnet sich folgendermaßen:

$$\text{Abgangsrate} = \frac{\text{Anzahl der Abgänge im betrachteten Intervall}}{\text{Anfangsbestände im betrachteten Intervall}}$$

Formel 8 Abgangsrate

Mit Hilfe der Abgangsrate kann anschließend die Überlebensrate bestimmt werden:

$$\text{Überlebensrate} = 1 - \text{Abgangsrate}$$

Formel 9 Überlebensrate

Entsprechend dem Beispielintervall 2 bis 3 für die Jahre 2006 bis 2008 ergeben sich:

1. Abgangsrate: = 24 ÷ 116 = 0,2069 oder 20,69 %.
2. Überlebensrate: = 1 – 0,2069 = 0,7931 oder 79,31 %.

Diese Methodik wird für alle Zeitintervalle wiederholt. Für das Beispiel ergibt sich:

Tab. 5 Überleitung der Ergebnisse

Altersband-breiten (1)	Anfangsbe-stände im (2)	Abgänge im betrachteten Intervall (3)	Abgangsrate (4)=(3)+(2)	Überlebensrate (5)=1−(4)	Überlebenskurve (Survivor Curve) (6)=(5)×(6), Zeile darunter
7–8	41	7	17,07 %	82,93 %	16,90 %
6–7	57	9	15,79 %	84,21 %	20,38 %
5–6	84	13	15,48 %	84,52 %	24,20 %
4–5	61	16	26,23 %	73,77 %	28,63 %
3–4	76	15	19,74 %	80,26 %	38,81 %
2–3	116	24	20,69 %	79,31 %	48,35 %
1–2	116	26	22,41 %	77,59 %	60,96 %
0–1	140	30	21,43 %	78,57 %	78,57 %
0	140	0	0,00 %	100,00 %	100,00 %

Die gewonnenen Informationen werden abschließend in einer Überlebenskurve (Stub Survivor Curve) verdichtet (vgl. Abb. 17).

Entsprechend der Überlebenskurve haben z. B. in der Vergangenheit ca. 20 Prozent der Kunden ihre Beziehung zum Unternehmen im ersten Jahr gekündigt. Im zweiten Jahr haben erneut ca. 20 Prozent der noch verbliebenen 80 Prozent gekündigt, so dass am Ende des zweiten Jahres noch ca. 60 Prozent des anfänglichen Kundenstamms mit dem Unternehmen verbunden sind.

Da das Unternehmen auch in 2009 noch über Kunden aus der Vergangenheit verfügt und der gegenwärtige Kundenstamm noch nicht auf Null ab-

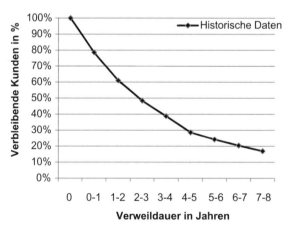

Abb. 17 Stub Survivor Curve

3 Finanzielle
Bewertungsverfahren

geschmolzen ist, bildet die aus den historischen Kundendaten abgeleitete Überlebenskurve noch nicht den vollständigen Verlauf ab.

Der weitere Verlauf dieser Kurve wird mit den in der Realität beobachteten Kurvenverläufen verglichen und auf dieser Basis fortgeschrieben. In diesem Zusammenhang kann auf Iowa-Standardkurven zurückgegriffen werden, welche eine standardisierte Abschmelzrate auf Basis historischer Überlebenskurven abbilden. Die auf diese Weise konstruierte Überlebenskurve zeigt das vollständige Abschmelzen der bestehenden Kundenbeziehungen. Diese Kurve wird bei der Bewertung der Kundenbeziehungen auf die zukünftigen kundenspezifischen Cashflows angewandt. Auf dieser Basis können dann Abschmelzraten und Nutzungsdauer abgeleitet und in der Bewertung angewendet werden. Dies geschieht unter der Prämisse, dass das Verhalten der Vergangenheit repräsentativ für die Zukunft ist.

Soll die Nutzungsdauer für immaterielle Werte mit wenigen Erfahrungswerten ermittelt werden, kann die Verwendung einer standardisierten Kurve vorteilhaft sein. Diese lässt sich mit zunehmenden Erfahrungen erweitern und verbessern.

Das Schrifttum bietet eine Vielzahl von Standardkurven, von denen im Folgenden die für die Praxis wichtigsten, die Iowa-Kurven, vorgestellt werden. Die Iowa-Standardkurven lassen sich in Kurven der Kategorien »origin type« (O-type-Kurven),«left type« (L-type-Kurven), »right type« (R-type-Kurven) und »symmetrical type« (S-type-Kurven) unterteilen.[77]

Die *O-type-Kurven* (vgl. Abb. 18) sind durch eine hohe Abgangsrate in einer sehr frühen Phase der Nutzung gekennzeichnet. Daher findet ein Großteil des Abgangs bereits lange vor der durchschnittlichen Nutzungsdauer statt. Dies ist auch durch eine anfänglich sehr steil fallende Überlebenskurve dargestellt. Die wenigen in der Unternehmung verbliebenen immateriellen Werte besitzen jedoch eine relativ große Verweildauer. Diesen Charakter weisen z. B. Zeitungsabonnements auf.

L-type-Kurven (vgl. Abb. 19) zeichnen sich durch eine hohe Abgangsrate vor der durchschnittlichen Nutzungsdauer aus. Dieses Verhalten ist z. B. durch Kundenbeziehungen geprägt, die einen steigenden Grad an Loyalität erst zu einem späten Zeitpunkt der Nutzung entwickeln.

R-type-Kurven (vgl. Abb. 20) zeichnen sich durch eine hohe Abgangsrate unmittelbar nach der durchschnittlichen Nutzungsdauer aus. Diese Verhaltensweise findet sich insbesondere in wettbewerbsintensiven Branchen mit einem hohen Anteil immateriellen Vermögens wieder.

---

77) Vgl. Reilly, R. F./Schweihs, R. P. (1999), S. 226 f.

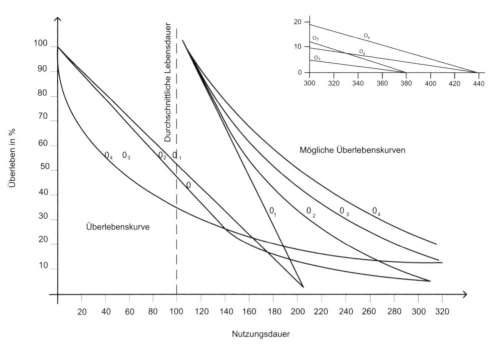

Abb. 18 O-type-Standardkurve (Quelle: in Anlehnung an Reilly, R. F./
Schweihs, R. P. (1999), S. 226).

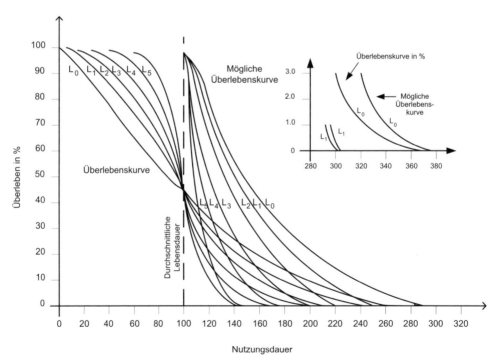

Abb. 19 L-type-Standardkurve (Quelle: in Anlehnung an Reilly, R. F./
Schweihs, R. P. (1999), S. 227).

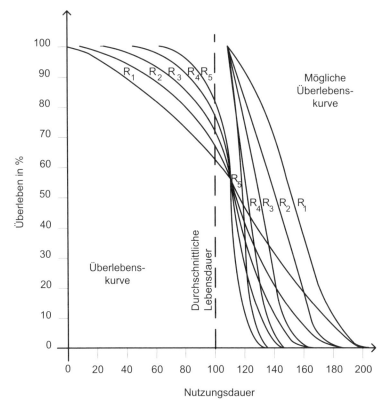

Abb. 20 R-type-Standardkurve (Quelle: in Anlehnung an Reilly, R. F./ Schweihs, R. P. (1999), S. 228).

S-type-Kurven (vgl. Abb. 21) sind durch eine hohe Abgangsrate im Zeitpunkt der durchschnittlichen Nutzungsdauer gekennzeichnet. Diese Kategorie von Vermögenswerten besitzt eine hohe Verweildauer in der Unternehmung.

Die vorgestellten Verfahren werden in der Praxis für die Bewertung immaterieller Vermögenswerte eingesetzt. Insbesondere bei der Bewertung von Kundenbeziehungen führt die Analyse von Überlebenskurven zu Ergebnissen, die als gute Schätzwerte für die Nutzungsdauer herangezogen werden können. Die Güte des Analyseergebnisses ist jedoch maßgeblich von den ausgewählten Daten abhängig. Diese stammen in der Regel aus dem internen Rechnungswesen, das keinen gesetzlichen Regularien unterliegt. Die mit der Auswahl der relevanten Daten einhergehenden Ermessensspielräume können das Ergebnis verfälschen und somit die Güte des Bewertungsergebnisses beeinflussen. Darüber hinaus sollte bei der Anwendung

Kapitalwertorientierter
Ansatz (Income
Approach)

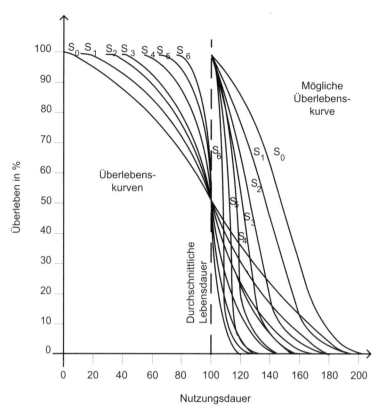

Abb. 21 S-type-Standardkurve (Quelle: in Anlehnung an Reilly, R. F./ Schweihs, R. P. (1999), S. 229).

dieser Verfahren auch die konjunkturelle Marktsituation und die unternehmensspezifische Lage nicht außer Acht gelassen werden, da die Analyse von Überlebenskurven vergangenheitsorientiert ist und sich folglich nur bedingt für eine Prognose eignet.

3.3.3 Methoden zur Berücksichtigung der Prognoseunsicherheit im Barwertkalkül

Eingangs wurde die Komplexität der Bewertung immaterieller Ressourcen unter Anwendung kapitalwertorientierter Verfahren insbesondere damit begründet, dass die im Zähler des Barwertkalküls erfassten zukünftigen Unternehmenserträge Erwartungswerte darstellen und aufgrund dessen unsicher sind. Demgegenüber spiegelt die Handlungsalternative im

Nenner des Kalküls in ihrer Grundform eine quasi-sichere Anlage wider. Jedoch muss die mit der Anwendung zukunftsorientierter Verfahren einhergehende Unsicherheit sachgerecht im Bewertungskalkül berücksichtigt werden. Daher sind zur Einhaltung der Unsicherheitsäquivalenz die erwarteten Zahlungsströme im Zähler oder der Kalkulationszins im Nenner anzupassen.[78]

Zur Risikokompensation wird in der Literatur und Praxis regelmäßig zwischen dem individualistischen und dem kapitalmarktorientierten Ansatz unterschieden (vgl. Abb. 22).

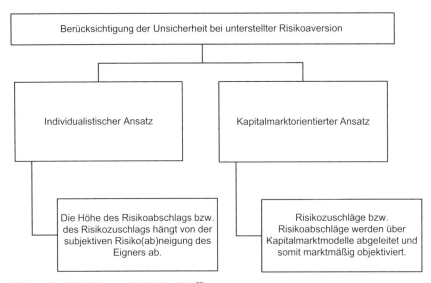

Abb. 22 Berücksichtigung der Unsicherheit[79]

Die erste, präferenzabhängige Konzeption wird wegen der Berücksichtigung individueller Risikopräferenzen als »individualistischer Ansatz«[80] bezeichnet. Dabei sind unterschiedliche Vorgehensweisen denkbar. Im Rahmen einer explizierten Risikobewertung greift man auf eine ausformulierte Risikonutzenfunktion zurück.[81] Hierbei wird die Unsicherheit in Form von Sicherheitsäquivalenten (SÄ) anstelle des erwarteten Nutzens der Unternehmenserträge im Zähler des Barwertkalküls berücksichtigt. Das Sicherheitsäquivalent spiegelt dabei den nutzenäquivalenten Verkaufspreis einer Wahrscheinlichkeitsverteilung wider.[82] Die Literatur verwendet zur Be-

78) Vgl. Smith, G./Parr, R. (2000), S. 266 f.

79) In Anlehnung an Drukarczyk, J./Schüler, A. (2009), S. 59.

80) Vgl. Drukarczyk, J./Schüler, A. (2009), S. 55.

81) Vgl. Krag, J./Kasperzak, R. (2000), S. 63.

82) Vgl. Drukarczyk, J./Schüler, A. (2009), S. 39.

griffsbestimmung der Unsicherheit die Bernoulli-Theorie, der zufolge für einen rationalen Entscheidungsträger eine streng monoton steigende Nutzenfunktion unterstellt werden kann. Verläuft die Funktion degressiv steigend, ist von einem risikoaversen Entscheidungsträger auszugehen. In diesem Fall ist das SÄ aufgrund der Übernahme des Risikos kleiner als der Verkaufspreis einer Wahrscheinlichkeitsverteilung. Eine progressiv steigende Nutzenfunktion impliziert einen risikofreudigen Entscheidungsträger, der bereit ist, für das erhöhte Risiko einen Preisaufschlag zu zahlen; das SÄ ist größer als der Verkaufspreis einer Wahrscheinlichkeitsverteilung. Ein risikoneutraler Entscheidungsträger ist durch eine lineare Nutzenfunktion definiert und dadurch, dass er auf die Höhe des Risikos nicht reagiert. Das SÄ und der Verkaufspreis einer Wahrscheinlichkeitsverteilung stimmen in diesem Fall überein. In der Praxis wird regelmäßig von risikoaversen Entscheidungsträgern ausgegangen.

Zur Ermittlung des Objektwertes wird das SÄ mit der risikolosen Kapitalmarktanlage (r) diskontiert.

Da das Arbeiten mit ausformulierten Risikonutzenfunktionen wenig praktikabel ist, stellt die Bewertungspraxis die Unsicherheitsäquivalenz vielmehr über eine Anpassung des Kalkulationszinsfußes in Form eines Zuschlages (z) her. Der Objektwert wird nach dieser Vorgehensweise ermittelt, indem man den Erwartungswert der Einzahlungen mit dem risikoadjustierten Kapitalisierungszinsfuß (r + z) diskontiert. Im individualistischen Ansatz kommen demzufolge »gegriffene« Risikozuschläge zum Einsatz. Diese sind zumeist jedoch nicht gut begründbar und damit für viele Bewertungsanlässe ungeeignet.[83] Dies betrifft im Rahmen der Unternehmensbewertung beispielsweise Bewertungsergebnisse, die Auswirkungen für eine Vielzahl von Investoren haben, also etwa die Bemessung der Abfindung außenstehender Aktionäre. Diese Überlegungen lassen sich auch auf die Bewertung von immateriellen Vermögenswerten übertragen, da für eine Vielzahl von Bewertungsanlässen ebenfalls eine intersubjektiv nachvollziehbare Berücksichtigung des Risikos angezeigt ist.

Präferiert wird daher die zweite, als kapitalmarktorientierter Ansatz bezeichnete Methodik. Hierbei wird anhand eines vergleichbar riskanten Zahlungsstroms ermittelt, welche Rendite am Kapitalmarkt für einen zu bewertenden unsicheren Zahlungsstrom (Unternehmen) erzielt werden kann. Der Vorteil liegt in der Möglichkeit, die Risikoanpassung stärker zu objektivieren und mögliche Ermessensspielräume bei der Bewertung einzugrenzen. Die Berücksichtigung der Unsicherheit kann dabei – analog zum indi-

83) Zur Möglichkeit zu hoch gegriffene Risikozuschläge abzuwehren vgl. Ballwieser, W. (2007), S. 90 ff.

vidualistischen Ansatz – entweder in Form eines Risikozuschlags im Nenner oder eines Risikoabschlags im Zähler erfolgen. Die Ermittlung der Risikozu- bzw. -abschläge erfolgt regelmäßig marktgestützt durch das Capital Asset Pricing Model (CAPM).

Die Vorgehensweise des CAPM und die damit verbundenen Probleme werden im nachfolgenden Abschnitt näher erläutert.

3.3.4 Ermittlung der vermögenswertspezifischen Kapitalkosten

3.3.4.1 Methoden zur Gewinnung der Kapitalkosten

Als Kapitalkosten sind prinzipiell diejenigen Kosten zu bezeichnen, die mit der Überlassung der finanziellen Mittel durch die Kapitalgeber verbunden sind. Die traditionelle Finanzwirtschaftslehre definiert Kapitalkosten als auszahlungsbezogene (pagatorische) Kosten. Danach werden unter dem Begriff der Kapitalkosten sämtliche mit der Investition verbundenen Auszahlungen in einem Zinssatz subsumiert, wohingegen in der modernen Kapitalmarkttheorie Kapitalkosten als Opportunitätskosten zu verstehen sind.

Kapitalkosten spiegeln in diesem Sinne zugleich die Renditeforderungen der Kapitalgeber wider (Required Rate of Return). Sie stellen daher im Rahmen einer Investitionsentscheidung den für die Kapitalverwendung geeigneten Vergleichsmaßstab dar. Prinzipiell kann es sich dabei um unternehmensspezifische Renditevorgaben handeln.

In der Praxis dominiert jedoch die kapitalmarktorientierte Ableitung des Diskontierungszinssatzes. Dies kann sicherlich darauf zurückgeführt werden, dass sich derartige Verfahren im Rahmen von klassischen Unternehmensbewertungen mittlerweile etabliert haben. Allerdings sind in der Regel keine vermögenswertspezifischen Kapitalkosten auf den Kapitalmärkten beobachtbar, sodass eine einfache Übertragung der Überlegungen aus der klassischen Bewertungstheorie kritisch zu betrachten ist. In der Praxis greift man daher hilfsweise auf beobachtbare Kapitalmarktdaten zurück. Dabei ist im Hinblick auf die Bewertungsperspektive zu differenzieren. Zielt die Bewertung auf die Ermittlung eines objektivierten Wertes ab (z. B. Fair Value), so ist auf die Datenkonstellation einer Gruppe vergleichbarer Unternehmen (Peer Group) abzustellen. Hingegen kann auf die Parameter des den immateriellen Vermögenswert nutzenden Unternehmens zurückgegriffen werden, sofern unternehmensspezifische Werte Ziel des Bewertungsvorgangs sind.

Grundsätzlich spielt in diesem Zusammenhang auch die Frage der Finanzierung eine Rolle. Für den Fall einer vollständigen Eigenfinanzierung des immateriellen Vermögenswertes reflektiert die Renditeforderung des Eigentümers den Kapitalkostensatz. Sie fasst die Ansprüche aus einer alternativen Anlage und die Wiederveranlagung der aus der Anlage frei werdenden Mittel zusammen. Die Ableitung der Eigenkapitalkosten erfolgt häufig kapitalmarktorientiert und wird zu einem späteren Zeitpunkt näher erläutert.

Im Fall einer vollständigen Fremdfinanzierung spiegelt der Kapitalkostensatz die Verzinsungsansprüche der Gläubiger wider. Als Proxi für den Kreditzins kann ein für das Unternehmen bzw. den Eigner gewährter Zinssatz für einen Neukredit mit einer der Nutzungsdauer des immateriellen Vermögenswertes entsprechenden Laufzeit herangezogen werden. Diese Zinssätze sind üblicherweise durch den Kapitalmarkt vorgegeben.

Im Fall einer Mischfinanzierung sind neben den Verzinsungsansprüchen der Eigenkapitalgeber auch die der Fremdkapitalgeber im Diskontierungszinssatz zu berücksichtigen. In der kapitalmarktorientierten Betrachtung erfolgt dies unter Anwendung des aus der Unternehmensbewertung bekannten gewichteten Kapitalkosten-Ansatzes (Weighted Average Cost of Capital, WACC).[84] Auch wenn die Verwendung des WACC als Ausgangsbasis in der Literatur empfohlen wird und regelmäßig im Rahmen der finanzorientierten Bewertung immaterieller Vermögenswerte Anwendung findet, wird diese Vorgehensweise von anderen Autoren kritisiert. So unterstellen Smith und Parr eine regelmäßige Eigenfinanzierung von immateriellen Vermögenswerten, sodass auch nur die Eigenkapitalkosten als Kalkulationszinsfuß Verwendung finden sollten.[85] Erste empirische Analysen scheinen diese Argumentation zu stützen.[86] Jedoch besteht in dieser Hinsicht sicherlich noch Forschungsbedarf. Im Folgenden wird daher der WACC-Ansatz als die in der Praxis vorherrschende Methodik vorgestellt.

3.3.4.2 Bestimmung vermögenswertspezifischer Kapitalkosten mit Hilfe des WACC-Ansatzes

Der WACC berücksichtigt neben den Verzinsungsansprüchen der Eigenkapitalgeber (EK) auch jene der Fremdkapitalgeber (FK), jeweils mit den gewichteten Anteilen am Gesamtkapital (EK/GK bzw. FK/GK). Der Term $(1 - s_U)$ bringt die steuerliche Abzugsfähigkeit des Fremdkapitaleinsatzes zum Ausdruck. Folglich berechnet man den Gesamtwert für das »Investitionsprojekt« wie folgt:

84) Zum Kapitalisierungszins in der Unternehmensbewertung siehe Döpschel, A./Franken, L./Schulte, J. (2009).

85) Vgl. Smith, G. V./Parr, R. L. (2007), S. 26.

86) Vgl. Stegink, R./Schauten, M./de Graaff, G. (2007).

$$WACC = \frac{EK}{GK} \cdot r_{EK} + \frac{FK}{GK} \cdot r_{FK} \cdot (1 - s_U).$$

Formel 10 Gewichtete Kapitalkosten (WACC)

Der WACC wird kapitalmarktorientiert abgeleitet. Da für immaterielles Vermögen prinzipiell keine Kapitalkosten auf den Kapitalmärkten beobachtbar sind, wird die Verwendung des Gesamtunternehmens-WACC empfohlen, der um spezifische Komponenten für die Bewertung immaterieller Vermögenswerte zu ergänzen ist.[87] Dieser widerspricht in seiner Ausgangsgröße u. a. hinsichtlich der Risikokomponente und in der Regel auch hinsichtlich der Laufzeitkomponente den Äquivalenzprinzipien und muss daher an das Bewertungsobjekt angepasst werden.

Für die Ableitung der vermögenswertspezifischen Kapitalkosten aus dem WACC-Ansatz sind die Eigen- und Fremdkapitalkosten sowie die Kapitalstruktur auf Basis der Marktwerte der Gesamtunternehmung zu ermitteln.

3.3.4.3 Marktorientierte Ermittlung der Eigenkapitalkosten

Der Ermittlung der Eigenkapitalkosten kommt nicht nur beim WACC-Ansatz eine zentrale Rolle zu. Auch für die Bewertung vollständig eigenfinanzierter immaterieller Werte ist auf eine intersubjektiv nachvollziehbare Ermittlung der Eigenkapitalkosten abzustellen. Dies erfolgt in der Regel kapitalmarktorientiert unter Verwendung des Capital Asset Pricing Model (CAPM).

3.3.4.3.1 Das Capital Asset Pricing Model (CAPM) und seine Bestandteile

Das in den 1960er-Jahren von Sharpe, Lintner und Mossin[88] unabhängig voneinander entwickelte CAPM ist in seiner Grundform ein auf der Portfolio-Theorie von Markowitz aufbauendes, kapitalmarkttheoretisches Gleichgewichtsmodell zur Bestimmung von Eigenkapitalkosten riskanter Anlagen. Das Modell zeigt die Beziehung zwischen erwarteter Rendite und Risiko auf einem vollkommenen und vollständigen Kapitalmarkt und liefert im Ergebnis kapitalmarktorientierte »objektivierte« Eigenkapitalkosten.

Auf einem vollkommenen Kapitalmarkt sind die Renditeerwartungen aller Investoren homogen. Die Investoren können zu jedem beliebigen Zeitpunkt Geld zu einem risikolosen Zinssatz aufnehmen und anlegen. Es fallen keine Transaktionskosten im Sinne von transaktionsbedingten Steuern oder Gebühren an.

[87] Vgl. Beyer, S./Mackenstedt, A. (2008), S. 343.
[88] Vgl. Sharpe, W. F. (1964), S. 425 ff., Lintner, J. (1965), S. 13 ff.
    und Mossin, J. (1966), S. 768 ff.

Im Grundmodell des CAPM wird davon ausgegangen, dass die Kapital-
marktteilnehmer risikoavers handeln. Sie sind bereit, für steigende Renditeerwartungen ein zusätzliches Risiko einzugehen. Anlageentscheidungen
werden auf Basis von Erwartungswerten und ihrer Varianz getroffen. Des
Weiteren wird explizit von einer betrachteten Zeitperiode ausgegangen. Das
CAPM bemisst sowohl Markt- als auch Unternehmensrisiken und geht aus-
drücklich davon aus, dass diese Risiken am Kapitalmarkt in Form einer zusätzlich geforderten Rendite (Risikoprämie) vergütet werden.[89]

$$\mu(r_i^{EK}) = r_f + \beta_i[\mu(r_M) - r_f]$$

Formel 11 Standard-CAPM

Der Erwartungswert der Eigenkapitalkosten des Wertpapiers (i) definiert
sich aus der Summe der Rendite einer risikolosen Anlage (r_f) und einer Risikoprämie. Diese berechnet sich aus der Marktrisikoprämie ($\mu(r_M) - r_f$) ge-
wichtet mit dem nicht diversifizierbaren Risiko des Wertpapiers (i)^i, dem Beta-Faktor (β_i). Die Marktrisikoprämie lässt sich aus der Differenz zwischen
der erwarteten Rendite aller risikobehafteten Kapitalanlagen ($\mu(r_M)$ und der
Rendite der risikolosen Anlage (r_f) errechnen.

Die Risikoberücksichtigung findet demnach im CAPM nicht isoliert als
Risikozuschlag zu einem Basiszins sondern als Bestandteil des Ergebnisses
in Form risikoadjustierter Eigenkapitalkosten statt. Der Investor wird mittels
einer Marktrisikoprämie für die unsicheren Zahlungsströme entschädigt.

Die durch das CAPM ermittelte, am Kapitalmarkt erwartete bzw. geforderte Wertpapierrendite entspricht den Eigenkapitalkosten des jeweiligen
Gesamtunternehmens und fließt als Wertdeterminante für vollständig ei-
genfinanzierte oder für mischfinanzierte immaterielle Ressourcen, folglich
im WACC-Ansatz, in das Bewertungskalkül mit ein.

3.3.4.3.2 Der Einfluss des Beta-Faktors auf die Kapitalkosten

Der Beta-Faktor bildet im CAPM das nicht diversifizierbare Risiko des
speziellen Wertpapiers (i) und demnach den unternehmensindividuellen Ri-
sikobeitrag ab. Im Gegensatz zur Marktrisikoprämie ist der Beta-Faktor der
einzige modellinhärente Parameter und stellt daher das Kernproblem im
Rahmen der Anwendung des CAPM dar. Er bildet somit das spezielle Risiko
des Gesamtunternehmens ab.[90]

89) Vgl. Perridon, L./Steiner, M. (2007), S.
250 ff. Die Bestimmung der Eigenkapitalkosten mit Hilfe des CAPM basiert auf zahl-

reichen weiteren Annahmen, vgl. dazu Pfister, C. (2003), S. 35 f.
90) Vgl. Timmreck, C. (2002), S. 300 f.

$$\beta_t = \frac{\text{cov}(r_i^{EK}, r_m)}{\sigma_M^2}$$

Formel 12 Berechnung des Beta-Faktors

Mittels des Quotienten aus der Kovarianz der Rendite aller risikobehafteten Kapitalanlagen (r_M), der Rendite des Wertpapiers (r_i^{EK}) und der Varianz des Marktportfolios errechnet sich der Beta-Faktor (β_i). Aufgrund dieser Beziehung zwischen der Rendite des zu bewertenden Wertpapiers und des Marktportfolios kann der Beta-Faktor auch als Regressionskoeffizient verstanden werden. Durch das Verhältnis der relativen Abweichung der Wertpapierrendite zur relativen Abweichung der Rendite des Marktportfolios ist es möglich, die verschiedenen Ausprägungen des Beta-Faktors zu erläutern. Folglich bedeutet ein $\beta_i > 1$, dass die Rendite des Wertpapiers stärker schwankt als die Rendite des Marktportfolios; ein $\beta_i < 1$ deutet auf eine schwächere Reaktion hin. Bei einem $\beta_i = 1$ reagiert die Rendite des Wertpapiers in gleicher Weise wie das Marktportfolio. Ein $\beta_i = 0$ bedeutet, dass die Rendite des Wertpapiers nicht auf die Rendite des Marktportfolios reagiert. In diesem Fall zeigt sich der besondere Einfluss des Betas, da hierdurch die Risikoprämie in der Bewertung nicht berücksichtigt wird und somit das Bewertungsobjekt denselben Risikograd besitzt wie der quasi-sichere Basiszins.

Bei börsennotierten Unternehmen kann der Beta-Faktor direkt aus historischen Marktdaten bestimmt werden. Im Fall eines nicht börsennotierten Unternehmens wird er indirekt über eine Peer Group hergeleitet.[91] Die in der Bewertungspraxis verwendeten Beta-Werte werden zumeist aus Vergangenheitsdaten, z. B. aus Datenbanken von Finanzdienstleistern, abgeleitet.

3.3.4.3.3 Ermittlung von Beta-Faktoren für die Bewertung immaterieller Werte

Beta-Faktoren zur Bewertung immaterieller Werte können aufgrund der fehlenden Datenbasis nur in den seltensten Fällen vom Kapitalmarkt abgeleitet werden. Daher wird in der Praxis zur Ermittlung der Beta-Faktoren für die Bewertung immaterieller Werte auf sog. Analogieverfahren zurückgegriffen.[92] Diese identifizieren Referenzunternehmen, deren Risiken und wirtschaftliche Aktivitäten mit denen des Bewertungsobjekts vergleichbar sind. Analogieverfahren können in drei Ausprägungen unterschieden werden: »pure player beta«, »industry beta« und »peer group beta« (vgl. Abb. 23).[93]

---

91) Vgl. Richter, F./Timmreck, C. (2004), S. 65 f.
92) Vgl. Kohl, T./Schilling, D. (2007), S. 544 ff.
93) Lienau, A./Zülch, H. (2006), S. 325.

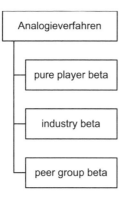

```
Analogieverfahren

    ├─ pure player beta

    ├─ industry beta

    └─ peer group beta
```

Abb. 23 Ausprägungen des Analogieverfahrens[94)]

Das Pure-Player-Beta-Verfahren ermittelt den Beta-Faktor durch den Vergleich von Kapitalmarktdaten eines börsennotierten Referenzunternehmens, das einen vergleichbaren immateriellen Vermögenswert besitzt. Die Vergleichbarkeit wird anhand folgender Kriterien festgemacht. Das Referenzunternehmen

- ist in derselben Branche tätig;
- ist auf vergleichbaren Märkten mit verwandten Produkten tätig;
- besitzt eine ähnliche Umsatzstruktur.

Das Industry-Beta-Verfahren stellt auf einen Durchschnittswert der relevanten Branche ab und bestimmt die Vergleichbarkeit zwischen Referenzunternehmen und dem Unternehmen mit dem zu bewertenden immateriellen Vermögen anhand seines Risikoprofils.

Das Pure-Player-Beta-Verfahren findet aus Gründen der Praktikabilität selten Anwendung, da sich in der Regel nur sehr schwer ein Referenzunternehmen finden lässt, welches dezidiert die erörterten Anforderungskriterien erfüllt.

In der Bewertungspraxis werden regelmäßig das Industry-Beta- sowie das Peer-Group-Beta-Verfahren zur Bestimmung des Beta-Faktors herangezogen. Der Vorteil des Peer-Group-Beta-Verfahrens liegt darin, dass das arithmetische Mittel der Beta-Faktoren möglichst vieler, im Hinblick auf die wirtschaftlichen Aktivitäten und Risiken homogener, kapitalmarktnotierter Unternehmen gebildet wird.[95)] Darüber hinaus werden die Beta-Faktoren in

---

94) In Anlehnung an Lienau, A./Zülch, H. (2006), S. 325.
95) Für eine ausführliche Würdigung der Analogiemethoden
   siehe Lienau, A./Zülch, H. (2006), S. 325 f.

Abhängigkeit von verschiedenen Zeiträumen und ihrer statistischen Qualität ausgewählt.

3.3.4.3.4 Beachtung der Kapitalstruktur im Peer-Group-Beta-Verfahren

Bei der Anwendung des Peer-Group-Beta-Verfahrens wird im Grundmodell auf die Kapitalstruktur der Peer Group abgestellt. Sofern das Bewertungsziel darin besteht, einen objektivierten Wert zu ermitteln, erscheint diese Vorgehensweise unproblematisch.

Soll hingegen ein subjektiver Nutzungswert bestimmt werden, muss die durchschnittliche Kapitalstruktur der Peer Group an die des Unternehmens mit seinem zu bewertenden immateriellen Vermögen angepasst werden. Hintergrund dieser Vorgehensweise stellt die Eigenschaft des Beta-Faktors dar, der das gesamte Risiko des Unternehmens bzw. der Peer Group widerspiegelt.[96]

Die Annäherung der Kapitalstruktur ergibt sich im Allgemeinen wie folgt:

$$\beta_{Equity} = \beta_{Asset} \cdot \left(1 + (1 - s_U) \cdot \frac{FK_{MW}}{EK_{MW}} \right) - \beta_{Debt} \cdot (1 - s_U) \cdot \frac{FK_{MW}}{EK_{MW}}$$

Formel 13 Angleichung des Beta-Faktors an das Kapitalstrukturrisiko

Ausgangspunkt der Angleichung ist die in der Praxis übliche Annahme vom sicheren Fremdkapital ($\beta_{FK} = 0$).[97] In einem ersten Schritt werden die einzelnen Beta-Faktoren der Unternehmen der Peer Group um den Kapitalstruktureffekt bereinigt. Dieser Vorgang wird als »Unlevern« bezeichnet. Durch das Unlevern ergibt sich der Beta-Faktor eines unverschuldeten Unternehmens (Asset Beta). Das arithmetische Mittel der Asset Betas bildet schließlich nur noch das operative Risiko der Peer Group ab. Durch Umstellen ergibt sich:

$$\beta_{Asset} = \frac{\beta_{Equity}}{1 + (1 - s_U) \cdot \frac{FK_{MW}}{EK_{MW}}}$$

Formel 14 Unlevern des Beta-Faktors bei sicherem Fremdkapital

96) Vgl. Baetge, J./Niemeyer, K./Kümmel, J./Schulz, R. (2009), S. 380 f.; Kruschwitz, L./Milde, H. (1996), S. 1116.
97) Vgl. Aders, C./Wagner, M. (2004), S. 30 f.

Abschließend wird der Beta-Faktor des unverschuldeten Unternehmens an die Kapitalstruktur des Bewertungsobjektes angepasst. Dieser als »Relevern« bezeichnete Vorgang führt dazu, dass der Beta-Faktor neben dem operativen nun auch das finanzielle Risiko des Vermögens abbildet (Equity Beta).[98]

$$\beta_{Equity} = \beta_{Asset} \times \left(1 + (1 - s_U) \times \frac{FK_{MW}}{EK_{MW}} \right)$$

Formel 15 Relevern des Beta-Faktors bei sicherem Fremdkapital

Da Fremdkapital jedoch in der Praxis nicht risikofrei ist, tragen neben den Eigenkapitalgebern auch die Fremdkapitalgeber einen Teil des operativen Risikos. Daher ist, abgesehen vom Verschuldungsgrad, der das Kapitalstrukturrisiko reflektiert, diese Gegebenheit auch bei der Angleichung der auf Grundlage der Peer Group ermittelten Beta-Faktoren zu beachten. Folglich sollte insbesondere für Unternehmen mit schlechter Bonität eine Anpassung der Fremdkapitalkosten vorgenommen werden. Geschieht dies nicht, könnte es zu einer Überbewertung der Eigenkapitalkosten und, da diese wiederum Bestandteil des WACC sind, zu einer Verzerrung des Bewertungsergebnisses führen.

Die Verschuldungsgrade in den Anpassungsformeln sind jeweils auf Basis der Marktwerte des Eigen- und Fremdkapitals zu ermitteln. Hierfür ist folglich der durchschnittliche Verschuldungsgrad der Peer Group und des Bewertungsobjektes zu ermitteln. Für die Bewertung immaterieller Werte wird hierbei üblicherweise der Verschuldungsgrad des Gesamtunternehmens herangezogen.

3.3.4.3.5 Alternative Methoden zur Ermittlung von Beta-Faktoren

Neben den Analogieverfahren werden im Schrifttum noch andere Verfahren diskutiert, welche sich unter dem Terminus der statistischen Analyseverfahren einordnen lassen: »accounting beta«, »earning beta« und »fundamental beta« (vgl. Abb. 24).[99]

Statistische Analyseverfahren verwenden Informationen aus Jahresabschlussdaten, um Effekte auf das systematische Risiko und somit auf den Beta-Faktor abzuschätzen. Diese Informationen werden auf ihre Einflussgröße hin analysiert und somit wird versucht, empirisch belastbare Bezie-

---

98) Vgl. Schmusch, M/Laas, T. (2006), S. 1056; Baetge, J./
   Niemeyer, K./Kümmel, J./Schulz, R. (2009), S. 380 f.

99) Vgl. ausführlich Freygang, W. (1993).

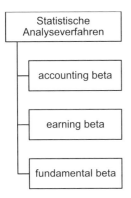

```
┌─────────────────┐
│  Statistische   │
│ Analyseverfahren│
└─────────────────┘
    │
    ├──┌──────────────────┐
    │  │  accounting beta  │
    │  └──────────────────┘
    │
    ├──┌──────────────────┐
    │  │   earning beta    │
    │  └──────────────────┘
    │
    └──┌──────────────────┐
       │  fundamental beta │
       └──────────────────┘
```

Abb. 24 Statistische Analyseverfahren zur Ermittlung des Beta-faktors[100]

hungen zur Risikohöhe des Bewertungsobjektes abzuleiten.[101] Hierbei wird bei der Accounting-Beta-Methode auf allgemein publizierte Jahresabschlussdaten abgestellt, während bei der Earning-Beta-Methode Gewinnkennzahlen analysiert werden. Die Fundamental-Beta-Methode versucht durch eine Zusammensetzung aus Jahresabschluss-, Branchen- und weiteren Daten des wirtschaftlichen Umfelds geeignete Risikoschätzer zu definieren. Bei allen statistischen Analyseverfahren werden entweder die zukünftigen Ausprägungen dieser Daten geschätzt oder zukünftige Beta-Faktoren auf Basis konstanter Ausgangsdaten aus den verwendeten Informationen prognostiziert.[102]

Im Schrifttum werden die Prognoseeigenschaften alternativer Schätzverfahren für Beta-Faktoren differenziert diskutiert. Einige Autoren bescheinigen diesem Verfahren eine Überlegenheit gegenüber der einfachen Prognose unter Nutzung der Regressionsanalyse.[103] Andere verweisen auf das Manko der diesem Vorgehen anhaftenden Bedingung, dass sich die Beziehungen zwischen den Kennzahlen und der Höhe des systematischen Risikos für Bewertungs- und Vergleichsobjekt identisch verhalten müssen.[104]

Eine andere alternative Möglichkeit zur Ableitung des Beta-Faktors bilden so genannte qualitative Analyseverfahren wie etwa Expertenbefragungen. In der Literatur und Praxis kommen diese Verfahren aber aufgrund fehlender Objektivität insbesondere für rechnungslegungs- und gerichtlich orientierte

100) In Anlehnung an Lienau, A./Zülch, H. (2006), S. 325.
101) Vgl. ausführlich Zimmermann, P. (1997).
102) Vgl. Baetge, J./Krause, C. (1994), S. 448.
103) Vgl. z. B. Steiner, M./Bauer, C. (1992).
104) Vgl. z. B. Lienau, A./Zülch, H. (2006), S. 325.

Kapitalwertorientierter
Ansatz (Income
Approach)

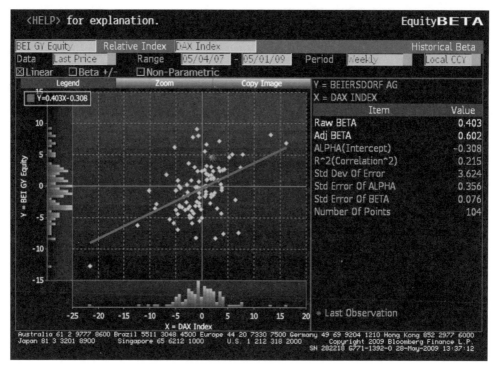

Abb. 25 Beispielhafte Beta-Abfrage über Bloomberg
(Quelle: Bloomberg)

Bewertungsanlässe nicht in Frage, sodass regelmäßig das Analogieverfahren in Form des Peer-Group-Beta-Verfahrens Anwendung findet.[105]

Geeignete Peer Groups und insbesondere unternehmensspezifische Beta-Faktoren werden in der Bewertungspraxis regelmäßig von kommerziellen Anbietern wie z. B. Thomson Financial Datastream, Bloomberg und REXP 3000 bewertet.

In Abbildung 25 ist beispielhaft das Beta der Beiersdorf AG über einen 2-Jahres-Zeitraum gegenüber dem DAX dargestellt, wie es bei Bloomberg abgerufen werden kann.

3.3.4.3.6 Die Ermittlung des Basiszinses als Wertdeterminante des CAPM

Der Berücksichtigung eines angemessenen Basiszinssatzes ist in der Bewertungspraxis aufgrund seines Hebeleffektes eine entscheidende Bedeutung beizumessen.

105) Vgl. Lienau, A./Zülch, H. (2006), S. 326.

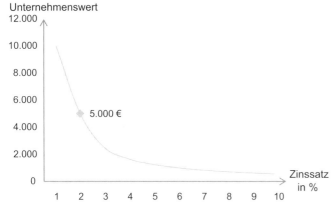

Abb. 26 Einfluss des Zinssatzes auf den Unternehmenswert
(eigene Darstellung)

Abbildung 26 verdeutlicht vereinfacht den Einfluss des Basiszinses auf den Unternehmenswert unter der Annahme konstanter Erträge in Höhe von 100 und der ewigen Rente.

Unter dem risikofreien Basiszins wird grundsätzlich die Rendite einer Anlage ohne jedes Ausfallrisiko und ohne Korrelation mit Renditen anderer Kapitalanlagen, wie denen des Marktportfolios, verstanden. In der Bewertungspraxis finden vereinfachend festverzinsliche Anleihen der öffentlichen Hand mit einer Restlaufzeit von zehn und mehr Jahren Verwendung, von denen nur ein geringes Ausfallrisiko ausgeht und die somit als »quasisicher« bezeichnet werden. Der Zinssatz dieser Anleihen spiegelt damit den Zinssatz einer risikofreien Anlagemöglichkeit wider.

Nach dem Prinzip der Laufzeitäquivalenz soll die Handlungsalternative eine dem Bewertungsobjekt entsprechende Laufzeit aufweisen. Dies ist für die Bewertung ganzer Unternehmen oder Unternehmensteile problematisch, da die Laufzeit in der Regel als unbegrenzt angenommen wird (Going Concern), wohingegen Anleihen mit einer unendlichen Laufzeit üblicherweise nicht gehandelt werden. Immaterielle Werte weisen hingegen häufig eine begrenzte Nutzungsdauer auf, sodass diese aus der klassischen Unternehmensbewertung bekannte Laufzeitproblematik keine vergleichbare Relevanz besitzt. Dennoch existieren einige immaterielle Vermögenswerte mit einer unbestimmbaren Nutzungsdauer, wie etwas bestimmte Markennamen oder Lizenzen, die regelmäßig verlängert werden. Daher soll das Problem der Laufzeitäquivalenz nachstehend behandelt werden.

103

Kapitalwertorientierter
Ansatz (Income
Approach)

Die Literatur und Praxis bietet in diesem Zusammenhang einige Lösungsansätze.[106] Einen dieser Ansätze stellt das Zwei-Phasen-Modell dar, nach welchem in einer ersten Detailplanungsphase auf Anleihen der öffentlichen Hand mit längeren Restlaufzeiten zurückgegriffen wird und in der zweiten Phase eine Anschlussverzinsung ermittelt werden soll. Die Anschlussverzinsung soll dabei auf Basis der Zinsstrukturkurve, welche den Zusammenhang zwischen Zinsen und Laufzeiten von Anleihen abbildet, berechnet werden.[107]

Zur Approximation des risikolosen Basiszinssatzes kann grundsätzlich zwischen zwei Verfahren unterschieden werden. Das vergangenheitsorientierte Verfahren schätzt den Basiszinssatz aus historischen Durchschnittsrenditen. Die Verwendung historischer Daten zur Diskontierung zukünftiger Cashflows ist jedoch methodisch umstritten. Es wird unterstellt, dass die aus den historischen Daten gewonnenen Durchschnittsrenditen in die Zukunft extrapolierbar sind. Hierbei bleiben sowohl die Zinsstruktur am Bewertungsstichtag als auch die zukunftsgerichteten Erwartungen unberücksichtigt. Aufgrund dieser Mängel wird in der Praxis regelmäßig auf die zweite Methode, die Extrapolation des zukünftigen Basiszinssatzes mit Hilfe des marktzinsorientierten Verfahrens, abgestellt. Im marktzinsorientierten Verfahren wird die am Bewertungsstichtag am Kapitalmarkt beobachtbare Zinsstruktur als geeigneter Schätzer vorgeschlagen.

Als Datenbasis werden in der Regel Renditen von Staatsanleihen des Währungsraumes, in welchem die zukünftigen Cashflows aus dem immateriellen Vermögen erwartet werden, herangezogen. Bundesstaatsleihen weisen gemeinhin ein geringes Ausfallrisiko auf und werden daher auch unter dem Terminus der »quasi-risikolosen« Anleihe definiert. Da diese Anleihen aber regelmäßig als Kupon-Anleihen mit jährlicher Verzinsung gehandelt und aufgrund dessen nicht direkt für Bewertungszwecke genutzt werden können, ist eine Anpassung an die Zahlungsstromcharakteristik des immateriellen Vermögenswertes notwendig.

Hierfür werden die Staatsanleihen mit am Markt beobachtbaren Kupon-Anleihe-Renditen in laufzeitspezifische Zinssätze, so genannte Null-Kupon-Anleihen, umgerechnet. Da nicht für jede Fristigkeit Null-Kupon-Anleihen zur Verfügung stehen, benutzt die Deutsche Bundesbank ein von Nelson und Siegel entwickeltes und von Svensson erweitertes Verfahren, bei dem (kontinuierliche) Zinsstrukturkurven bzw. Spot Rates aus den Renditen von

---

106) Vgl. Ballwieser, W. (2002), S. 737.
107) Vgl. IDW (2008), S. 54 f.

Kuponpapieren geschätzt werden.[108] Nach diesem Ansatz wird der Zusammenhang zwischen dem Zinssatz und der Restlaufzeit T mit nachstehender Funktion beschrieben:[109]

$$y(T, \beta, \tau) = \beta_0 + \beta_1 \left(\frac{1 - e^{-T/\tau_1}}{T/\tau_1} \right) + \beta_2 \left(\frac{1 - e^{-T/\tau_1}}{T/\tau_1} - e^{-T/\tau_1} \right) + \beta_3 \left(\frac{1 - e^{-T/\tau_2}}{T/\tau_2} - e^{-T/\tau_2} \right)$$

Formel 16 Svensson-Formel

Der Parameter β_0 kann als sehr langfristiger Zinssatz interpretiert werden, da die langfristig extrapolierten Zinssätze gegen diesen Wert konvergieren. Der Startpunkt der Zinsstrukturkurve wird durch die Konstellation $\beta_0 + \beta_1$ determiniert. Die anderen Parameter erlauben die Modellierung von Zinsbuckeln und bestimmen deren Richtung (β_2, β_3) und Position (τ_1, τ_2).[110]

Die Parametervektoren können aus den täglich von der Deutschen Bundesbank oder der Europäischen Zentralbank (EZB) verfügbaren Zinsstrukturschätzungen abgeleitet werden. Aus den ermittelten Spot Rates ergibt sich beispielhaft die Zinsstrukturkurve für verschiedene Laufzeiten für den Monat Dezember 2008:

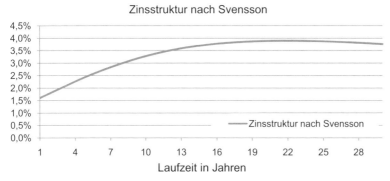

Abb. 27 Zinsstruktur begrenzt auf 30 Jahre

Auch in der Bewertungspraxis und der Rechtsprechung scheint sich die Nutzung von Spot Rates durchzusetzen.[111] Dabei wird dem Bedürfnis der Praxis, mit einem einheitlichen Zinsfuß zu arbeiten insofern Rechnung getra-

108) Vgl. Nelson, C. R./Siegel, A. F. (1987), S. 473 ff.; Svensson, L. E. O. (1995), S. 13 ff.

109) Vgl. AKU (2005), S. 555 f.; Deutsche Bundesbank (1997), S. 61–66.

110) Vgl. Bank for International Settlements (2005), S. 6 f.

111) Vgl. IDW (IDW S 1, 2008), Rz. 117; Wagner, W./Jonas, M./Ballwieser, W./Tschöpel, A. (2006), S. 1015 f.; LG Frankfurt am Main, AZ 3-05 O 153/04, Beschluss vom 21.03.2006.

Kapitalwertorientierter
Ansatz (Income
Approach)

gen, als eine Verdichtung der Zinsstrukturkurve auf einen Einheitszins gelingt.[112] Zu diesem Zweck wird iterativ jener konstante Basiszinsfuß ermittelt, der bei Anwendung eines Ertragswertkalküls genau den Ertragswert generiert, der sich auch mit Hilfe der periodenspezifischen Spot Rates ermitteln lässt.

Da das Bewertungsproblem bereits gelöst ist, liefert diese Vorgehensweise indes keine neuen Erkenntnisse.[113] Nachteilig erscheint zudem, dass die ermittelten Ergebnisse von der unterstellten Wachstumsrate und dem Planungszeitraum abhängig sind. Insofern sollten die Informationen aus der Zinsstrukturkurve, sofern sie auf Marktdaten beruhen, vollständig genutzt werden.[114] Für die Bewertung von immateriellen Vermögenswerten, die in der Regel eine zeitlich begrenzte Nutzungsdauer aufweisen, wären somit die periodenspezifischen Spot Rates heranzuziehen. Falls im Einzelfall ein immaterieller Vermögenswert mit unbestimmbarer Nutzungsdauer zu bewerten und somit der Barwert einer ewige Rente zu bestimmen ist, bietet es sich an, den Parameter β_0 als Anhaltspunkt für die Bestimmung des langfristigen Zinssatzes zu verwenden.[115]

3.3.4.3.7 Ermittlung der Marktrisikoprämie

Im CAPM wird die Risikoprämie nur für das systematische, nicht durch Diversifikation zu beseitigende Marktrisiko bezahlt.

Die Differenz zwischen der erwarteten Rendite des Marktportfolios ($\mu(r_M)$) und der Verzinsung von risikolosen Anlagen (r_f) wird als Marktrisikoprämie (MRP) bezeichnet.

$$MRP = \mu(r_M) - r_f$$

Formel 17 Marktrisikoprämie im CAPM

Die Marktrisikoprämie ist demnach eine allgemeingültige Größe, unabhängig vom jeweiligen Bewertungsanlass. Da die von den Investoren ex ante geforderte Marktrisikoprämie empirisch schwer nachweisbar ist, werden in der Literatur verschiedene Berechnungsansätze zur möglichst genauen Schätzung der zukünftigen Marktrisikoprämie behandelt. In der Praxis hat sich die Methode durchgesetzt, die zukünftig geforderte Marktrisikoprämie aus den historisch durchschnittlich erzielten Marktrisikoprämien mit Hilfe

112) Vgl. Wiese, J./Gampenrieder, P. (2007), S. 445 ff.

113) Vgl. auch Ballwieser, W. (2007), S. 86 f.

114) Vgl. Drukarczyk, J./Schüler, A. (2009), S. 217 f.

115) Vgl. Obermaier, R. (2006), S. 477; Drukarczyk, J./Schüler, A. (2009), S. 217 f.

historisch realisierter Renditen für das Marktportfolio und die risikolosen Anlagen zu schätzen. Die moderne Kapitalmarkttheorie geht von der Vorstellung aus, dass Investoren unabhängig vom individuellen Grad ihrer Risikoeinstellung Abbilder des so genannten Marktportfolios halten.[116] Eigentlich müsste es sich dabei um einen sehr umfassenden Fonds risikobehafteter Anlagen handeln, der nicht ausschließlich aus Aktien besteht.

Zur Bestimmung der Marktrisikoprämie werden jedoch breit gestreute Aktienindizes als Schätzer für Marktportfolios verwendet. So wird für die USA meist der S&P 500 herangezogen und für Deutschland der DAX 30. Als Kriterien für einen guten Index als Schätzer für die Marktrisikoprämie dienen beispielsweise das durchschnittliche Handelsvolumen und die Breite des Indexes, die Verfügbarkeit und Qualität der zugehörigen Daten sowie auch die Akzeptanz bei den Investoren.

In der Praxis ist es folglich üblich, die Marktrisikoprämie auf der Basis realisierter historischer Kapitalmarktrenditen zu schätzen. In der Unternehmensbewertungspraxis werden derzeit Marktrisikoprämien zwischen 4,5 Prozent bis 5,5 Prozent herangezogen.

3.3.4.3.8 Kritik am CAPM

Aufgrund seiner restriktiven Annahmen wird die Anwendung des CAPM zur Ermittlung von Eigenkapitalkosten in der Literatur und in der Praxis kontrovers diskutiert.[117]

Das CAPM bietet dabei einige Angriffspunkte, u. a. durch Ermessensspielräume wie z. B. die Verwendung des statistischen Mittels und die Länge des herangezogenen Untersuchungszeitraumes bei der Betrachtung historischer Renditezeitreihen zur Ermittlung der Marktrisikoprämie. Die Auswahl des Aktienindex stellt einen weiteren Kritikpunkt dar, da dieser als Abbild des Marktportfolios die Eigenkapitalkosten in die eine oder andere Richtung verschieben kann. Des Weiteren sind die restriktiven Prämissen des CAPM in Form eines vollkommenen und vollständigen Marktes in der Realität nicht anzutreffen. Es ist z. B. nicht jedem Anleger möglich, ein breit gestreutes Portfolio zu realisieren. Das CAPM berücksichtigt in seiner Grundform nur den einperiodigen Fall, dennoch wird es in der Bewertungspraxis auch für die Ermittlung mehrperiodiger Eigenkapitalkosten herangezogen.

Das CAPM ist dennoch trotz der geübten Kritik – nicht zuletzt aufgrund fehlender alternativer Verfahren – ein in der Praxis häufig verwendetes und damit anerkanntes Modell zur Bestimmung der Eigenkapitalkosten.

116) Vgl. Tobin, J. (1958).
117) Vgl. Kasperzak, R. (2000).

3.3.4.4 Ermittlung der Fremdkapitalkosten

Durch den Begriff Fremdkapitalkosten ist der Zinssatz definiert, welcher für die Aufnahme von vergleichbaren Fremdkapitaltiteln vom Markt verlangt wird. Die Berücksichtigung der Fremdkapitalkosten im Barwertkalkül resultiert aus der Grundannahme, dass das immaterielle Vermögen und damit einhergehend die im Zähler erfassten Cashflows sowohl eigen- als auch fremdfinanziert sind. In der Regel lassen sich für Vermögenswerte isoliert keine Fremdkapitaltitel zuordnen. Daher wird in der Bewertungspraxis für die Ermittlung der Fremdkapitalkosten auf den Fremdkapitalbestand des Gesamtunternehmens (bzw. der Peer Group) abgestellt. Im Sinne der Äquivalenzprinzipien sind die Fremdkapitalkosten unter Beachtung der Laufzeit- und Unsicherheitsäquivalenz zu wählen. In der Praxis werden regelmäßig verschiedene Fremdkapitalformen mit unterschiedlichen Fremdkapitalkosten gehalten. Deshalb ist hierbei aus Vereinfachungsgründen auf das arithmetische Mittel der einzelnen Fremdkapitalkosten des Gesamtunternehmens bzw. der Peer Group abzustellen.[118] Die Fremdkapitalkosten setzen sich aus dem risikolosen Zinssatz und einem spezifischen Kreditrisikozuschlag in Abhängigkeit von der Bonität des Bewertungsobjekts zusammen.[119]

Das Fremdkapital unterliegt, wenn auch in geringerem Maße als das Eigenkapital, dem unternehmerischen Risiko. Daher ist für die Bestimmung der Fremdkapitalkosten gemeinhin die Bonität des Unternehmens bzw. der Peer Group mit zu berücksichtigen. Die Fremdkapitalkosten setzen sich folglich aus dem Basiszinssatz und einem unternehmensspezifischen Bonitätsaufschlag zusammen. Als Proxi für den Basiszinssatz kann vereinfachend der für die Berechnung des CAPM berechnete »quasi-sichere« Basiszins herangezogen werden. Der Bonitätsaufschlag bemisst sich in der Praxis oftmals anhand der von Ratingagenturen bereitgestellten Kreditrisikozuschläge:

Tab. 6 Kreditrisikozuschläge für Industrieunternehmen
(entnommen aus Schmusch, M./Laas, T. (2006), S. 1057)

Rating	Kreditrisikozuschlag für Industrieunternehmen in Basispunkten					
	1 Jahr	2 Jahre	3 Jahre	4 Jahre	5 Jahre	6 Jahre
Aaa/AAA	0	0	0	0	0	0
Aa2/AA	10	17	20	15	20	29
A2/A	14	25	33	37	45	51
Baa2/BBB	28	43	53	62	62	102
Ba2/BB	56	65	88	124	127	132

---

118) Vgl. IDW (IDW S 5, 2007), Rz. 44 i. V. m. IDW (IDW S 1, 2008), Rz. 134.
119) Vgl. Hoffmann, W.-D. (2008), § 11, Rz. 26; IAS 39.AG82.

Beispiel

Im Folgenden wird die Ermittlung der Fremdkapitalkosten anhand eines »BBB« gerateten Unternehmens dargestellt. Die Annahmen über die Fremdfinanzierungsstruktur sind in die Zukunft übertragbar:[120]

Tab. 7 Anpassung der Fremdkapitalkosten (entnommen aus Schmusch, M./Laas, T. (2006), S. 1057)

Laufzeit	1 Jahr	3 Jahre	5 Jahre	10 Jahre
Anteil	30 %	20 %	20 %	30 %
Kreditrisikozuschlag	0,28 %	0,53 %	0,62 %	1,02 %
Basiszins	4,00 %	4,00 %	4,00 %	4,00 %
Fremdkapitalkosten	4,28 %	4,53 %	4,62 %	5,02 %
Gewichtet	1,28 %	0,91 %	0,92 %	1,51 %
Fremdkapitalkosten	**4,62 %**			

3.3.4.5 Ermittlung der Kapitalstruktur

Bei der Ermittlung des WACC entsteht grundsätzlich ein Zirkularitätsproblem, da die Gewichtung durch die unternehmensspezifischen Anteile des Eigen- bzw. Fremdkapitals am Gesamtkapital erfolgt und das Kapital generell zu Marktwerten anzusetzen ist. Daher sind zur Bestimmung der Marktwerte des Eigenkapitals die diskontierten Free Cashflows erforderlich. Zu deren Ermittlung sind wiederum als Kapitalisierungsrate die gewichteten Kapitalkosten anzusetzen.

Bei der Bewertung immaterieller Vermögenswerte wird vorgeschlagen, abhängig vom Bewertungsanlass entweder auf die Kapitalstruktur einer Peer Group (objektivierte Wertkonzeption) oder auf die (geplante) Zielkapitalstruktur des Unternehmens (entscheidungsorientierte Wertkonzeption) zurückzugreifen, das den zu bewertenden immateriellen Vermögenswert nutzt.[121]

3.3.4.6 Vermögenswertspezifische Risikoanpassung

Bei der Anwendung der Risikozuschlagsmethode repräsentiert der Kapitalisierungszinssatz nicht nur den Zeitwert der in Zukunft erwarteten finanziellen Überschüsse in Form des risikolosen Basiszinssatzes, sondern auch

---

120) Beispiel entnommen aus Schmusch, M./Laas, T. (2006), S. 1057.
121) Vgl. IDW (IDW S 5, 2007), Rz. 42.

das mit diesen Cashflows verbundene spezifische Risiko in Form eines Risikozuschlags.

Aufgrund der Unterschiede zwischen der Unternehmensbewertung und der Bewertung einzelner Vermögenswerte hinsichtlich der Unsicherheit der bewertungsrelevanten finanziellen Überschüsse ergibt sich unter Beachtung der Risikoäquivalenz bei der Bewertung immaterieller Vermögenswerte die Notwendigkeit der Anpassung des WACC auf das jeweilige vermögenswertspezifische Risikoprofil. Da für die Bewertung immaterieller Werte regelmäßig keine Preis- und Kursinformationen ableitbar sind, wird die Festlegung der notwendigen Risikozu- oder -abschläge häufig nur auf subjektiven Überlegungen beruhen. Die Bewertungspraxis verknüpft die Risikoanpassungen mit dem Sicherheitsgrad der prognostizierten Cashflows. Als Anhaltpunkt kann Abbildung 28 dienen.

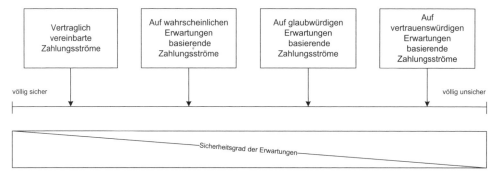

Abb. 28 Sicherheitsgrad der Erwartungen[122]

Mögliche Risikobereiche können in wirtschaftliche, technische und rechtliche Risiken unterschieden werden (vgl. Abb. 29).

Mit steigendem Sicherheitsgrad der zukünftig erwarteten Cashflows verringert sich der Anpassungsbedarf. Darüber hinaus ist die Unsicherheit auch vom Konzept der weiteren Nutzung des zu bewertenden Assets abhängig. Geht es um eine vollständige Separierung des immateriellen Vermögenswertes aus dem bisherigen Zusammenspiel mit anderen Assets, ist das Risiko für die Realisierung spezifischer Cashflows grundsätzlich höher einzuschätzen als eine Bewertung in einem Going-Concern-Umfeld. Für die Höhe der Risikozuschläge und -abschläge existieren zurzeit jedoch noch keine theoretisch abgeleiteten bzw. praktikablen Lösungsansätze, daher werden diese zumeist nach gutachterlichem Ermessen und Erfahrungswerten fest-

122) Vgl. Beyer, S./Mackenstedt, A. (2008), S. 347.

Technische Risiken	Wirtschaftliche Risiken	Rechtliche Risiken
• Realisierbarkeit (Komplexität) • Integrierbarkeit (Kompatibilität) • Technischer Fortschritt (Verdrängung) • Entwicklungssprünge • Produktionsprobleme • Qualitätsprobleme • Zulassung (Pharma)	• Markenakzeptanz • Marktdynamik • Absatzchancen • Konkurrenzmaßnahmen • Verlustrisiko • Imitation • Zeitrisiko (time-to-market) • Kostenrisiko (Preisbildung)	• Schutzfähigkeit • Stand der Technik • Rechtsbeständigkeit • Umgehbarkeit • Verletzungsrisiko • Abhängigkeit • Einsprüche • Nichtigkeitsklagen

Abb. 29 Risikobereiche immaterieller Vermögenswerte[123]

gesetzt. Zur Reduktion von Ermessensspielräumen ist der ermittelte Wert des immateriellen Vermögensgegenstandes mit zusätzlichen Überlegungen zu plausibilisieren. Die Höhe der Kapitalkosten kann in bestimmten Fällen gegebenenfalls mit dem Verfahren der sog. WACC-Reconciliation, das nachstehend behandelt wird, zusätzlich plausibilisiert werden.

3.3.4.7 Plausibilisierung vermögenswertspezifischer Kapitalkosten

Die Bewertung von immateriellen Vermögenswerten nach den einkommensorientierten Verfahren setzt die Bestimmung vermögenswertspezifischer Kapitalkosten voraus. Für einzelne Vermögenswerte liegen i. d. R. keine marktorientierten risikoäquivalenten Kapitalkostensätze vor. Daher sind, ausgehend vom WACC des (Gesamt-)Unternehmens und der spezifischen Risikostruktur des Vermögenswertes, Zuschläge oder Abschläge zu bestimmen. Da diese regelmäßig pauschal festgelegt werden und daher auf Erfahrungswerten basierende Größen darstellen, stellt sich die Frage, wie die Zuschläge und Abschläge plausibilisiert werden können. Für den besonderen Fall einer Gesamtbewertung sämtlicher Vermögenswerte eines Unternehmens, d. h. insbesondere bei einer Kaufpreisallokation nach IFRS 3, kann auf eine WACC-Reconciliation (auch als WACC-to-WARA-Betrachtung bezeichnet) zurückgegriffen werden.

Die dem Goodwill, der als Residualgröße zwischen dem gezahlten Kaufpreis und dem Zeitwert des Reinvermögen ermittelt wird, zuzuordnende vermögensspezifische Kapitalisierungsrate wird solange adjustiert, bis die Summe der mit ihrem Anteil am Gesamtunternehmenswert

---

123) Vgl. Beyer, S./Mackenstedt, A. (2008), S. 347.

(X$_i$) gewichteten Kapitalisierungsraten der einzelnen Vermögenswerte (WACC$_i$ bzw. WARA) dem Gesamtunternehmens-WACC (WACC$_{GU}$) entspricht:

$$WACC_{GU} = \sum_{i=1}^{N} WACC_i \times \frac{x_i}{X_i}$$

mit:

x$_i$ = Vermögenswert
X$_i$ = Unternehmenswert

Formel 18 WACC$_{GU}$

Mit Hilfe der WACC-Reconciliation kann zumindest überprüft werden, ob im Ergebnis der Goodwill als jener Vermögenswert, welcher das höchste Risiko zu tragen hat, auch die höchsten Kapitalkosten und damit den höchsten Zuschlag aufweist.

Tab. 8 Beispiel WACC-Reconciliation

Vermögenswert	Kapital-kosten	Zuschlag/ Abschlag	Vermögenswert-spezifische Verzinsung	Barwert	Cash-flow	gewichtete Verzinsung
Working Capital	10,0 %	−6,00 %	4,00 %	18.000	720	0,67 %
Fixed Assets	10,0 %	−4,00 %	6,00 %	29.000	1.740	1,63 %
Wettbewerbsbeschränkungen	10,0 %	0,00 %	10,00 %	6.000	600	0,56 %
Kundenbeziehungen	10,0 %	0,00 %	10,00 %	13.000	1.300	1,21 %
Patentierte Technologien	10,0 %	4,00 %	14,00 %	14.000	1.960	1,83 %
Goodwill (implizit)	10,0 %	6,25 %	16,25 %	27.000	4.387	4,10 %
Summe				**107.000**		**10,0 %**

3.3.4.8 Diskontierungszeitraum

Wenn die vermögenswertspezifischen Kapitalkosten ermittelt sind, müssen die erwarteten Cashflows über die Nutzungsdauer auf den Bewertungsstichtag abgezinst werden.

Die Diskontierung erfolgt hier in der Regel nach der Überlegung, dass die Cashflows aus dem immateriellen Vermögensgegenstand dem Eigentümer permanent, d. h. unterjährig zufließen. Anders ist es bei einer Bewertung von gesellschaftsrechtlichen Sachverhalten: Die Cashflows können an die Anteilseigner grundsätzlich erst ausgeschüttet werden, wenn der Jahresabschluss erstellt und festgestellt wird. Daher erfolgt die Diskontierung unter der Fiktion der phasengleichen Vereinnahmung grundsätzlich zum Bilanz-stichtag. Bei der Bewertung von immateriellen Vermögenswerten wird hin-gegen davon ausgegangen, dass die Cashflows gleichmäßig über das Jahr zufließen, sodass die Diskontierung unterjährig, d. h. für sechs Monate ei-nes Geschäftsjahres erfolgt. Zur Berücksichtigung dieser Tatsache wird das Mid-Year Discounting[124] durchgeführt, um durch Approximation der Mittelzuflüsse zur Periodenmitte zu realitätsnäheren Ergebnissen zu gelan-gen. Die Berechnung erfolgt dann nach folgender Formel:

$$\text{Wert des immateriellen Vermögens} = \sum_{t=\tau-0,5}^{T} \frac{CF_t}{(1+WACC_t)^t}$$

mit $\tau = 1; ...; T$

Im Vergleich zur Endjahresbetrachtung erfolgt in diesem Zusammenhang eine frühere Realisierung der Zahlungen.

3.3.5 Kapitalwertorientierte Methoden

Die verschiedenen Methoden im kapitalwertorientierten Ansatz unter-scheiden sich hinsichtlich der Bestimmung der mit dem Vermögenswert verbundenen Erfolgsgrößen im Zähler des Bewertungskalküls.

Bei allen in Abbildung 30 aufgeführten Methoden des kapitalwertorien-tierten Ansatzes werden die erwarteten Erfolgsgrößen mit einem vermö-genswertspezifischen Kapitalisierungszins auf den Bewertungsstichtag dis-kontiert, um den Objektwert des immateriellen Vermögens zu ermitteln.

3.3.5.1 Methode der unmittelbaren Cashflow-Prognose

Bei der Anwendung der Methode der unmittelbaren Cashflow-Prognose ist die Vorgehensweise vergleichbar mit der Kapitalwertermittlung aus der klassischen Investitionsrechnung. Es werden die dem Vermögenswert direkt zurechenbaren Cashflows mit einer vermögenswertspezifischen Kapitalisie-rungsrate auf den Bewertungsstichtag diskontiert. Die Wertdeterminanten des Barwertkalküls sind im Sinne der Äquivalenz zwischen Zähler und Nen-ner in Form der Cashflows und des Zinssatzes nach Steuern zu ermitteln.

$$\text{Wert des immateriellen Vermögens} = \sum_{t=1}^{T} \frac{CF_t}{(1+WACC)^t}$$

Formel 19 Unmittelbare Cashflow-Prognose

124) Vgl. Kaltman, T. A. (1995).

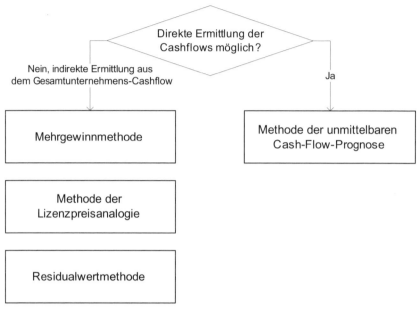

Abb. 30 Kapitalwertorientierte Methoden zur Cashflow-Isolierung

Die Hauptproblematik dieser Methode liegt darin, dass den immateriellen Vermögenswerten zumeist keine Cashflows direkt zurechenbar sind, da diese Erfolgsbeiträge nur im Verbund mit anderen materiellen und immateriellen Vermögenswerten erzielen. Unter Zuhilfenahme der nachstehend aufgeführten Verfahren versucht man daher, auf indirekte Art und Weise den zu bewertenden Zahlungsstrom zu gewinnen.

3.3.5.2 Lizenzpreisanalogie (Relief from Royalty Method)

3.3.5.2.1 Theoretischer Hintergrund

Bei der Methode der Lizenzpreisanalogie wird angenommen, dass das zu bewertende immaterielle Vermögen Eigentum eines Dritten ist und das Unternehmen für dessen Nutzung eine Lizenzgebühr zahlen muss. Die Methode ist für solche immateriellen Werte anwendbar, für welche regelmäßig eine Lizenzierung erfolgt und entsprechende Daten über marktübliche Lizenzgebühren verfügbar sind. Typische Beispiele hierfür sind Marken, Franchise-Konzepte, Patente und Technologien.

3.3.5.2.2 Vorgehensweise

In einem ersten Schritt müssen die fiktiven Lizenzzahlungen bestimmt werden. Hierfür werden marktübliche Lizenzraten, die für vergleichbare immaterielle Werte vereinbart wurden, mit der entsprechenden Bezugsgröße (dies ist zumeist der geplante vermögensspezifische Umsatz) multipliziert. Diese errechnete Lizenzzahlung entspricht dem vermögensspezifischen Erfolg und fließt als Surrogat für die Einzahlungsüberschüsse in den Zähler des Barwertkalküls ein (vgl. Abb. 31).

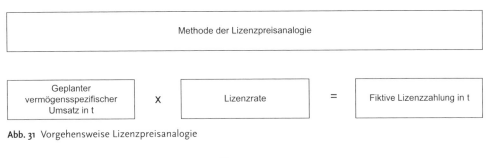

Abb. 31 Vorgehensweise Lizenzpreisanalogie

$$\text{Wert des immateriellen Vermögens} = \sum_{t=1}^{T} \frac{\text{Fiktive Lizenzzahlungen}_t}{(1 + \text{WACC})^t}$$

Formel 20 Barwertberechnung Lizenzpreisanalogie

In einem ersten Schritt sind die repräsentativen Lizenzraten abzuleiten. Diese werden regelmäßig auf Grundlage von tatsächlich abgeschlossenen Lizenzverträgen ermittelt. Für die Ermittlung der Lizenzraten können Datenbanken hilfreich sein, die z. B. von Beratungsgesellschaften gepflegt werden. Die Lizenzraten können sich hierbei etwa auf Umsatz-, Gewinn- oder Stückgrößen beziehen.

Vor dem Hintergrund der erörterten Eigenschaften immaterieller Werte muss überprüft werden, inwiefern der Vermögenswert, dessen Lizenzrate herangezogen werden soll, mit dem Bewertungsobjekt vergleichbar ist. Folglich sind die Lizenzverträge inhaltlich zu analysieren. Hierbei sind insbesondere die Aktualität, der Leistungsumfang der Verträge, die Verteilung von Rechten und Pflichten zwischen den Vertragsparteien, die Exklusivität, die regionale Reichweite sowie die Vergütungsweise der Lizenzgebühren zu prüfen. So können neben Lizenzraten auch weitere Vergütungsformen wie

Kapitalwertorientierter
Ansatz (Income
Approach)

z. B. Einmalzahlungen, Staffellizenzen oder Mischformen vereinbart werden, die der fiktiven Lizenzzahlung gegebenenfalls durch Verteilung entsprechend der Nutzungsdauer des immateriellen Vermögenswertes hinzuzurechnen sind.[125]

Die Auswahl der repräsentativen Lizenzverträge ist unter der Annahme, dass diese regelmäßig in Verhandlungssituationen abgeschlossen werden, auf die Höhe der Lizenzrate zu überprüfen. Konzerninterne Verträge liefern ebenfalls wichtige Anhaltspunkte, da der Vereinbarung bereits eine Analyse für Höhe und Angemessenheit der Vergütung zugrunde liegen kann.

In einem zweiten Schritt ist die entsprechende Bezugsgröße zu analysieren und abzuleiten. Die Bezugsgröße kann dabei sehr unterschiedlich sein, Begriffe sind hier nicht selbsterklärend. Ein wesentlicher Aspekt ist die Prognose der Bezugsgröße. Diese Prognose ist – analog zur Unternehmensbewertung – sorgfältig zu analysieren und zu plausibilisieren. Zusätzliche Aspekte wie z. B. die Kosten für verteilte Pflichten von Lizenznehmer bzw. Lizenzgeber sind in Einzelfällen zu prüfen. Bei der Ableitung der vermögensspezifischen Cashflows sind schließlich die Unternehmenssteuern zu berücksichtigen.

Fallbeispiel:

Ein Patent auf ein Medikament soll bewertet werden. Dazu wird in diversen Datenbanken und/oder in firmeninternen oder anderweitig verfügbaren Lizenzabkommen zu ähnlichen Patentlizenzierungen nach Lizenzraten gesucht. Die Restnutzungsdauer wurde auf 4 Jahre, der Kapitalisierungszinssatz auf 10 Prozent und der Steuersatz auf 30 Prozent festgelegt. Des Weiteren wird eine Einmalzahlung in Höhe von 150 TEUR berücksichtigt.

Periode		T_1	T_2	T_3	T_4
Gesamtumsatz		9.000,00	10.000,00	11.000,00	12.000,00
Lizenzersparnis p.a.	5 %	450,00	500,00	550,00	600,00
Lizenzersparnis p.a. nach Steuern	30 %	315,00	350,00	385,00	420,00
Kapitalisierungszins		0,10	0,10	0,10	0,10
Diskontierungsfaktor		0,95	0,87	0,79	0,72
Barwerte		300,34	303,37	303,37	300,87
Einmalzahlung		150,00			
Wert des Patents in TEUR		**1.357,96**			

Abb. 32 Beispiel Lizenzpreisanalogie

125) Vgl. Nestler, A. (2008), S. 2005; Joppich, B./Nestler, A
(2003), S. 1411.

3.3.5.2.3 Würdigung

Prinzipiell zeichnet sich diese Methode durch eine einfache Vorgehensweise und durch den Marktbezug der Lizenzraten aus. Da sich die Methode gleichermaßen an marktorientierten Daten in Form der marktüblichen Lizenzen und zukünftigen Ergebnissen orientiert, handelt es sich um eine Mischform zwischen marktorientierten und kapitalwertorientierten Verfahren. Problembereiche bestehen bei der eindeutigen Abgrenzung der Planumsätze und der Bestimmung der Lizenzrate, da der Aussagegehalt des Wertes insbesondere von diesen Determinanten abhängt. In dieser einfachen Vorgehensweise liegt grundsätzlich auch das höchste Risiko bei der Verwendung dieser Methode. Bereits kleinere Abweichungen in der Höhe der Lizenzrate führen zu erheblichen Wertdifferenzen. Wäre im Beispiel aufgrund mangelnder Informationen eine durchschnittliche Lizenzrate in Höhe von 8 % zugrunde gelegt, würde sich c. p. ein Objektwert von 2 082,73 TEUR ergeben. Eine sorgfältige Ableitung der Determinanten ist daher für die Güte des Bewertungsergebnisses maßgeblich.

Ein weiterer Gedanke ist bislang zwar vereinzelt in der Literatur[126], aber nicht erkennenswert von der Praxis oder von Standardsettern aufgegriffen worden. Die wesentliche Frage ist, ob der Barwert der ersparten Lizenzeinnahmen den vollumfänglichen Wert des immateriellen Vermögenswerts tatsächlich widerspiegelt. Rein aus dem betriebswirtschaftlichen Prinzip der Ableitung von Lizenzraten folgt, dass der gesamte wirtschaftliche Vorteil aus einem immateriellen Vermögenswert von einem Lizenznehmer nicht immer vollumfänglich an den Lizenzgeber weitergereicht wird. Ein Teil des Wertes verbleibt dann auch beim Lizenznehmer. Darüber hinaus stellt sich die Frage, ob die der Bewertung zugrunde liegende Lizenz einer Übertragung des Vermögenswertes gleichkommt. Anders als bei der Nutzungsüberlassung etwa einer Immobilie können immaterielle Vermögenswerte ganz unterschiedlich zur Nutzung überlassen werden (z. B. nicht ausschließlich). Folglich spiegelt die Lizenz den Vermögenswert nicht automatisch vollumfänglich wieder.

Im Ergebnis ist festzuhalten, dass eine überschlägige und nicht sachgerechte Anwendung der Lizenzbewertung zu einer erheblichen Fehlbewertung führen kann.

---

126) Vgl. Smith, G. (1997), S. 160 ff.

3.3.5.3 Mehrgewinnmethode (Incremental Cash Flow Method)

3.3.5.3.1 Theoretischer Hintergrund

Im Rahmen der Mehrgewinnmethode wird untersucht, welche Cashflows in Form von Kostenersparnissen oder zusätzlichen Umsätzen mittels der immateriellen Ressource erzielt werden können. Hierfür sind die zukünftig erwarteten Cashflows aus dem Unternehmen inklusive der zu bewertenden immateriellen Ressource mit den entsprechenden Cashflows aus einem fiktiven Vergleichsunternehmen exklusive der immateriellen Ressource zu vergleichen. Dabei wird angenommen, dass das Vergleichsunternehmen von der Nutzung der immateriellen Ressource ausgeschlossen ist.

Die Mehrgewinnmethode wird in zwei Ausprägungen diskutiert: der Preisprämienmethode und der Kostenersparnismethode. Bei der Preisprämienmethode wird auf die zusätzlichen Umsätze abgestellt, die mit Hilfe des immateriellen Wertes (z.B. einer Marke) realisiert werden können. Dabei resultieren die zusätzlichen Umsätze aus höheren Preisen für das Bewertungsobjekt im Gegensatz zu vergleichbaren Produkten. Folglich wird davon ausgegangen, dass für spezielle Eigenschaften, wie z.B. innovative Technologien einer immateriellen Ressource, die Nachfrage höher ist und daher der Eigner einen höheren Preis am Markt verlangen kann. Die Kostenersparnismethode hingegen stellt auf die Kostenersparnis, folglich die Cashflow-Ersparnis (Entwicklungskosten), des zu bewertenden immateriellen Wertes ab. Die eingesparten Kosten resultieren aus der Verwendung der immateriellen Ressource, z.B. eine Verkürzung von Produktionsprozessen aufgrund eines patentierten Produktionsverfahrens.

3.3.5.3.2 Vorgehensweise

In einem ersten Schritt muss die Preisprämie bzw. die Kostenersparnis (Incremental Cash Flow), die aufgrund der Nutzung der immateriellen Ressource entsteht, identifiziert werden. Der Incremental Cash Flow kann entweder direkt aus Daten des internen Rechnungswesens durch Marktbeobachtungen oder Befragungen oder indirekt, z.B. durch die Abfrage der Zahlungsbereitschaft von Konsumenten mittels Methoden der Präferenzforschung, erhoben werden.

Der ermittelte Incremental Cash Flow ist anschließend mit der entsprechenden Absatzmenge zu multiplizieren, um den spezifischen (Mehr-)Umsatz bzw. die Kostenersparnis zu erhalten. Abschließend ist der (Mehr-)Umsatz bzw. die Kostenersparnis um vermögenswertspezifische Kosten und Unternehmenssteuern zu bereinigen. Als markenspezifische Kosten sind al-

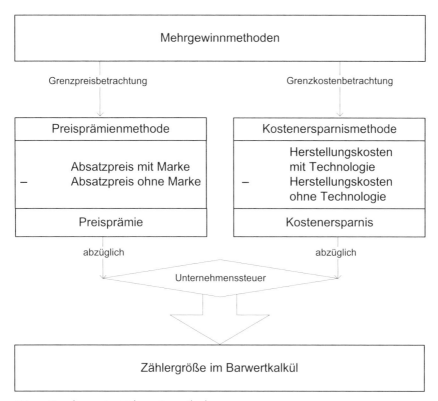

Abb. 33 Vorgehensweise Mehrgewinnmethode

le Aufwendungen zu identifizieren, die zum Erhalt der immateriellen Ressource erforderlich sind (vgl. Abb. 33).

Der Incremental Cash Flow ist anschließend mit dem vermögenswertspezifischen Kapitalisierungszinssatz zu diskontieren.

$$\text{Wert des immateriellen Vermögens} = \left(\sum_{t=1}^{T} \frac{CF_t}{(1 + WACC)^t} \right)$$

Formel 21 Barwertberechnung Mehrgewinnmethode

Fallbeispiel:

Eine Marke soll bewertet werden. Annahmegemäß weisen das markierte und das unmarkierte Produkt gleich hohe Verkaufszahlen auf. Der Markenvorteil bezieht sich daher ausschließlich auf den Verkaufspreis. Annahmegemäß wird von einer Restnutzungsdauer von 3 Jahren, einem Kapitalisierungszinssatz in Höhe von 10 Prozent und einem Unternehmenssteuersatz von 30 Prozent ausgegangen.

Periode		T₁	T₂	T₃
Preis erzielbar mit Marke		15	15	15
Verkaufte Anzahl		600	700	800
Umsatz mit Marke p. a.		9.000	10.500	12.000
Kosten		1.800	2.100	2.400
EBIT		7.200	8.400	9.600
Nutzenzufluss mit Marke nach Steuern	30 %	5.040	5.880	6.720
Preis erzielbar ohne Marke		10	10	10
Verkaufte Anzahl		600	700	800
Umsatz ohne Marke		6.000	7.000	8.000
Kosten		1.200	1.400	1.600
EBIT		4.800	5.600	6.400
Nutzenzufluss ohne Marke nach Steuern	30 %	3.360	3.920	4.480
vermögenswertabhängiger Nutzenzufluss (Incremental-Cashflow)		**1.680**	**1.960**	**2.240**
Kapitalisierungszins		10,00 %	10,00 %	10,00 %
Diskontierungsfaktor		0,95	0,87	0,79
Barwerte		1.602	1.699	1.765
Wert der Marke in TEUR		**5.066**		

Abb. 34 Fallbeispiel Mehrgewinnmethode

3.3.5.3.3 Würdigung

Sind die Einzahlungsüberschüsse inklusive und exklusive der immateriellen Ressource zuverlässig bestimmbar, stellt die Mehrgewinnmethode einen geeigneten Ausgangspunkt für die Bewertung dar. Dies ist insbesondere bei Existenz nutzengleicher Vermögenswerte der Fall.

Modellspezifische Probleme treten mit der zuverlässigen Ermittlung von Preis-, Kosten- bzw. Mengendifferenzen auf. Insbesondere hat sich weder die Theorie noch die Bewertungspraxis mit der Frage beschäftigt, welcher Mehrgewinn oder möglicherweise welche Kompensation sich durch die Preisprämie aus einer Mengenkomponente ergibt. Im Ergebnis ist somit die sorgfältige Auseinandersetzung mit dem Bewertungsgegenstand und den relevanten Werttreibern kritisch für die Qualität des Bewertungsergebnisses.

3.3.5.4 Residualwertmethode (Multi-Period Excess Earnings Method)

3.3.5.4.1 Theoretischer Hintergrund

Ausgangspunkt der Methode bildet die Annahme, dass immaterielles Vermögen regelmäßig erst im Verbund mit anderem materiellen bzw. immateriellen Vermögen Cashflows generiert. Daher wird für die Ermittlung der isolierten Cashflows der immateriellen Ressource zunächst der Cashflow der übergeordneten Einheit betrachtet. Dieser Cashflow kann fallspezifisch auf Ebene des Gesamtunternehmens oder auf niedrigeren Ebenen, für welche die Mittelzuflüsse der Vermögensgruppe identifizierbar sind, geschätzt werden.[127] Er wird durch die fiktiven Auszahlungen (Contributory Asset Charges, CAC) für die »unterstützenden« Vermögenswerte (Contributory Assets, CA) verringert, sodass schließlich durch Diskontierung des isolierten Residual-Cashflows der Stand-Alone-Wert ermittelt wird. Für die CAs wird regelmäßig davon ausgegangen, dass diese von einem Drittanbieter »gemietet« oder »geleast« werden.

3.3.5.4.2 Vorgehensweise

In einem ersten Schritt müssen die Vermögenswerte identifiziert werden, die zur Generierung der Cashflows des Bewertungsobjektes beitragen. Es ist also die kleinste Gruppe von Vermögenswerten zu identifizieren, welche unabhängig von anderen Vermögenswerten oder Gruppen Cashflows generiert. Zu den CAs zählen z. B. Grundstücke, Gebäude, Maschinen, Working Capital etc.

Der ermittelte Zahlungsstrom ist anschließend über die Nutzungsdauer des Bewertungsobjektes zu planen und zu versteuern.

Zur Isolierung des vermögensspezifischen Cashflows wird zwischen zwei Methoden unterschieden:

- der Gross-Lease-Methode und
- der Return-On-Asset-Methode.

Ausgangspunkt der Gross-Lease-Methode ist die Zahlung hypothetischer Leasingraten, die das Unternehmen für die unterstützenden Vermögenswerte zahlen müsste, wenn es diese nicht besäße. Der im Rahmen der Gross-Lease-Methode zugrunde gelegte Zahlungsstrom ist das Ergebnis vor Zinsen, Steuern und Abschreibungen (EBITDA). Der Vorteil dieser Ergeb-

---

127) Prinzipiell ist die Vorgehensweise vergleichbar mit der Bildung einer zahlungsmittelgenerierenden Einheit nach IAS 36.6.

Kapitalwertorientierter
Ansatz (Income
Approach)

Vermögenswertkategorie	Mögliche Positionen	Anhaltspunkte für die CAC
Nettoumlaufvermögen (Working Capital)	Kurzfristige Verbindlichkeiten und Forderungen, Vorräte, sonstiges betriebsnotwendiges Umlaufvermögen	Zinssatz für kurzfristige Betriebsmittelkredite
Anlagevermögen	Grundstücke und Gebäude, Maschinen, Betriebs- und Geschäftsausstattung	Marktüblicher Fremdfinanzierungssatz, beobachtbare Zinssätze aus einer Vendor-Finanzierung, ggf. auch Mischzinssatz
Immaterielle Vermögenswerte	Marken, Technologien, Software, Kundenbeziehungen, Mitarbeiterstamm, Wettbewerbsverbote	In der Regel Unternehmens- bzw. Branchen-WACC oder in Abhängigkeit von der spezifischen Risikocharak- teristik darüber

Abb. 35 Anhaltspunkte zur Bestimmung der Contributory Asset Charges

nisgröße liegt neben der Umgehung einer Doppelerfassung von Abschreibungen darin, dass der Wertverzehr aus der Verzinsung des investierten Kapitals sowie den Abschreibungen nicht dem Grundprinzip der Free-Cashflow-Betrachtung widerspricht.[128]

In einem zweiten Schritt werden die fiktiven Auszahlungen der CAs ermittelt. Hierbei wird angenommen, dass diese von einem Drittanbieter »gemietet« oder »geleast« sind.

Bei der Ermittlung der Miet- bzw. Leasingzahlungen sind Wertminderungen durch Abschreibungen (Return of) sowie eine angemessene Verzinsung des gebundenen Kapitals (Return on) zu berücksichtigen. In der Literatur finden sich einige Vorschläge zur Bemessung der vermögenswertspezifischen Verzinsung. Prinzipiell orientiert man sich an der Finanzierungsart und der spezifischen Risikocharakteristik des Vermögenswertes.[129]

Für materielle Vermögenswerte lassen sich zumeist plausible und intersubjektiv nachvollziehbare Anhaltspunkte zur Bemessung der Höhe einer angemessenen Verzinsung angeben (vgl. Abb. 35). Größere Ermessensspielräume existieren hingegen für immaterielle unterstützende Vermögenswer-

128) Vgl. Mackenstedt, A./Fladung, H.-D./Himmel, H. (2006), S. 1042.

129) Vgl. Appraisal Foundation (2009), Abschnitt 4.3.

te. Erfolgt die Bewertung für Zwecke der Rechnungslegung, orientiert man sich nicht selten (pauschal) am WACC des Unternehmens bzw. am Branchen-WACC; für sehr risikoreiche Vermögenswerte (z. B. Technologien, angearbeitete Forschungs- und Entwicklungsprojekte) kann auch ein Ansatz oberhalb des gewichteten Kapitalkostensatzes angezeigt sein.[130] Ein Ansatz in Höhe der regelmäßig über dem WACC liegenden Eigenkapitalkosten kommt dann in Betracht, wenn der Vermögenswert vor allem mit Eigenkapital finanziert wird.[131]

Im Gegensatz zur Gross-Lease-Methode betrachtet die Return-on-Asset-Methode nur die Verzinsung des im unterstützenden Vermögen gebundenen Kapitals. Folglich wird davon ausgegangen, dass Wertminderungen der CAs, z. B. Abschreibungen auf Maschinen, Kundenbeziehungen etc., bereits in der zu verwendenden Ergebnisgröße berücksichtigt sind. Daher ist die zugrunde zu legende Ergebnisgröße in dieser Methode das EBIT.

Beispiel zur Ermittlung der fiktiven Leasingraten von Sachanlagevermögen mit Hilfe der Gross-Lease-Methode:

Tab. 9 Ableitung der CAC für Sachanlagevermögen

Gross Lease Sachanlagevermögen	T_1	T_2	T_3	T_4	T_5
Gesamtunternehmensumsatz	6.000	6.240	6.490	6.749	7.019
Annuität	585	585	585	585	585
Steuern (30 %)	176	176	176	176	176
Ergebnis nach Steuern	410	410	410	410	410
Barwertfaktor (8 % RoA)	0,96	0,89	0,82	0,76	0,71
Barwerte	394	365	338	313	290
Summe der Barwerte	1.700				
Umsatzanteil					
Annuität	585				
Ø-Umsatz	6.500				
Anteil der Annuität am Umsatz in %	9,01 %				

Ausgangspunkt der CAC-Berechnung bildet der bereits ermittelte Wert der Sachanlage. Um die Zahlungsströme des unterstützenden Vermögenswertes zu ermitteln, ist eine Iterationsrechnung notwendig. Hierbei wird jene Zahlungsreihe gleichbleibender Leasingraten (= Annuität) gesucht, welche,

130) Vgl. Castedello, M./Klingbeil, C./Schröder, J. (2006), S. 1031.

131) Von einigen Autoren wird allerdings die Auffassung vertreten, dass eine derartige Differenzierung nicht praktikabel sei. Vgl. dazu Castedello, M./Klingbeil, C./Schröder, J. (2006), S. 1031.

Unternehmensgesamt- bzw. Vermögensverbund-EBITDA

Wertbeitrag unterstützender Vermögenswerte (»Contributory Asset Charges«)	• Working Capital • Sachanlagevermögen • Grundstücke und Gebäude • Patente • andere immaterielle Vermögenswerte

= Isolierte, dem Bewertungsobjekt zurechenbare Cashflows

Abb. 36 Residualwertmethode

vermindert um Steuern, den Zeitwert des CAs generiert. Dies erfolgt über eine Excel-Zielwertsuche. Abschließend ist die prozentuale Leasingrate durch den Quotienten aus Leasingrate und Verbund- bzw. Unternehmens-Cashflow bestimmbar.

Nachdem die Ergebnisbeiträge der unterstützenden Vermögenswerte mit Hilfe einer der beiden Methoden identifiziert wurden, sind abschließend die CACs vom Unternehmens- bzw. Verbund-EBIT abzuziehen. Der errechnete Residual-Cashflow ist schließlich mit den vermögenswertspezifischen Kapitalkosten zu diskontieren.

$$\text{Wert des immateriellen Vermögens} = \sum_{t=1}^{T} \frac{CF_t}{(1 + WACC)^t}$$

Formel 22 Barwertberechnung Residualwertmethode

Fallbeispiel:

Eine Kundenbeziehung soll bewertet werden. Berechnungen auf Basis von Survivor Curves haben ergeben, dass die Kundenbeziehung über 5 Jahre abschmilzt. In der fünften Periode fällt der kundenbezogene Umsatz auf unter TEUR 700. Die Kundenbeziehung wird aufgrund der zu geringen

Periode			T_1	T_2	T_3	T_4	T_5
Gesamtumsatz in TEUR (Wachstum 4 %)			6.000,00	6.240,00	6.489,60	6.749,18	7.019,15
Kundenbezogener Umsatz			6.000,00	3.600,00	2.160,00	1.296,00	648,00
EBITDA			1.500,00	900,00	540,00	324,00	162,00
Contributory Assets	*Zeitwert*	*CAC*					
Immobilien	500	2,65 %	158,91	95,35	57,21	34,33	17,16
Sachanlagen	1.700	9,01 %	540,30	324,18	194,51	116,71	58,35
Nettoumlaufvermögen	900	4,80 %	288,11	172,87	103,72	62,23	31,12
Technologie	400	2,38 %	142,88	85,73	51,44	30,86	15,43
Mitarbeiterstamm	90	0,54 %	32,15	19,29	11,57	6,94	3,47
Summe CA's			1.162,36	697,42	418,45	251,07	125,54
Residuale Cashflows		5,63 %	337,64	202,58	121,55	72,93	36,46
Kapitalisierungszins	10 %						
Diskontierungsfaktor			0,95	0,87	0,79	0,72	0,65
Barwerte			321,92	175,60	95,78	52,24	23,75
Summe der Barwerte in TEUR	**669,29**						

Abb. 37 Beispiel Residualwertmethode (nach der Gross-Lease-Methode)

Marge nicht weiter gepflegt. Der zu bewertende Kundenbestand erzielt zum Bewertungsstichtag den vollständigen Umsatz des Unternehmens. Neu hinzugewonnene Kunden dürfen zum Bewertungsstichtag nicht in die Bewertung des Kundenstamms einbezogen werden. Es wird von einem Kapitalisierungszinssatz in Höhe von 10 Prozent ausgegangen.

3.3.5.4.3 Würdigung

Die Anwendbarkeit der Residualwertmethode setzt zunächst voraus, dass es sich bei dem zu bewertenden immateriellen Vermögen um den für die Cashflow-Generierung zentralen Vermögenswert (Leading Asset) des Unternehmens handelt. Des Weiteren sind für die Anwendung der Methode alle CAs zu identifizieren und zu bewerten. Grenzen ergeben sich, wenn in der Verbundgruppe mehr als ein zu bewertendes immaterielles Vermögen enthalten ist und aufgrund dessen die Verbundeffekte nicht eindeutig abgrenzbar sind. Die Güte des Bewertungsergebnisses ist zudem von der Qualität der Abgrenzung der unterstützenden Vermögenswerte abhängig, da sich Fehlbewertungen unmittelbar auf den Residual-Cashflow auswirken. Ein weiterer Problembereich des Verfahrens liegt in der Berücksichtigung der Synergien. Im Prinzip fließen sämtliche Synergien, auch solche, die isoliert vom immateriellen Vermögen entstehen, in das Bewertungsergebnis ein. In der Tendenz geht man bei der Residualwertmethode auch eher von

125

einer Überbewertung der immateriellen Vermögenswerte aus. Zudem ist das Verfahren sehr aufwendig. Nur in dem Einzelfall der Durchführung einer Kaufpreisallokation nach IFRS 3 werden die wesentlichen Assets ebenfalls als separate Werte erfasst. In anderen Fällen erscheint es aus praktischer Sicht sehr aufwendig, solche Einzelwerte abzuleiten.

3.3.5.5 Andere barwertorientierte Kalküle

3.3.5.5.1 Theoretischer Hintergrund

Für die Bewertung von immateriellen Vermögenswerten finden sich in Literatur und Praxis Hinweise auf weitere barwertorientierte Kalküle. Insbesondere speziell für die Telekommunikationsbranche wird immer wieder der sog. Greenfield Approach genannt. Bei dieser Methode wird von einem hypothetischen vollständigen Neuaufbau eines funktionierenden Unternehmens auf der »grünen Wiese« ausgegangen. Dabei wird unterstellt, dass das Unternehmen zunächst lediglich das zu bewertende immaterielle Vermögen (z. B. die UMTS-Lizenz) in der Bilanz hat und um diesen zentralen Wertreiber herum einen funktionierenden Betrieb aufbauen muss (Startup). Auch dieser Ansatz unterliegt der Annahme, dass immaterielles Vermögen regelmäßig erst im Verbund mit anderem materiellen bzw. immateriellen Werten Cashflows generiert. So sind anfangs negative Cashflows (investive Cash-Outflows) aufgrund von Investitionen in die notwendigen unterstützenden Vermögenswerte, wie etwa die technische Infrastruktur, Mitarbeiter usw., den Einnahmen durch das immaterielle Vermögen (operative Netto-Cash-Inflows) gegenüberzustellen. Durch den Barwert dieser fiktiven, auf Basis eines Businessplans geschätzten Cashflows determiniert sich der Wert des immateriellen Vermögens zum Bewertungsstichtag.[132]

3.3.5.5.2 Vorgehensweise

Zunächst sind im Zuge der Erstellung eines Businessplans die für den Neuaufbau notwendigen unterstützenden Vermögenswerte, die zur Generierung der Cashflows des Bewertungsobjektes beitragen, zu identifizieren. Zu den unterstützenden Vermögenswerten zählen z. B. Grundstücke, Gebäude, Maschinen, Working Capital etc. In einem nächsten Schritt sind die für die Anschaffung dieser Vermögenswerte notwendigen investiven Cash-Outflows zu bestimmen. Diese negativen Cashflows sind den mit einer zeitlichen Verzögerung realisierten Einzahlungen aus der Nutzung des immateriellen Vermögens gegenüberzustellen.

132) Vgl. Castedello, M./Klingbeil, C./Schröder, J. (2006), S. 1032 f.

3.3.5.5.3 Würdigung

Ähnlich wie die Residualwertmethode setzt die Anwendbarkeit der Greenfield-Methode voraus, dass es sich bei dem zu bewertenden immateriellen Vermögen um den für die Cashflow-Generierung zentralen Vermögenswert (Leading Asset) des Unternehmens handelt. Daher ergeben sich die Grenzen des Ansatzes, wenn im Unternehmen mehr als nur ein zu bewertender immaterieller Vermögenswert enthalten ist und aufgrund dessen die Verbundeffekte nicht eindeutig abgrenzbar sind (z. B. GSM- und UMTS-Lizenz). Die Güte des Bewertungsergebnisses ist zudem von der Qualität der geplanten Einzahlungsüberschüsse und der Abgrenzung der unterstützenden Vermögenswerte abhängig. Zudem ist das Verfahren sehr aufwendig und von der Qualität der getroffenen Annahmen abhängig, da der Wert auf einem theoretischen Businessplan beruht.

3.4 Marktwertorientierter Ansatz (Market Approach)

3.4.1 Theoretischer Hintergrund

Im marktwertorientierten Ansatz wird der Wert eines immateriellen Vermögenswertes durch die Analyse ähnlicher Transaktionen vergleichbarer immaterieller Werte unabhängiger Dritter determiniert. Als zentraler Bewertungsparameter wird dabei der auf dem freien Markt erzielte Preis herangezogen. Folglich basieren marktwertorientierte Methoden auf der Annahme, dass der erzielte Marktpreis den Nutzen des Bewertungsobjektes widerspiegelt und ein potenzieller Käufer nicht mehr als diesen zu zahlen bereit ist.

Bedingung für den Einsatz marktwertorientierter Verfahren ist die Existenz eines (mehr oder weniger) aktiven Marktes, entweder für das Bewertungsobjekt selbst oder für einen vergleichbaren Vermögenswert.

3.4.2 Marktwertorientierte Methoden

In der Bewertungspraxis haben sich zur Anwendung des marktwertorientierten Ansatzes verschiedene Methoden etabliert (vgl. Abb. 38). Im Idealfall wird der Marktwert des Bewertungsobjektes durch den Marktpreis für einen vergleichbaren Vermögenswert mit gleichen Merkmalen determiniert.

Sind Marktpreise des Bewertungsobjekts nicht öffentlich zugänglich, werden mittels Analogiemethoden (direkte Methode) die Marktpreise vergleich-

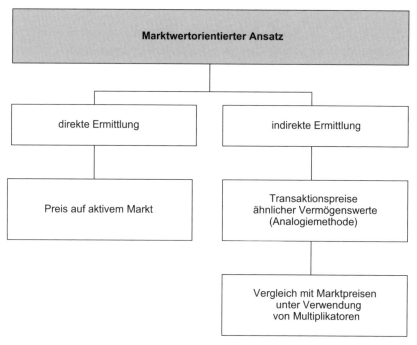

Abb. 38 Marktpreisorientierte Methoden

barer Substitute mit ähnlichen Merkmalen herangezogen. Als Anhaltspunkt können hierbei Verkaufspreise, Lizenzgebühren bzw. Mietpreise vergleichbarer Güter dienen.

Die Methode beruht auf der Annahme, dass Transaktionspreise vergleichbarer immaterieller Werte eine gute Ausgangsbasis für die Bewertung sind. Aufgrund der jeweils spezifischen Faktoren und Umstände einer jeden Transaktion sind zusätzlich entsprechende Preisanpassungen für den betreffenden immateriellen Vermögenswert vorzunehmen.[133] Je größer jedoch diese Anpassungen sind, desto mehr verliert die Bewertung an Objektivität, da sich durch die Diskrepanz zwischen Bewertungsobjekt und Vergleichsobjekt die Marktbestätigung verringert und subjektive Wertindikatoren stärker in die Bewertung einfließen.

Alternativ kann versucht werden, über indirekte Methoden den Wert des immateriellen Vermögens herzuleiten. Hierbei kommen unter Berücksichtigung branchen- und marktspezifischer Annahmen spezielle Bewertungstechniken, wie z. B. die Bildung von Multiplikatoren, zum Einsatz.

---

[133] Vgl. Reilly, R. F./Schweihs, R. P. (1999), S. 147 f.

3.4.3 Vorgehensweise bei marktwertorientierten Methoden

In der Literatur hat sich eine systematische Vorgehensweise bei der Anwendung des marktwertorientierten Ansatzes etabliert. Demzufolge wird die Bewertung in mehreren Schritten durchgeführt (vgl. Abb. 39).[134]

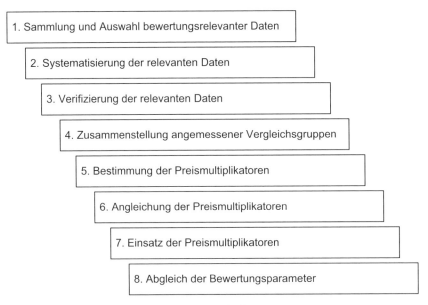

1. Sammlung und Auswahl bewertungsrelevanter Daten

2. Systematisierung der relevanten Daten

3. Verifizierung der relevanten Daten

4. Zusammenstellung angemessener Vergleichsgruppen

5. Bestimmung der Preismultiplikatoren

6. Angleichung der Preismultiplikatoren

7. Einsatz der Preismultiplikatoren

8. Abgleich der Bewertungsparameter

Abb. 39 Vorgehensweise marktwertorientierter Methoden

Schritt 1: Sammlung und Auswahl bewertungsrelevanter Daten

Bei der Anwendung des marktwertorientierten Ansatzes muss zunächst eine Sondierung bewertungsrelevanter Daten erfolgen. Dies geschieht durch die Analyse der Märkte, in welchen vergleichbare Vermögenswerte gehandelt werden bzw. wurden. Zu dem relevanten Datenkreis gehören in der Regel solche Daten, welche aus tatsächlich zustande gekommenen Transaktionen stammen. Hierzu zählen u. a. Daten aus Kauf-, Miet-, Lizenz- und Franchiseverträgen.

Bevor eine Auswahl der geeigneten Bewertungsmethode erfolgen kann, müssen die betrachteten Märkte weiter analysiert werden. In diesem Zusammenhang ist auf folgende Prämissen zu achten:[135]

---

134) Nachfolgende Vorgehensweise in Anlehnung an Reilly, R./Schweihs, R. (1999), S. 102 ff.; sowie Grüner, T. (2006), S. 88 ff.

135) Vgl. Reilly, R./Schweihs, R. (1999), S. 103 f.; Grüner, T. (2006), S. 89.

1. Informationseffizienz der betrachteten Märkte,
2. Relation zwischen Transaktionskosten und Transaktionspreis,
3. Wettbewerbssituation,
4. Vergleichbarkeit der gehandelten Vermögenswerte untereinander und mit dem immateriellen Bewertungsobjekt,
5. Markteintritts- und -austrittsbarrieren.

Für die im ersten Schritt gesammelten Transaktionsdaten muss in einem nächsten Schritt ihre Vergleichbarkeit mit dem Bewertungsobjekt überprüft und eine entsprechende Datenselektion vorgenommen werden. Hierbei sollten insbesondere die folgenden Eigenschaften des Bewertungsobjektes mit den ausgewählten ähnlichen Transaktionsdaten verglichen werden:[136]

- Übereinstimmung der Vermögenswertkategorie:
  Stammt das Vergleichsobjekt aus derselben Vermögenswertkategorie?
- Übereinstimmung des Nutzens:
  Enthalten die Transaktionsdaten Anhaltspunkte, welche darauf schlie-ßen lassen, dass das Vergleichsobjekt einen ähnlichen Nutzen wie das Bewertungsobjekt erfüllt?
- Branchenübereinstimmung:
  Stammen die Transaktionsdaten aus derselben Branche wie das Bewertungsobjekt?
- Transaktionszeitraum:
  Welcher zeitliche Abstand liegt zwischen den zum Vergleich herangezo-genen Transaktionen und dem Bewertungszeitpunkt?

Schritt 2: Systematisierung der relevanten Daten

Wenn die Transaktionsdaten hinsichtlich der Vergleichbarkeit mit dem Bewertungsobjekt analysiert sind, werden diese in einem nächsten Schritt in unmittelbar vergleichbare Daten und Richtwerte klassifiziert. Hierbei sind in der Gruppe der unmittelbar vergleichbaren Daten jene Transaktionsdaten zu erfassen, die tatsächlich den Vergleichskriterien des Bewertungsobjektes entsprechen.

Die als Richtwerte klassifizierten Daten haben nur einen indirekten Be-zug zum Bewertungsobjekt. Sie unterscheiden sich in ihrer Vergleichbarkeit und Vermögenswertkategorie. Im Wesentlichen dienen diese Daten als all-gemeine Bewertungsparameter, die wichtige Indizien für die Preisbildung

---

[136] Vgl. Reilly, R./Schweihs, R. (1999), S. 104 f. Daneben können noch weitere Eigenschaf-ten betrachtet werden wie z. B. Finanzie-rungsmodalitäten, Nutzungsdauer und Ab-nutzung etc. Vgl. auch Smith, G./Parr, R. (2000), S. 170–174.

beinhalten können und zur Plausibilisierung der Bewertung genutzt werden. Die vorliegenden Daten sollten jedoch hinsichtlich wirtschaftlicher Kriterien (Cashflow-, Rendite- und Risikoerwartung), dem Portfolioeffekt (vergleichbarer Portfolioeffekt bezüglich Portfoliorisiko und Portfolioerwartung) und den Preisvariablen (Marktpreise und andere Variablen) mit dem Bewertungsobjekt vergleichbar sein.

Schritt 3: Verifizierung der relevanten Daten

Bevor die evaluierten Daten für die Bewertung verwendet werden, sollten diese noch einmal hinsichtlich ihrer Qualität und Relevanz überprüft werden. Dieser Plausibilisierungsvorgang kann unter drei Aspekten vorgenommen werden:

- Angemessenheit der marktbezogenen Daten: Welche Informationsquellen wurden verwendet? Wurden Primärdaten ausgewählt? Sind die Daten durch externe Sachverständige verifiziert oder vertraglich begründet?
- Perpetuierung des Fremdvergleichs: Würden Dritte diese Bewertung in derselben Weise durchführen? Wäre diese Bewertung von Dritten mit denselben Daten durchgeführt worden?
- Prüfung, ob sich die Marktpreise ausschließlich auf die Übertragung bzw. die Rechte des immateriellen Wertes beziehen.

Schritt 4: Zusammenstellung angemessener Vergleichsgruppen

Der nächste Schritt bei der Anwendung des marktwertorientierten Ansatzes ist die Einteilung der relevanten Daten in kleinere, ähnliche Gruppen. Dadurch sollen sowohl die unmittelbar vergleichbaren Transaktionsdaten als auch die Richtwerte miteinander vergleichbar gemacht werden. Dies stellt den ersten Schritt für die Anwendung des Multiplikatorverfahrens dar. Die Einteilung erfolgt je nach Datenbasis, sodass sich aus den kleineren Vergleichsgruppen Multiplikatoren bilden lassen können. Problematisch ist hier, dass sich für die Bewertung von immateriellem Vermögen weder in der Theorie noch in der Praxis bestimmte Multiplikatoren herausgebildet haben. Dies ist insofern nachvollziehbar, als Transaktionen isolierter, einzelner Vermögenswerte eher eine Seltenheit sind und vielmehr »Asset-Bündel« (z. B. ein Patentportfolio, eine Marke mit Kundenstamm und Vertriebsteam) erworben werden. Informationen über solche Transaktionen liegen dabei noch wesentlich spärlicher vor als für Unternehmenstransaktionen. Folglich ist die Bildung geeigneter Multiplikatoren in Abhängigkeit vom konkret zu bewertenden immateriellen Vermögenswert sehr unterschiedlich und beruht auf spezifischen Erfahrungen aus der jeweiligen Branche. Typische Bezugsgrößen sind grundsätzlich der Umsatz mit der Marke im letzten Geschäftsjahr oder z. B. die Anzahl von Vertragskunden.

Vorschläge für Einteilungskriterien und korrespondierende Multiplikatoren aus der Literatur sind:[137]

- marketingbasierte immaterielle Werte, z. B. Preis pro Name, Marke, Einzugsgebiet und Werbemittel;
- kundenbasierte immaterielle Werte, z. B. Preis pro Kunde, Vertrag, Erneuerung und Einwohner;
- softwarebasierte immaterielle Werte, z. B. Preis pro erstellter Quellcodezeile oder Quellcodefunktion;
- technologiebasierte immaterielle Werte, z. B. Preis pro Patent, Schema, Zeichnung, Formel und Rezept;
- humankapitalbasierte immaterielle Werte, z. B. Preis pro Mitarbeiterkapazität.

3.4.4 Bestimmung der Multiplikatoren

Nachdem in sich homogene Vergleichsgruppen gebildet wurden, werden die korrespondierenden Multiplikatoren abgeleitet *(Schritt 5)*. Hierbei wird pro Vergleichsgruppe ein Multiplikator gebildet. In Abhängigkeit von der jeweiligen Vergleichsgruppe wird der Multiplikator im Nenner identifiziert:

$$\text{Multiplikator} = \frac{\text{Vergleichspreis}}{\text{Identitätskriterium der Vergleichsgruppe (z. B. Umsatz)}}$$

Formel 23 Multiplikator

Die für die verschiedenen Vergleichsgruppen erfassten Multiplikatoren können anschließend mit Hilfe statistischer Auswertungen (z. B. Mittelwerten) analysiert werden.

3.4.4.1 Anpassung der Multiplikatoren

Bevor die Bewertung unter Anwendung der Multiplikator-Methode durchgeführt werden kann, sollten die verschiedenen Multiplikatoren der Vergleichsgruppen auf starke Ausreißer untersucht werden, um gegebenenfalls eine weitere Anpassung vornehmen zu können *(Schritt 6)*. Die Anpassung der Multiplikatoren kann auf verschiedene Ursachen zurückzuführen sein:

---

137) Vgl. Reilly, R./Schweihs, R. (1999), S. 110.

unterschiedliche Vermögenswertkategorien und Marktverhältnisse, Markt-
trends oder Marktveränderungen. Prinzipiell sollte bei der Analyse der Ausreißer beachtet werden, dass auf zu stark abweichende Multiplikatoren im
weiteren Bewertungsvorgang verzichtet wird, um das Bewertungsergebnis
zu verfeinern.

3.4.4.2 Anwendung der Multiplikatoren

Um den Marktwert des immateriellen Wertes mit Hilfe der Multiplikator-
Methode zu bestimmen, sind in einem letzten Schritt die Multiplikatoren
der entsprechen Vergleichsgruppen (VG) zu berechnen und mit der korrespondierenden Bezugsgröße des Bewertungsobjektes zu multiplizieren
(Schritt 7):

$$\text{Wert des imateriellen Vermögens} = \text{Bezugsgröße Bewertungsobjekt} \times \text{Multiplikator}$$

Formel 24 Multiplikatorrechnung

Beispiel:

$$\text{Wert der Kundenbeziehung} = \text{Anzahl der Kunden} \times \text{Kundenmultiplikator}$$

$$\text{mit Kundenmultiplikator} = \frac{\text{Wert der Kundenbeziehung}_{VG}}{\text{Anzahl der Kunden}_{VG}}$$

Formel 25 Beispiel Multiplikatorrechnung

Die in diesem Schritt enthaltene Bandbreite von Marktwerten kann nun unter Anwendung statistischer Verfahren (z. B. Mittelwertbildung) auf einen
Marktwert verdichtet werden.

3.4.4.3 Abgleich der Bewertungsparameter

Nachdem eine Bandbreite von Marktwerten ermittelt und auf einen
Marktwert verdichtet wurde, kann in einem letzten Schritt eine Sensiti-
vitätsanalyse vorgenommen werden, um bedarfsweise Anpassungen einzelner Bewertungsparameter vorzunehmen *(Schritt 8)*. Hierdurch wird die
Qualität der Bewertung erhöht, da entsprechende Schwachstellen, welche
auf qualitative oder quantitative Schwächen der Multiplikatoren zurückzuführen sind, ausgeglichen werden.

3.4.5 Würdigung

Durch den Rückgriff auf Markttransaktionen liegt der Vorteil dieses Verfahrens in der zu erwartenden Realitätsnähe der verwendeten Daten. Das marktorientierte Verfahren ist jedoch sowohl theoretisch als auch praktisch mit erheblichen Einschränkungen der Aussagekraft verbunden. Grundsätzlich basieren die zu verwendenden Daten auf historischen Preisen. Der zu bestimmende Objektwert bezieht sich jedoch auf zukünftige Erwartungen. Der historisch erzielte Preis eines vergleichbaren immateriellen Wertes sagt zudem nichts darüber aus, ob ein potenzieller Käufer und Verkäufer den erzielten Preis zum Bewertungsstichtag so wieder vereinbaren würde. Selbst wenn der historisch erzielte Preis den Wert am (historischen) Transaktionsdatum annähernd korrekt widergespiegelt hätte, muss der damalige Wert kein guter Indikator für den heutigen Wert sein. Des Weiteren dürfte kaum bekannt sein, aus welcher Verhandlungssituation heraus die Preisfindung erfolgte. Verhandlungsrelevante Parameter sind z. B. Verkaufsdruck, strategische Prämien, Marktzwänge oder Synergien der Vertragspartei.

Nicht nur vor diesem Hintergrund sondern auch aufgrund der erörterten Eigenschaften von immateriellen Vermögenswerten und unter besonderer Berücksichtigung selbst erstellter immaterieller Vermögenswerte ist somit wegen der mangelnden Vergleichbarkeit und der weitestgehend fehlenden Transaktionspreise davon auszugehen, dass marktwertorientierte Verfahren eher selten zur Anwendung kommen können.

3.5 Bewertung von immateriellen Vermögenswerten im Vergleich zur Unternehmensbewertung

3.5.1 Prinzipielle Unterschiede

Im Anschluss an die Darstellung der verschiedenen Bewertungsmethoden soll an dieser Stelle explizit auf die Besonderheiten der Bewertung immaterieller Vermögenswerte im Vergleich zur Unternehmensbewertung eingegangen werden.

Zunächst ist hier die Frage der Identifizierung des Bewertungsgegenstandes hervorzuheben. Handelt es sich bei einer Unternehmensbewertung um eine Bewertung von Gesellschaftsanteilen, ist das Bewertungsobjekt durch die rechtlichen Grenzen klar definiert. In diesem Fall sind die rechtlichen und wirtschaftlichen Verhältnisse sowie deren Wertrelevanz für die Gesellschaft zu erfassen.

Im Fall einer Bewertung von Vermögenswerten ist diese Abgrenzung wesentlich schwieriger. Dies zeigt sich schon im Rahmen einer Unternehmensbewertung, wenn ein rechtlich nicht selbstständiger Teilbereich im Zuge eines sog. Carve-outs zu bewerten ist. Hier zeigt sich die Schwierigkeit darin, die zu bewertenden Vermögenswerte vollumfänglich zu erfassen. Bei einer Bewertung immaterieller Vermögenswerte handelt es sich um eine weitere Teilmenge aus einem ganzen Umfeld zusammenwirkender »Produktivfaktoren«. Diese Abgrenzung aus wirtschaftlicher Sicht mit den zugehörigen Rechten ist ein separater Analyseschritt, der in dieser Form bei einer Unternehmensbewertung nicht auszuführen ist.

Ein weiterer Unterschied ist, dass sich wirtschaftliche Risiken der zu bewertenden Anteile bei einer Unternehmensbewertung zum Bilanzstichtag zumindest zum Teil im Zahlenwerk (d. h. im Jahresabschluss) niederschlagen. Die Risiken, die den immateriellen Vermögenswerten zugeordnet werden, sind im Wege einer Analyse (»IP Due Diligence«) vorab gezielt abzufragen. Solche Risiken umfassen sowohl rechtliche (z. B. Schutzrechtsverletzungen) als auch wirtschaftliche Risiken (z. B. Imageschaden).

Während bei der Unternehmensbewertung grundsätzlich von der sog. Going-Concern-Perspektive ausgegangen wird und eine endliche Periode der erwarteten Cashflows nur die begründete Ausnahme darstellt, ist bei der Bewertung von immateriellen Vermögenswerten die Nutzungsdauer separat zu bestimmen. Für das spezifische Risiko der Bewertung ist ferner zu unterscheiden, ob der immaterielle Vermögenswert weiterhin im aktuellen Umfeld genutzt wird und quasi nur »rechtlich« separiert wird oder ob der immaterielle Vermögenswert in einem vollständig neuen Kontext eingesetzt wird.

Erheblich schwieriger ist bei einer Bewertung von immateriellen Vermögenswerten im Vergleich zur Unternehmensbewertung die Isolierung und Ableitung der relevanten Cashflows. Zunächst sind die spezifischen, auf den zu bewertenden Vermögenswert entfallenden Cashflows überhaupt zu identifizieren, im nächsten Schritt dann für die Vergangenheit abzuleiten und für die Zukunft zu prognostizieren. Die Abgrenzung des finanziellen Effektes und damit des wirtschaftlichen Vorteils bereitet somit erhebliche Schwierigkeiten.

3.5.2 Tax Amortization Benefit

Grundsätzlich finden Unternehmenssteuern sowohl im Rahmen der Unternehmensbewertung als auch der Bewertung immaterieller Vermögenswerte Eingang in die entsprechenden Wertkalküle. Die persönliche Einkommensteuer, wie sie vom IDW S 1 bei verschiedenen Bewertungsanlässen nach wie vor vorgesehen ist, hat im Rahmen der Bewertung von immateriellen Vermögenswerten jedoch i. d. R. keinen Raum.

Bei der Bewertung von immateriellen Vermögenswerten wird hingegen die Frage der Berücksichtigung von abschreibungsbedingten Steuervorteilen diskutiert. Ausgehend von einer Vorgehensweise, wie man sie in der internationalen Rechnungslegungspraxis vielfach praktiziert, wird in der Praxis oft der steuerliche Abschreibungsvorteil in den Wert des immateriellen Vermögenswertes einbezogen. Der Grundgedanke ist, dass der Erwerb eines Vermögenswertes in der Regel eine Aktivierung in der Steuerbilanz nach sich zieht und der Vermögenswert ergebniswirksam über seine steuerlich akzeptierte Nutzungsdauer abgeschrieben wird. Dieser abschreibungsbedingte Steuervorteil (der sog. Tax Amortization Benefit, TAB) ist somit bei einem Erwerb einzelner Vermögenswerte quasi eine Synergie des Erwerbers. Diese Synergie ist nicht auf immaterielle Vermögenswerte beschränkt, sondern kann theoretisch für den Erwerb aller Wirtschaftsgüter des Anlagevermögens, die steuerlich aktiviert und abgeschrieben werden können (z. B. auch für Immobilien), ermittelt werden.

Bei der Bewertung von immateriellen Vermögenswerten für Zwecke der Kaufpreisallokation nach IFRS wird der TAB grundsätzlich dem Wert zugerechnet, wenn kapitalwertorientierte Methoden herangezogen werden, bei den kostenorientierten Verfahren ist eine Prüfung im Einzelfall vorgesehen.[138] Für die Wertermittlung in allen anderen Fällen ist es aber keinesfalls zwingend, einen solchen TAB werterhöhend anzusetzen. In der Transaktionspraxis wird diese »Steuersynergie« des Erwerbers erfahrungsgemäß praktisch nicht eingepreist. Gleichzeitig stellt sich ohnehin die Frage, warum bei einer Ermittlung eines objektivierten Verkehrswertes nur die Steuersynergie des Erwerbers im vollen Umfang in den Gesamtwert einbezogen werden soll. Diese Synergie ist selbst mit Unsicherheit behaftet und es handelt sich nicht zwangsläufig um die einzige Synergie in einem solchen Prozess. Und umgekehrt hat der Veräußerer beispielsweise auch steuerlichen Aufwand, der gegebenenfalls durch den Verkauf des immateriellen Vermögenswertes ausgelöst wird. Vor diesem Hintergrund ist eine pauschale Hinzurechnung des TAB bei der Bewertung immaterieller Vermögenswerte abzulehnen, stattdessen ist ein möglicher Wertbeitrag im Einzelfall sorgfältig zu analysieren und zu begründen.[139]

138) Vgl. IDW (IDW HFA RS 16, 2005), Rz. 38, 42.
139) Zur Kritik am TAB siehe ausführlich Kasperzak, R./ Nestler, A. (2007).

3 Finanzielle
Bewertungsverfahren

Sollte ein TAB berücksichtigt werden, ermittelt er sich wie folgt: Die Höhe des TAB ist prinzipiell von dem zugrunde zu legenden Steuersatz und der Restnutzungsdauer des Bewertungsobjektes abhängig. Die Höhe des Steuersatzes und die Länge der Abschreibungsdauer sollen sich an den lokalen Steuervorschriften des Staates anlehnen, in welchem die aus dem immateriellen Vermögen generierten Cashflows der Versteuerung unterliegen.

Aus diesen Überlegungen ergibt sich ein Zirkularitätsproblem, da als Basis für die Berechnung der Abschreibungen der Wert des immateriellen Vermögens herangezogen werden muss und nicht die tatsächliche Steuerbasis. Der Wert des immateriellen Vermögens ergibt sich jedoch erst nach Einbeziehung des Steuervorteils. Dieses Problem wird in der Bewertungspraxis entweder iterativ gelöst oder über eine isolierte Berechnung des TAB durch die Anwendung eines sogenannten Step-up-Faktors.[140] Zur Berechnung des TAB mit Hilfe des Step-up-Faktors werden die steuerliche Abschreibungsdauer, der zugrunde zu legende Steuersatz und die zur Diskontierung verwendeten Kapitalkosten benötigt, welche im Einklang mit den im Barwertkalkül erfassten Kapitalkosten gewählt wurden.

Beispiel:
Auf Basis der unmittelbaren Cashflow-Prognose soll ein Onlineshop bewertet werden. Die Unternehmensteuern betragen 30 % und als vermögenswertspezifische Kapitalkosten werden annahmegemäß 10 % veranschlagt. Die zukünftigen Cashflows aus dem Bewertungsobjekt sind direkt identifizierbar und entwickeln sich wie folgt:

---

140) Vgl. IDW (IDW HFA RS 16, 2005), Rz. 38.

137

Bewertung von
immateriellen
Vermögenswerten
im Vergleich zur
Unternehmensbewertung

Periode		T_1	T_2	T_3	T_4
Cashflow (vor Steuern)		500	600	700	700
Kapitalisierungszins		10 %	10 %	10 %	10 %
Diskontierungsfaktor		0,95	0,87	0,79	0,72
Barwerte		477	520	552	501
Summe der Barwerte		2.050			
Einmalzahlung		150			
Summe der Barwerte ohne TAB		**2.200**			
TAB		686			
Nutzungsdauer	4				
Zinssatz	10 %				
Steuersatz	30 %				
RBW	3,17				
RBW x Steuersatz	0,95				

TAB - Berechnung

Periode	Disk. Faktor	afa Satz	Barwert afa Satz
1	0,95	0,25	0,24
2	0,87	0,25	0,22
3	0,79	0,25	0,20
4	0,72	0,25	0,18
Summe der barwertigen Abschreibungssätze			**0,83**
Steuersatz			0,30
Anteil der Steuerersparnis			0,25
Step Up Faktor (1/1 - Anteil der Steuerersparnis)			**1,33**

Summe der Barwerte mit TAB	**2.886**		

Abb. 40 Beispiel zum TAB

Im Ergebnis ist festzuhalten, dass die finanzielle Bewertung immaterieller Vermögenswerte grundsätzlich die anerkannten Prinzipien der Unternehmensbewertung aufgreift. Gleichzeitig ist aber die Anwendung dieser Prinzipien aufgrund der Besonderheit der Asset-Bewertung generell und der Bewertung immaterieller Vermögenswerte im Besonderen in jedem Einzelfall erheblich anzupassen und zu modifizieren.

4
Methoden der Lizenzbewertung

4.1 Bedeutung und Rahmenbedingungen der Lizenzierung

Der gesamte Bereich der Lizenzierung ist im betriebswirtschaftlichen Umfeld und insbesondere in der Bewertungsliteratur bislang eher selten aufgegriffen worden. Lizenzierung beschreibt die Überlassung eines immateriellen Vermögenswertes durch den Eigentümer an einen anderen Nutzer. Da und soweit diese Nutzung einen Vorteil bringt, ist für die Nutzung eine Zahlung zu leisten, auch bezeichnet als Lizenzentgelt, Lizenzgebühr oder kurz »Lizenz«.

Eine solche Überlassung eines immateriellen Vermögensgegenstandes durch den Rechtsinhaber an einen Dritten wird in Form eines Nutzungsvertrages vereinbart (Lizenzvertrag bzw. Knowhow-Vertrag). Der immaterielle Vermögensgegenstand bleibt im Eigentum des Lizenzgebers. In diesem Lizenzvertrag sind die Rechte und Pflichten beider Vertragsparteien geregelt. Darüber hinaus enthält eine Lizenzvereinbarung typischerweise Bestimmungen über räumliche, zeitliche und sachliche Nutzungsmöglichkeiten sowie Regelungen zur Ausschließlichkeit der Nutzung des immateriellen Vermögensgegenstands durch die Vertragsparteien.

Räumliche Beschränkungen betreffen die Eingrenzung der Nutzung des immateriellen Vermögensgegenstands auf ein bestimmtes Gebiet (sog. Gebietslizenzen). Der Lizenzgeber vereinbart mit dem Lizenznehmer eine Region, für die diese Lizenz gilt. Damit behält sich der Lizenzgeber das Recht vor, vergleichbare Lizenzen für andere Vertragsgebiete zu erteilen oder außerhalb des Vertragsgebiets den Lizenzgegenstand selbst zu verwerten.

Lizenzverträge werden in der Regel für einen bestimmten Zeitraum gegebenenfalls mit Optionen für eine Verlängerung geschlossen. Diese Dauer kann beispielsweise durch die rechtliche Schutzfähigkeit (z. B. bei Patenten) begrenzt sein. Eine Begrenzung kann sich auch durch die wirtschaftliche Nutzungsdauer ergeben. So ist Knowhow prinzipiell solange lizenzfähig, bis das Knowhow offenkundig und damit Dritten zugänglich geworden ist und damit seinen wirtschaftlichen Wettbewerbsvorteil verliert.

Bewertung von immateriellem Vermögen. Rainer Kasperzak und Anke Nestler
Copyright © 2010 WILEY-VCH Verlag GmbH & Co. KGaA, Weinheim
ISBN 978-3-527-50422-0

Im Lizenzvertrag kann die Benutzungsart eines immateriellen Vermögenswertes definiert werden (sachliche Beschränkung). Als typische Benutzungsarten werden Herstellungslizenzen, Vertriebslizenzen, Gebrauchslizenzen sowie Marken- oder Namenslizenzen unterschieden. Die Benutzungsarten sind nicht alle gleichermaßen für jede Form immaterieller Vermögenswerte anwendbar. Denkbar ist die Kombination unterschiedlicher Benutzungsarten innerhalb eines Lizenzvertrages, z. B. eine Herstellungs- und Vertriebslizenz.

Weitere Beschränkungen in einem Lizenzvertrag betreffen die Exklusivität der Nutzungsrechte. Dabei ist zwischen ausschließlicher, alleiniger und einfacher Lizenz zu unterscheiden. Bei einer ausschließlichen Lizenz werden dem Lizenznehmer exklusiv die Rechte zur Nutzung des immateriellen Vermögenswertes erteilt. Der Lizenznehmer kann das eingeräumte Recht in dem bestimmten Umfang und der Region allein nutzen, der Lizenzgeber hat keinerlei eigene Nutzungsrechte. Bei einer alleinigen Lizenz erhält der Lizenznehmer ebenfalls eine exklusive Lizenz mit der Einschränkung, dass sich der Lizenzgeber ein eigenes Nutzungsrecht vorbehält. Bei einer einfachen bzw. gewöhnlichen Lizenz darf der Lizenzgeber den lizenzierten immateriellen Vermögensgegenstand auch selbst nutzen bzw. weiteren Interessenten Lizenzen erteilen. Darüber hinaus kann differenziert werden, ob die Exklusivität zusätzlich das Recht zur Vergabe von Unterlizenzen beinhaltet.

Vertraglich kann das Lizenzentgelt unterschiedlich ausgestaltet werden. In der Praxis wird bei einer Lizenz häufig an Umsatzlizenzraten gedacht, d. h. Lizenzentgelte, die in Relation des getätigten Umsatzes berechnet werden. Auch wenn diese Form des Entgeltes weit verbreitet ist, gibt es sehr unterschiedliche Arten von Lizenzentgelten, die auch miteinander kombiniert werden können:

- Stücklizenzen
- Lizenzraten (als Prozentsatz von einer bestimmten Bezugsgröße wie z. B. Umsatz, Gewinn, Kosten etc.)
- gestaffelte Lizenzen
- Fixlizenzen
- laufende oder einmalige Pauschalgebühren
- Mischformen

Die Art des Lizenzentgeltes ist abhängig vom zu lizenzierenden Gegenstand und von der Branche.

Bei der üblichsten Lizenzart – der Lizenzrate – wird eine prozentuale Größe auf eine Bezugsgröße angewendet und das Lizenzentgelt in Abhängigkeit der Entwicklung eines relevanten Werttreibers ermittelt. Für die bereits erwähnte Umsatzlizenz ist die zugrunde liegende Bezugsgröße der Umsatz mit dem Produkt, für das der immaterielle Vermögenswert lizenziert wird. Für die Aussagekraft der Lizenz in Hinblick auf ihre Wirschaftlichkeit ist es besonders wichtig, die Bezugsgröße genau zu definieren (z. B. Bruttoumsatz unter Abzug von Boni und Skonti, Nettoumsatz).[141] Die Höhe des Lizenzentgeltes bestimmt sich somit zum einen durch die Höhe der Lizenzrate selbst, zum anderen durch die zugrunde gelegte Bezugsgröße. Absolut gesehen ist somit eine Lizenzrate an sich weder als hoch oder niedrig einzuschätzen, wenn die weiteren wertrelevanten Parameter nicht bekannt sind.

In bestimmten Branchen sind andere Lizenzentgelte als die Umsatzlizenz üblich. So wird z. B. im IT-Bereich für die Überlassung von Software (z. B. Quellcodes) häufig eine einmalige Pauschallizenz vereinbart.

4.2 Methoden zur Ableitung von Lizenzentgelt

4.2.1 Überblick

Die Herangehensweise für die Ableitung von Lizenzentgelten ist in der Literatur bislang nicht einheitlich systematisiert. Grundsätzlich lassen sich auf der Basis beobachtbarer Vorgehensweisen in der Praxis und in Anlehnung an die Bewertungstheorie drei Methoden unterscheiden (siehe Abb. 41).

Die Wahl der Methode differenziert in der Regel nach dem Bewertungsanlass und dem zugrunde zu legenden Wertkonzept. Eine Lizenzbewertung unter einem subjektiven Wertkonzept, z. B. als Unterstützung für die Verhandlung eines IP-Inhabers mit einem potenziellen Lizenznehmer, sollte die subjektive Position ausreichend analysiert haben und die Argumentation der betreffenden Vertragspartei optimal stützen. Das Verhandlungsergebnis kann dann – analog zu dem Unterschied zwischen Wert und Preis in M&A-Transaktionen – von der analytischen Ausgangsgröße abweichen.

In einem objektivierten Wertkonzept ist sachverständig zu modellieren, welcher Wert sich zwischen (verständigen) rational handelnden Parteien ergeben hätte. Diese Perspektive ist beispielsweise im Rahmen der Schadensermittlung bei gerichtlichen Streitigkeiten einzunehmen. Im Zuge der sog.

141) Vgl. Joppich, B./Nestler, A. (2003), S. 1409–1411; Groß, M./
Rohrer, O. (2008), S. 12 f.

Abb. 41 Systematisierung von Methoden der Lizenzbewertung

Lizenzanalogie ist somit darauf abzustellen, was ein vernünftiger Lizenzgeber bei vertraglicher Einräumung gefordert und ein vernünftiger Lizenznehmer gewährt hätte, wenn beide die im Zeitpunkt der Verletzung des IP gegebene Sachlage gekannt hätten.[142] In diesem Fall ist somit quasi ein typisierter Verkehrswert zu simulieren. Eine ähnliche Simulation ist als objektiviertes Bewertungskonzept z. B. für die Ableitung angemessener Lizenzen im Rahmen der konzerninternen Überlassung von IP durchzuführen. Im Zuge der Berechnung angemessener Konzernverrechnungspreise knüpft das Kriterium der Angemessenheit an dem sorgfältigen und gewissenhaften Geschäftsleiter an. Dementsprechend ist bei solchen Bewertungsanlässen somit die Perspektive von Lizenzgeber und Lizenznehmer zu berücksichtigen.

4.2.2 Methode der marktorientierten Lizenzbewertung

Die einfachste und gebräuchlichste Methode in der Praxis ist die Anlehnung von Lizenzentgelten an andere, in der Branche übliche Lizenzraten. Voraussetzung für diese Vorgehensweise ist, passende Lizenzraten anderer Transaktionen bzw. Vereinbarungen zu finden, die mit dem zu lizenzierenden immateriellen Vermögensgegenstand sowie mit der zu treffenden Vereinbarung der Nutzung vergleichbar sind.

Der Grundgedanke der marktorientierten Lizenzbewertung entspricht dem Prinzip der marktorientierten Unternehmensbewertung bzw. den marktorientierten Methoden der Bewertung immaterieller Vermögenswerte: Vergleichbare Transaktionen werden mit vergleichbaren Preisen bewertet. Im Bereich der Lizenzierung ist dieser Gedanke besonders weit verbrei-

---

142) Vgl. Joppich, B./Nestler, A. (2003), S. 1409 ff.

tet. Ausgangspunkt der marktorientierten Ableitung von Lizenzentgelten ist die Überlegung, am Markt beobachtbare, vergleichbare Lizenzraten zu identifizieren und auf den Bewertungsfall anzuwenden. In der Praxis wird dabei sehr oft die Aussage vertreten, dass in der betreffenden Branche ein bestimmter Lizenzsatz »üblich« sei und daher kein anderes Entgelt verhandelbar ist.

Für die marktorientierte Lizenzbewertung sind zwei Schritte erforderlich:

(1) Recherche geeigneter Marktdaten, d. h. der Lizenzentgelte und der zugrunde liegenden Vereinbarung,
(2) Überprüfung der Vergleichbarkeit mit dem Lizenzgegenstand und gegebenenfalls Anpassung.

Zu (1)

Lizenzvereinbarungen können zunächst aus intern verfügbaren Daten herangezogen werden. Dies hat den Vorteil, dass sowohl die Konditionen als auch die Hintergründe dieser Vereinbarung bekannt und die Informationen zugänglich sind. Andererseits sind solche Vereinbarungen auch höchst vertraulich, sodass sie für Zwecke der Dokumentation angemessener Lizenzentgelte möglicherweise nur bedingt einsetzbar sind.

Die Frage nach angemessenen Lizenzen stellt sich aber insbesondere dann, wenn im Unternehmen eben gerade keine Informationen über Lizenzen vorliegen.

In diesen Fällen sind öffentlich verfügbare Quellen für Lizenzentgelte zu recherchieren. Als öffentlich verfügbare Quellen für Lizenzen werden regelmäßig genannt:

- veröffentlichte Lizenzraten in der Literatur und in der Presse,
- Lizenzraten gemäß der Rechtsprechung,
- Arbeitnehmer-Erfinderrichtlinie sowie
- Datenbanken.

In der Literatur finden sich immer wieder Listen mit marktüblichen Lizenzsätzen für verschiedene Branchen, Produkte oder immaterielle Werte.[143] Aus der Rechtsprechung lassen sich ebenfalls Angaben zu Lizenzen recherchieren, die für die Quantifizierung von Schadensersatz bei der Verletzung von immateriellen Vermögenswerten gemäß der sog. Lizenzanalogie zu-

---

[143] Vgl. z. B. Böcker, H. (1991), S. 82 f.; Groß, M./Rohrer, O. (2008); Groß, M. (2008), S. 228; ders. (1998), S. 1321; ders., (1995), S. 885; Hellebrand, O./Kaube, G./Falckenstein, R. (2007).

grunde gelegt werden. Eine weitere häufig zitierte Quelle für Lizenzraten sind die Richtlinien für die Vergütung von Arbeitnehmererfindungen (»Arbeitnehmer-Erfinderrichtlinie«), die für die Bemessung des Erfinderlohns Lizenzraten empfiehlt (vgl. Abb. 42).[144]

Industriezweig	Lizenzsatz
Elektroindustrie	0,5 % - 5 %
Maschinen- und Werkzeugindustrie	0,3 % - 10 %
Chemische Industrie	2 % - 5 %
Pharmazeutische Industrie	2 % - 10 %

Abb. 42 Lizenzraten gemäß Arbeitnehmererfinderrichtlinie

Darüber hinaus besteht die Möglichkeit, auf spezielle kostenpflichtige Datenbanken zurückzugreifen.[145] Die Daten beruhen z. B. auf der Berichterstattung US-amerikanischer Unternehmen an die SEC. In der Literatur und in den Verwaltungsgrundsätzen wird immer wieder auf die Lizenzkartei des Bundesamtes für Finanzen hingewiesen. In der Lizenzkartei sind Lizenzen hinterlegt, die der Finanzverwaltung vorliegen. Diese Datenbank ist allerdings nur der Finanzverwaltung vorbehalten und nicht öffentlich zugänglich, die Daten werden aber in Angemessenheitsprüfungen bei Steuerpflichtigen regelmäßig herangezogen.[146]

Zu (2)

Voraussetzung für die Anwendung der marktorientierten Ableitung von Lizenzentgelten ist die Vergleichbarkeit der recherchierten Lizenzen hinsichtlich ihrer wirtschaftlichen Parameter sowie des Lizenzgegenstandes mit der beabsichtigten Nutzungsüberlassung.[147]

Die wirtschaftlichen Parameter einer Nutzung und damit die wirtschaftliche Verteilung von Chancen und Risiken sind im Lizenzvertrag geregelt. Wie bereits erläutert enthalten Lizenzverträge insbesondere Vereinbarungen zur räumlichen, zeitlichen und sachlichen Nutzung sowie zur Exklusivität.[148] Neben diesen Bestimmungen werden in Lizenzverträgen finanzielle Verpflichtungen einer Vertragspartei, z. B. für Marketingaufwendun-

144) Vgl. Richtlinien für die Vergütung von Arbeitnehmererfindungen im privaten Dienst vom 20.7.1959, Beilage zum Bundesanzeiger Nr. 156 v. 18.8.1959, geändert durch die Richtlinie vom 1.9.1983, Bundesanzeiger Nr. 169, S. 9994.

145) Z. B. die Datenbanken RoyaltySource oder RoyaltyStat.

146) Vgl. Böcker, H. (1991), S. 73, 79; Kuebart, J. (1995), S. 125 ff.

147) Vgl. auch Bezant, M./Ryan, D. (2006), S. 30 ff.

148) Vgl. zu den Arten der Lizenzverträge Groß, M. (2007), S. 17 ff.

gen, Rechtsschutz sowie für Forschung und Entwicklungsaktivitäten, festgelegt.

Erst die Analyse der wirtschaftlichen Parameter zeigt, ob in der Praxis recherchierte Lizenzraten miteinander und hinsichtlich des Lizenzgegenstands vergleichbar sind. Ein wesentliches Kriterium für die Vergleichbarkeit ist die Abgrenzung der Bezugsgröße. Auch wenn die relative Größe gleich ist, kann die absolute Höhe des Lizenzentgeltes in Abhängigkeit von der Bezugsgröße unterschiedlich sein. Ohne Kenntnis der Bezugsgröße hat die Höhe der Lizenzrate somit einen geringen Aussagegehalt. Gerade im Konsumgütergeschäft, aber auch in vielen anderen Branchen sind Umsätze durch vielfältige Rabattsysteme geprägt. Begriffe wie Nettoumsatz oder Bruttoumsatz sind damit nicht allgemein gültig definiert.

Bei einer am Markt beobachtbaren Lizenz ist davon auszugehen, dass die wirtschaftlichen Parameter der zugrunde liegenden Lizenzvereinbarung implizit eingepreist sind. Ein Lizenznehmer wird eine Vereinbarung mit weltweiter Geltung, exklusiver Nutzung und zehnjähriger Dauer wirtschaftlich anders bewerten als eine alleinige Gebietslizenz für einen Zeitraum von drei Jahren.

Vor diesem Hintergrund sind veröffentlichte Lizenzraten meistens wenig aussagekräftig. Hier handelt es sich in der Regel um tabellarische Zusammenstellungen mit teilweise großen Bandbreiten ohne Angabe der Originalquelle, der Bezugsgröße oder der sonstigen wirtschaftlichen Rahmenbedingungen des Vertrags. Auch die Lizenzentgelte der Arbeitnehmer-Erfinderrichtlinien sind eher unbrauchbar. Die genannten Lizenzsätze beziehen sich nur auf allgemeine Branchen und sind mit sehr großen Bandbreiten dargestellt, sodass sie für Zwecke einer aussagekräftigen Bewertung zu unpräzise sind.

Kritisch sind auch die aus der Rechtsprechung entnommenen Lizenzentgelte zu bewerten. Zum einen handelt es sich um Daten, die im Rahmen eines Rechtsstreits herangezogen und nicht in einer tatsächlichen Lizenzvereinbarung zwischen fremden Dritten verhandelt wurden. Des Weiteren ist schwer nachvollziehbar, welche sonstigen Werteinflüsse, Überlegungen und Bezugsgrößen den dort genannten Lizenzentgelten zugrunde liegen.

Die größte Aussagekraft haben daher in der Regel unternehmensintern verfügbare Vergleichslizenzen bzw. belegbare Erfahrungswerte, wenn die relevanten Parameter bekannt sind. Hier ist allerdings darauf zu achten, dass der jeweilige Lizenzgegenstand vergleichbar sein soll. Wird beispielsweise eine Modemarke im Zuge einer Markenverlängerungsstrategie für Accessoires (z. B. Brillen oder Kosmetik) auslizenziert, liegen den Anwendungsfällen der Lizenz jeweils andere Marktbedingungen und Margen zugrunde.

Für die gleiche Marke muss somit nicht immer die gleiche Lizenzrate angemessen sein. Vielmehr steht für die Frage der Vergleichbarkeit das Geschäftskonzept im Mittelpunkt.

Öffentliche Lizenz-Datenbanken können zumindest in gewissem Umfang Anhaltspunkte liefern, wenn die zugrunde liegenden Lizenzvereinbarungen ebenfalls abrufbar sind oder die Vergleichslizenzen unter Angabe
der wertrelevanten Parameter (wie z. B. Laufzeit, Exklusivität) dargestellt
werden.

Ist die Herkunft eines Lizenzentgelts jedoch nicht transparent, ist diese
Information als Basis für eine neu zu schließende Lizenzvereinbarung in
der Regel von begrenzter Aussagekraft.

Vor diesem Hintergrund ist die Methode der marktorientierten Lizenzbewertung zwar in der Praxis weit verbreitet, aus betriebswirtschaftlicher Sicht
jedoch in Bezug auf ihre Aussagekraft regelmäßig zu hinterfragen.

4.2.3 Methode des Profit Split

Der Methode des Profit Split liegt der Gedanke zugrunde, dass der wirtschaftliche Nutzen, den der Lizenznehmer durch den immateriellen Vermögenswert erzielt, zwischen Lizenznehmer und Lizenzgeber aufgeteilt wird.
Ausgangspunkt bei dieser Methode ist somit das Geschäftsmodell des Lizenznehmers.

Im »klassischen« Profit-Split-Modell werden die erwarteten Ergebnisse
aus der finanziellen Planung vor Berücksichtigung der Lizenzgebühr abgeleitet. Alternativ kann über ein Discounted-Cashflow-Modell eine Differenzbetrachtung angestellt werden, indem simuliert wird, wie sich der Unternehmenswert des Geschäftsbereichs des Lizenznehmers durch die Lizenzierung verändert. Der Mehrwert als Barwert der erwarteten zukünftigen
Cashflows steht Lizenznehmer und Lizenzgeber anteilig zu.

Eine in der Praxis übliche »Daumenregel« ist, dass ein Viertel bis ein Drit-
tel des erwarteten Ergebnisses dem Lizenzgeber zuzurechnen ist, während
der höhere Anteil beim Lizenznehmer verbleibt, der auch das operative Risiko und insbesondere das Kostenrisiko trägt.[149] Dieser Ansatz wird z. B.
auch von der Finanzverwaltung bei einer Angemessenheitsprüfung von Lizenzen gemäß der sog. Knoppe-Formel angewendet. Nach dieser Formel

---

149) Siehe auch Goldscheider, R./Jarosz, J./Mul-
hern, C. (2002), S. 123 ff.; Smith, G. (1997),
S. 161 ff.; für die Ableitung von Lizenzraten
für pharmazeutische Produkte vgl. Jousma,
H. (2005), S. 65.

sollte eine angemessene Vergütung 25 Prozent bis 33 Prozent des vorkalkulierten Gewinns nicht übersteigen.[150]

Bei Anwendung dieser Gewinnaufteilungsregel ergeben sich aus EBIT-Margen zwischen 8 Prozent bis 30 Prozent Umsatzlizenzen, die in einer Größenordnung zwischen 2 Prozent und 10 Prozent liegen.

Diese Aufteilungsregel darf aber nicht pauschal angewendet werden. Vielmehr hängt die Aufteilung des Mehrwerts betriebswirtschaftlich von der Chance-Risiko-Verteilung zwischen den Parteien ab. Je höher die Risiken sind, umso eher wird die Vertragspartei von Chancen profitieren wollen. Ebenso spielt es eine Rolle, welche zusätzlichen Kosten eine Partei für die erfolgreiche Nutzung des immateriellen Vermögenswertes übernehmen muss, da diese Kosten zusätzlich zur Lizenz in die Kalkulation des Lizenznehmers einfließen müssen. Muss ein Lizenznehmer etwa noch umfangreich in den relevanten Markt investieren und Markterschließungskosten tragen, wird die Lizenz tendenziell niedriger ausfallen als in einer Situation, in der der Lizenznehmer unmittelbar den relevanten Markt nutzen kann.

Ein wesentlicher Vorteil dieser Methode ist, dass die Ableitung der Lizenz auf erwarteten Ergebnissen in der Zukunft beruht und folglich mit Unsicherheit behaftet ist. Im Businessplan des Lizenznehmers können wirtschaftliche Parameter, wie z. B. Markterschließungskosten abgebildet werden

Da die Methode des Profit Split den Gedanken der Verteilung des Gewinns aus der Perspektive des Lizenznehmers aufgreift, ist zusätzlich die Perspektive des Lizenzgebers zu prüfen. Bei einer angemessenen Lizenzbewertung sind für die Verteilung der erwarteten Gewinne die jeweils vereinbarten Rechte und Pflichten beider Vertragsparteien einzupreisen.

4.2.4 Methode des umgerechneten Wertes

Angemessene Lizenzentgelte können auch aus dem Wert des zu lizenzierenden Immaterialgutes abgeleitet werden. Diesem Ansatz liegt der betriebswirtschaftliche Gedanke zugrunde, dass die Einnahmen aus einer Nutzungsüberlassung über einen angemessenen Zeitraum den Wert des Vermögenswertes amortisieren sollten und darüber hinaus eine angemessene Rendite zu erwirtschaften ist.[151] Bei dieser Methode wird – soweit er noch nicht vorliegt – in einem ersten Schritt der Wert des immateriellen Vermögenswertes ermittelt. Für die Bewertung von immateriellen Vermögenswer-

---

150) Vgl. Knoppe, H. (1972), S. 102.
151) Vgl. Becker, M. (2003), S. 122 f.

ten kommen im Wesentlichen die drei anerkannten finanziellen Bewertungsmethoden (kostenorientierte, kapitalwertorientierte und marktpreisorientierte Ansätze) in Betracht. Ausgehend von diesem Wert ist in einem zweiten Schritt zu fragen, welche Cashflows aus dem zu lizenzierenden Vermögensgegenstand erwartet werden. Die erwartete Lizenzrate ermittelt sich dann nach folgender Formel:

$$\frac{\text{Bezugsgröße (z. B. Umsatzgröße)}}{\text{IP-spezifische Cashflows}} = \text{Umsatzabhängige Lizenzrate}$$

Formel 26 Umsatzabhängige Lizenzrate

Diese Berechnung ist vordergründig relativ einfach und bringt zum Ausdruck, was ein Lizenznehmer maximal bereit bzw. ökonomisch in der Lage wäre, an den Lizenzgeber zu zahlen. Diese Lizenzrate unterstellt nämlich, dass der Lizenznehmer sämtliche finanziellen Vorteile, die dem lizenzierten IP zuzuordnen sind, dem Lizenzgeber überlassen werden. Eine solche Lizenzrate bildet somit die absolute Obergrenze des Lizenznehmers ab.

So einfach diese Methode aussieht, die Umsetzung hat im Detail viele Facetten. So müssen die Input-Faktoren sehr sorgfältig analysiert und die IP-spezifischen Cashflows herausgearbeitet werden. Ausgehend von dem Wert sind bei der Umrechnung in eine Lizenz somit – analog zu den anderen Methoden der Lizenzbewertung – die Zukunftsperspektive sowie die wirtschaftlichen Parameter des zu schließenden Lizenzvertrages von Bedeutung. Eine ausschließliche Lizenz ohne räumliche Beschränkung für einen langfristigen Zeitraum sollte den gesamten erwarteten Cashflow des Lizenzgebers abdecken. Eine einfache Gebietslizenz mit kurzer Laufzeit muss aber nicht allein die Rendite erwirtschaften. Für eine Umrechnung des Wertes in einen Zahlungsstrom mit angemessener Rendite sind alternative Cashflows aus dem gleichen Vermögenswert ebenfalls mit einzubeziehen.[152]

Insgesamt ist der Wert des immateriellen Vermögensgegenstandes ein guter Anhaltspunkt, welche Rendite der Rechtsinhaber durch Lizenzeinnahmen erwartet. Die so abgeleitete Lizenzrate ist dann auch nur im Hinblick auf die hier zugrunde gelegte Bezugsgröße anwendbar. Vereinbarungen im Lizenzvertrag und finanzielle Berechnung müssen hier somit aufeinander abgestimmt sein, damit das wirtschaftlich gewünschte Ergebnis erzielt wird.

[152] Siehe auch die Beispiele bei Smith, G. (1997), S. 161 ff.

4.3 Kriterien der Lizenzbewertung

Die Anwendung einer der hier dargestellten Methoden ist vom Lizenzgegenstand und von der Datenlage abhängig. Gegebenenfalls sind die Methoden im Einzelfall auch zu modifizieren. Unter dem Gesichtspunkt der Angemessenheit sollte sich die Lizenzbewertung dabei an bestimmten Kriterien orientieren: Betriebswirtschaftlich sollte jede Vertragspartei die wirtschaftlichen Effekte der Lizenzierung kalkulieren und einen Grenzpreis bestimmen, zu dem die Vereinbarung noch wirtschaftlich ist. Die Angemessenheit bestimmt sich danach, was vernünftige Vertragsparteien bei objektiver Berücksichtigung aller lizenzrelevanten Umstände des Einzelfalls vereinbart hätten.[153] Dabei müssen wertbestimmende Faktoren einbezogen werden, die bei freier Lizenzverhandlung auf die Höhe der Vergütung Einfluss nehmen könnten. Leitbild einer vernünftigen Vertragspartei ist dabei die Verfolgung finanzieller Ziele sowie eine Gewinnerzielungsabsicht.

Für die Ermittlung einer Wertuntergrenze aus der Sicht des Lizenzgebers ist zu berücksichtigen, was in den immateriellen Vermögenswert bereits investiert wurde (z. B. in Form von Forschung und Entwicklungstätigkeiten, Marketing, Werbung etc.) bzw. noch laufend weiter investiert wird (z. B. durch Markenpflege). Vor diesem Hintergrund wird der Rechtsinhaber des immateriellen Vermögenswerts mindestens die Amortisation seiner Kosten erwarten, darüber hinaus aber auch eine angemessene Rendite erwirtschaften wollen. Wenn der Wert zum Zeitpunkt der Lizenz sehr hoch ist (z. B. eine starke Marke mit einem sehr hohen Bekanntheitsgrad), kann sich das Potenzial eines immateriellen Vermögenswertes in Zukunft sehr stark entwickeln, sodass die Rendite auch überproportional hoch ausfallen kann.

Auch ein Lizenznehmer sollte unter der Maßgabe der Verfolgung finanzieller Ziele mit der Lizenz in Zukunft eine angemessene Rendite erzielen können. Der Lizenznehmer leistet häufig auch einen wesentlichen Beitrag zur weiteren Nutzung und Pflege des immateriellen Vermögensgegenstandes, was ebenfalls in die Berechnung eingehen sollte.[154] Für die Wirtschaftlichkeitsbetrachtung ist auch die Dauer der Lizenzvereinbarung von Bedeutung, da sich bei langfristiger Vereinbarung Investitionen des Lizenznehmers längerfristig amortisieren. Der Lizenznehmer kann ergänzend die Alternative zur Selbstschaffung eines entsprechenden finanziellen Vermögenswerts prüfen (»Make-or-Buy-Szenario«), falls diese Option überhaupt besteht. Bei einer solchen Alternativbetrachtung ist das unterschiedliche Risikoprofil einzupreisen.

---

[153] Vgl. zum Maßstab der Angemessenheit Blumenberg, J./Kupke, T. (1995) S. 80 ff.

[154] Vgl. hierzu auch Dürrfeld, A./Wingendorf, P. (2005), S. 464, 466.

Aus betriebswirtschaftlicher Sicht ist für die Ermittlung von Lizenzentgelten somit von folgenden Kriterien auszugehen:

- Grundlage der Lizenzbewertung ist die aktuelle Stärke und Werthaltigkeit des zu lizenzierenden Vermögenswertes.
- Ausschlaggebend ist, wie wertvoll diese Ausgangsbasis in Zukunft für den Lizenznehmer und den Lizenzgeber sein wird (Prognose der wirtschaftlichen Entwicklung).
- Bei analytischer Lizenzbewertung ist die Situation zum Zeitpunkt der Vereinbarung ausschlaggebend (Stichtagsprinzip). Die Zukunftsprognose ist zu plausibilisieren. Da es sich um eine Prognose handelt, können sich die zum Stichtag angenommenen Parameter im Zeitverlauf ändern.
- Die Höhe der bisherigen Investition in den immateriellen Vermögensgegenstand ist für den Lizenzgeber von Bedeutung; für den Lizenznehmer sind die in Zukunft noch zu tätigenden Investitionen in den zu lizenzierenden Vermögenswert relevant.
- Die ökonomischen Rahmenbedingungen einer Lizenzvereinbarung, wie z. B. die Laufzeit, der Umfang der Rechte, das Recht zur Unterlizenzierung bzw. Exklusivität, der Umfang der von der Lizenz einbezogenen Produkte bzw. Dienstleistungen, die geografische Reichweite für die Nutzung sowie zusätzliche Kosten (z. B. für weitere Forschungs- und Entwicklungsleistungen), sind Parameter, die die wirtschaftliche Position der Vertragsparteien determinieren.[155]

Vor dem Hintergrund dieser Kriterien ist die in der Praxis übliche marktorientierte Lizenzbewertung als alleinige Methode eher ungeeignet. Grundgedanke bei einer marktorientierten Lizenzbewertung ist, dass die jeweiligen Vergleichsverträge der gleichen Logik folgen müssten wie die abzuschließende Lizenz. In Lizenzverträgen zwischen fremden Dritten können jedoch auch Vereinbarungen zustande kommen, bei denen z. B. überproportional die Interessen einer Partei oder Koppelgeschäfte eingepreist sind. So wie im M&A-Geschäft bei Unternehmenskäufen strategische Aufschläge gezahlt werden, können auch bei Lizenzvereinbarungen die Preise durch zusätzliche Faktoren beeinflusst sein. Gerade wenn es sich z. B. um ein Immaterialgut handelt, das für den Lizenznehmer besonders wichtig ist, weil es nur sehr langfristig selbst entwickelt werden kann, können möglicher-

---

155) Vgl. ebenso Becker, M. (2003), S. 121; Gruetzmacher, R. R./Khoury, S./Willey, T (2000), S. 118 f.; Vögele, A./Borstell, T./Engler, G. (2004), S. 1490.

weise überproportionale Lizenzentgelte erzielt werden.[156] Lizenzverträge können auch Bestandteil einer umfangreichen Transaktion und daher nur Teil eines Gesamtpreises sein. Wird z. B. eine Marke erworben und für ein bestimmtes Produkt eine kostenlose Rücklizenz an den Verkäufer vereinbart, ist diese Lizenz nicht Ausdruck eines wertlosen Immaterialgutes. Vielmehr ist der Wert möglicherweise an anderer Stelle, z. B. in einem geringeren Kaufpreis für die Marke, enthalten.

Schließlich ist es ebenso denkbar, dass sich eine Lizenzvereinbarung später als nicht so vorteilhaft herausstellt, wie die Parteien ursprünglich angenommen haben. Solche Lizenzvereinbarungen sind dann im Rahmen eines Fremdvergleichs nur bedingt aussagekräftig, zumal sich die Rahmendaten geändert haben.

---

156) In diesem Sinne auch Smith, G. (1997), S. 167.

5 Bewertung ausgewählter immaterieller Vermögenswerte

5.1 Marken

5.1.1 Bedeutung der Markenbewertung

Die Bewertung immaterieller Vermögenswerte wird historisch und auch aktuell am intensivsten im Bereich der Markenbewertung aufgegriffen und diskutiert. Bereits seit Anfang der 1990er-Jahre wird das Thema Markenbewertung in zahlreichen Publikationen analysiert.

Die Marke als Medium zur Differenzierung und Individualisierung von Objekten steht dabei traditionell im Mittelpunkt unternehmerischer Tätigkeit. Eine Vielzahl von Studien belegt, dass insbesondere Marken einen außerordentlichen Einfluss auf den Unternehmenswert ausüben. So sind fast 30 Prozent der Marktkapitalisierung des Indexes S&P 500 durch Markenwerte zu erklären. Die Abbildung 43 zeigt für den Zeitraum von 1978 bis 2010 (erwartet) das Verhältnis von Buchwert des Eigenkapitals zur Marktkapitalisierung, wobei sich Letztere insbesondere durch zunehmende Markenwerte erklären lässt.

Die Komplexität der Markenwertmessung als Schnittstelle von finanz- und marketingtheoretischen Ansätzen erschwert die Definition des Begriffs Markenwert. Der Markenwert aus verhaltenswissenschaftlicher Sicht wird vorrangig durch die mit dem markierten Produkt gesammelten Erfahrungen determiniert und ist daher abhängig vom spezifischen Einsatz von Marketingmaßnahmen, die den Aufbau von Markenassoziationen sowie Markenvorstellungen ermöglichen und somit eine Wertschätzung der Konsumenten gegenüber einer Marke induziert. Dieser Markenwert stellt darüber hinaus sowohl die Wahrnehmung der aktuellen Marketingmaßnahmen für Marken durch die Konsumenten als auch die Verinnerlichung vergangener Marketingmaßnahmen dar, die sich im Vertrauen zu einer Marke manifestieren.

Der zu messende verhaltensorientierte Markenwert wird jedoch in der Regel nicht quantifiziert. Vielmehr fließen hier qualitative Daten wie die Markenbekanntheit und innere Bilder der Marke in die Wertermittlung ein, so-

Bewertung von immateriellem Vermögen. Rainer Kasperzak und Anke Nestler
Copyright © 2010 WILEY-VCH Verlag GmbH & Co. KGaA, Weinheim
ISBN 978-3-527-50422-0

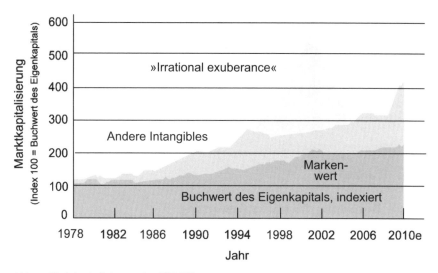

Abb. 43 Marktkapitalisierung des S&P 500
(Quelle: Gezerma, J. (2009), S. 9).

dass sich ein relativer Markenwert bestimmen lässt, der die Markenstärke und damit die relative Gewichtung im Wettbewerbsumfeld widerspiegelt.[157] Diese stark verhaltenswissenschaftlich geprägte Betrachtung der Marke zielt vorrangig auf einen Markenwert ab, der zu Planungs- und Steuerungszwecken im Rahmen des Markenmanagements Relevanz besitzt. Wie bereits in den voranstehenden Kapiteln erläutert, stehen die verhaltensorientierten Ansätze nicht im Fokus dieses Buches.

Demgegenüber ist der finanzielle Wert einer Marke abzugrenzen. Die Marke stellt für den Markeninhaber einen monetären, in Geldeinheiten bewertbaren Vermögenswert dar, der aufgrund der Markierung von Produkten und Leistungen durch einen induzierten Mehrwert zum Ausdruck kommt.

5.1.2 Abgrenzung des Bewertungsgegenstandes

5.1.2.1 Rechtliche Abgrenzung

Marken können rechtlich durch Eintragung geschützt werden. Die materiellen Vorschriften des deutschen Markenrechtes beruhen dabei auf Regelungen der Markenrechtslinie 89/104/EWG. Der deutsche Gesetzgeber definiert in § 3 Abs. 1 Markengesetz (MarkenG) den Begriff Marke als »alle

157) Vgl. Franzen, O. (1994), S. 1626.

Zeichen, insbesondere Wörter einschließlich Personennamen, Abbildungen, Buchstaben, Zahlen, Hörzeichen, dreidimensionale Gestaltungen einschließlich der Form einer Ware oder ihrer Verpackungen sowie sonstige Aufmachungen einschließlich Farben und Farbzusammenstellungen [...], die geeignet sind, Waren oder Dienstleistungen eines Unternehmens von denjenigen anderer Unternehmen zu unterscheiden (Gastkommentar H. Jonas (RA)).«

Eine Marke kann grundsätzlich beim Deutschen Patent- und Markenamt (DPMA) angemeldet werden und ist dort nach erfolgreichem Verfahren registriert. Mit der Eintragung der Marke in das Markenregister erhält der Markeninhaber ein ausschließliches Benutzungsrecht an der Marke für ein vorab definiertes Sachgebiet. Die Schutzdauer der Marke beginnt ab Anmeldung und endet nach zehn Jahren. Durch eine entsprechende Verlängerungsgebühr kann der Schutz entsprechend um weitere zehn Jahre unbegrenzt oft verlängert werden. Demnach besteht anders als beim Patentrecht grundsätzlich keine zeitliche Obergrenze für die Nutzungsdauer von Marken, soweit das Markenrecht fristgerecht immer wieder verlängert wird. Wesentlich für den Erhalt des Markenschutzes ist die Benutzung. Wird eine Marke über einen Zeitraum von fünf ununterbrochenen Jahren nicht genutzt, kann diese möglicherweise untergehen. Der Markenschutz der beim DPMA eingetragenen Marke umfasst die Benutzung in Deutschland.

Für internationale Aktivitäten kann der Markenschutz sich auch auf andere Regionen erstrecken. So kann neben der rein nationalen Markenanmeldung auch eine europäische Gemeinschaftsmarke oder eine international registrierte Marke (sog. IR-Marke) angemeldet werden. Der geografische Schutzumfang wirkt sich in der Regel wesentlich auf die Werthaltigkeit aus, da auf diese Weise der Rahmen für die Erzielung von Cashflows bestimmt wird.

Für Bewertungszwecke ist es somit erforderlich, die Grundgesamtheit der zu bewertenden Markenrechte abzugrenzen und den rechtlichen Schutzumfang zu definieren.

5.1.2.2 Funktionale Abgrenzung

Grundsätzlich lassen sich unterschiedliche Erscheinungsformen von Marken konkretisieren. Sie lassen sich etwa in Herstellermarken und Handelsmarken differenzieren. Während bei Herstellermarken der Produzent der Marke gegenüber den Konsumenten als Produktverantwortlicher auftritt, steht bei Handelsmarken der Handelsbetrieb für deren Qualitätsniveau ein.[158] Die Gruppierung der Marken hinsichtlich des Herstellers ermöglicht zudem eine Unterscheidung zwischen Eigenmarken, die von Unternehmen

---

158) Vgl. Sander, M. (1994), S. 25.

hergestellt und unter eigenem Markennamen am Markt angeboten werden und Fremdmarken, bei denen das Produkt unter einer fremden Marke verkauft wird.

Erfolgt eine Differenzierung von Marken hinsichtlich der Preissegmente, so lassen sich Erst-, Zweit- und Drittmarken unterscheiden. Die Erstmarke (A-Marke), meist hochpreisig positioniert, bildet oft den Ursprung für die Markterschließung. Zweitmarken (B-Marken) sind regelmäßig an die Kundensegmente gerichtet, die von der Erstmarke aufgrund der Preispositionierung nicht erfasst wurden. Als Dauerniedrigpreismarken werden Drittmarken (C-Marken) entwickelt, die dementsprechend preisaggressiv positioniert werden.[159] Hinsichtlich des Markierungsobjekts zeigt sich, dass neben Dienst- und Sachleistungen zunehmend auch Regionen, Städte und Gebäude der Markierung unterzogen werden.[160]

Sofern für die einzelnen Produkte des Anbieters jeweils eine eigene Marke geschaffen und am Markt durchgesetzt wird, werden diese als Produktmonomarken bezeichnet. Eine Dachmarke ist hingegen dadurch charakterisiert, dass alle Produkte und Leistungen eines Unternehmens unter einer einheitlichen Marke angeboten werden. Wird dagegen nur für eine bestimmte Produktgruppe eine einheitliche Marke gewählt, so bezeichnet man diese in aller Regel als Familienmarke.

Marken können verschiedene Funktionen übernehmen. So markiert der Hersteller sein Produkt in erster Linie, um den Konsumenten die Herkunft des Produktes in namentlicher bzw. geografischer Hinsicht zu signalisieren und sich somit durch die Möglichkeit des Aufbaus einer *Unique Selling Position* gegenüber dem Wettbewerbsangebot hinreichend zu differenzieren. Erst durch die Markierung besteht die Möglichkeit des Aufbaus von Loyalität und Treue gegenüber einem Objekt, sodass sich der Markeninhaber vor Preiswettbewerb abschirmen kann. Aufgrund der Vermittlung eines Zusatznutzens für den Konsumenten ist der Produzent darüber hinaus möglicherweise in der Lage, einen Mehrwert im Rahmen der Monopolisierungsfunktion zu generieren.

Für die Konsumenten stehen hingegen die Unterscheidungsfunktion sowie die Qualitätssicherungsfunktion von Marken im Vordergrund. Der Marke kommt grundsätzlich eine Symbolfunktion zu, sodass die Marke in verdichteter Form das Produktbild widerspiegelt. Durch die Kennzeichnung der Objekte mit einer Marke können technisch-physisch gleichwertige Produkte im Wahrnehmungsraum unterschiedlich positioniert werden. Die

---

159) Vgl. Bruhn, M. (1994), S. 29.
160) Vgl. zur Markierung von Gebäuden Nestler, A./Jonas, K.-U. (2005).

5 Bewertung
ausgewählter
immaterieller
Vermögenswerte

Markierung verschafft somit eine Reduzierung des Such- und Informationsaufwandes, da die Produktdifferenzierung gegenüber Konkurrenzprodukten aus Sicht der Konsumenten erleichtert wird. Neben dieser Entlastungsfunktion beim Kauf ist eine weitere Markenfunktion mit der Möglichkeit zur Emotionalisierung verbunden. Durch die Markierung kann ein bestimmtes Lebensgefühl vermittelt werden, wenn sich der Konsument mit dem markierten Produkt identifizieren kann.

5.1.3 Einflussgrößen auf den Markenwert

Die Werthaltigkeit von Marken wird durch ihren rechtlichen Schutz sowie durch interne und externe Werttreiber bestimmt (siehe auch Abb. 44). Die Analyse der entscheidenden Werttreiber ist ein wesentlicher Bestandteil der Bewertungsüberlegungen. Die wesentlichen Werttreiber werden im Folgenden schwerpunktmäßig für Konsumgütermarken angesprochen, die Überlegungen und Anhaltspunkte lassen sich aber in vielen Fällen im Analogieschluss auch auf andere Zielgruppen übertragen.

Zu den internen Werttreibern einer Marke gehören die Faktoren, die aus der Marke selbst resultieren bzw. mittelbar durch den Markeninhaber beeinflusst werden können. Die Stärke einer Marke wird maßgeblich durch ihre Bekanntheit konkretisiert. Sie umfasst die Fähigkeit potenzieller Nachfrager, sich an Markenzeichen zu erinnern bzw. sie wiederzuerkennen und einer gewissen Produktlinie zuzuordnen. Begründet wird dies damit, dass die Bekanntheit ursächlich für die Integration von Marken in den Kaufentscheidungsprozess ist. Darüber hinaus sind die mit der Marke verbundenen Assoziationen bedeutsam. Diese beinhalten die Gesamtheit der Vorstellungen, die ein Konsument mit der Markenpräsentation verbindet. Diese Assoziationen werden aus Konsumentensicht zur Differenzierung von Produktvarianten herangezogen und können zur Bildung von Präferenzen beitragen.

Als externe Werttreiber von Marken werden jene Einflussfaktoren spezifiziert, die verstärkt durch die Gegebenheiten des Marktes determiniert werden. So ist die Attraktivität der Branche ein vom Markt abzuleitender Werttreiber der Marke, der nicht im Einflussbereich des Markeninhabers liegt. Branchen mit einem hohen markenrelevanten Umsatzpotenzial sind zumeist durch Marken mit höheren Werten geprägt als Branchen mit einem niedrigen Umsatzpotenzial. Demgegenüber wirkt sich die Wettbewerbsintensität negativ auf den Markenwert aus. Ausschlaggebend für die Höhe des Markenwertes ist daher das auf dem Markt existierende Markenbewusstsein bzw. die Relevanz der Marke im Kaufentscheidungsprozess.

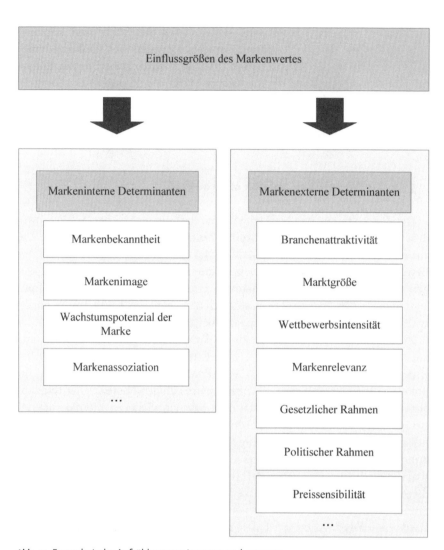

Abb. 44 Exemplarische Aufzählung von internen und externen Einflussgrößen des Markenwertes

Vor dem Hintergrund der Markenrelevanz lassen sich unterschiedliche Determinanten der Markenbedeutung auf dem Markt identifizieren, die ursächlich für die Ausmaße der ökonomischen Markeneffekte sein können. Da die Marke als Einflussfaktor der Kaufentscheidung durch Übernahme bestimmter Funktionen das Informationsdefizit von Kunden mindern kann, erfolgt insbesondere bei hohem finanziellen Kaufrisiko eine stärkere Orientierung an Marken.[161] Als weiteres wertrelevantes Merkmal ist die konsumentenspezifische Preissensibilität zu nennen, wonach bei steigender Preissensitivität die Markenrelevanz auf dem zugrunde liegenden Markt sinkt. Kunden, die sehr preissensibel reagieren, werden möglicherweise ein unmarkiertes Produkt gegenüber einem markierten Produkt vorziehen, da sie den durch die Markierung ausgelösten Zusatznutzen nicht als bedeutsam einstufen. Schließlich lässt sich hinsichtlich des Käuferverhaltens noch der Grad des Involvements, der das Ausmaß der Betroffenheit und das Engagement für einen Sachverhalt subsumiert, als Einflussfaktor der Markenrelevanz identifizieren.[162] Im Rahmen des personenspezifischen Involvements begegnet der Konsument der Eigenschaft Marke mit besonderem Engagement.[163]

Indessen beschreibt das produktspezifische Involvement das Interesse und Engagement hinsichtlich einer spezifischen Produktart. Sind die Konsumenten stark involviert, zeigen kognitiv also großes Interesse an den einzelnen Produkteigenschaften und deren Ausprägungen,[164] so verliert die Marke üblicherweise aus Sicht der Konsumenten an Funktionen. Demnach hat die Marke einen geringeren Einfluss auf den Kaufentscheidungsprozess. Bei niedrigerem produktspezifischen Involvement übernimmt die Markierung wieder stärker ihre Funktionen, sodass der Konsument sich anhand der Marke orientieren, sein Informationsdefizit beseitigen und von der Marke auf einen gewissen Qualitätsstandard des Produktes schließen kann. Während die produktspezifischen Determinanten der Markenrelevanz vom markierenden Unternehmen direkt beeinflusst werden können, liegen die personenspezifischen Einflussfaktoren nicht im Einflussbereich des Unternehmens.[165]

Interne und externe Faktoren und Determinanten des Markenwertes weisen jedoch keine eindeutige wechselseitige Ursache-Wirkungs-Beziehung auf. Darüber hinaus lässt sich allein aufgrund von Werttreibern kein unmittelbarer Wert zuordnen. Ein solcher direkter Zusammenhang wird beispielsweise jedoch immer wieder von Gerichten vermutet.[166] So führt vor allem eine hohe Markenbekanntheit nicht zwangsläufig zu einem hohen

---

161) Vgl. Kriegbaum, C. (2001), S. 261.

162) Vgl. Wiswede, G. (1992), S. 85.

163) Dieses Phänomen trifft verstärkt bei Sammlern zu. In den meisten Fällen ermöglicht die Markierung eines Objektes, dass sich Konsumenten mit dem Objekt identifizieren, sodass über den Konsum bestimmter Markenartikel auch eine Profilierung der Konsumenten erfolgen kann. Vgl. Bekmeier-Feuerhahn, S. (1998), S. 125.

164) Vgl. Kroeber-Riel, W./Weinberg, P. (2009), S. 545.

165) Vgl. Kriegbaum, C. (2001), S. 261 f.

166) So gehen die zuständigen Gerichte in Beschlüssen regelmäßig davon aus, dass sich die Höhe des Schadenersatzes (bei Anwendung der Lizenzanalogie) in erster Linie nach dem Bekanntheitsgrad und dem Ruf des verletzten Zeichens richtet (vgl. z. B. LG Düsseldorf, Urteil vom 23.05.2001, 17 2aO435/00, in: Mitteilungen der deutschen Patentanwälte, 2/2003, S. 89 f.).

finanziellen Markenwert, was zahlreiche praktische Beispiele auch belegen.[167] Nur wenn es gelingt, über die Bekanntheit der Marke erfolgreiche Geschäftsmodelle aufzubauen, lässt sich der Marke auch ein entsprechend hoher Wert zuordnen. Dafür ist es in der Regel erforderlich, mit oftmals hohen Investitionen in das Image, Design, Marketing etc. aus einer Bekanntheit eine Marke zu entwickeln, die zu überproportionalem Umsatz führt.

5.1.4 Anwendung der Bewertungsansätze

5.1.4.1 Marktorientierter Ansatz

Die Grundidee des marktpreisorientierten Ansatzes ist die Ermittlung des Wertes einer Marke durch Bestimmung des Preises mittels der am Markt getätigten Transaktionen einer vergleichbaren Marke.[168] Voraussetzung der Anwendung dieser Methode ist eine genaue Analyse der zu bewertenden Marke hinsichtlich der relevanten Werttreiber und der Vergleich mit den zugrunde liegenden Transaktionen.

Aufgrund der Einzigartigkeit von Marken und der vorherrschenden Intransparenz des Marktes für die Transaktion einzelner Marken ist es oft problematisch, aus dem Markt eine qualifizierte Aussage über Marktpreise abzuleiten. Andererseits sind gerade Marken im Vergleich zu andere immateriellen Vermögenswerten vergleichsweise oft Gegenstand von Transaktionen, sodass hier Vergleichswerte meistens noch am häufigsten veröffentlicht werden. Allerdings wird die Vergleichbarkeit insofern erheblich erschwert, als in Transaktionen meistens größere Asset-Bündel verkauft werden, d. h. nicht nur das reine Markenrecht, sondern auch damit verbundene Domains, gegebenenfalls Vertriebsteams oder Produktionsstätten. Folglich bilden die Marktpreise regelmäßig nicht die Marke allein ab, sondern beschreiben mehrere Vermögenswerte im Verbund.

5.1.4.2 Kostenorientierter Ansatz

Der kostenorientierte Ansatz basiert auf der Fragestellung, was ein potenzieller Investor aufbringen müsste, um eine vergleichbare Marke im Hinblick auf alle Funktionalitäten und Werttreiber aufzubauen. Dieser Opportunitätskostengedanke gibt häufig einen Anhaltspunkt für einen Grenzpreis aus der Sicht des (gedachten) Erwerbers.

---

167) So z. B. die Marken SwissAir, Dresdner Bank, Compaq, Arcor.
168) Vgl. Bekmeier-Feuerhahn, S. (1998), S. 229.

Typische Kosten für einen Markenaufbau sind Eintragungskosten für die Markenrechte, Kosten für das Design sowie Werbe- und Marketingkosten (z. B. für Messeauftritt, Prospekte, Broschüren, Webseite als Teil des Marketingauftritts etc.).

Der kostenorientierte Ansatz ist für die Markenbewertung mit großer Vorsicht heranzuziehen. In Abhängigkeit von der Funktion der Marke kann dieser Ansatz zwar grundsätzlich interessante Anhaltspunkte bieten. Andererseits ist dieser Ansatz – z. B. bei aktiven Konsumgütermarken – eher ungeeignet. Da in dem Wert kein Indiz auf das Markenpotenzial enthalten ist, ist die Aussagekraft deutlich begrenzt. Die Aufwendungen für die Etablierung einer bekannten Marke sind teilweise nur schwer quantifizierbar. Insbesondere kann das Risiko, ob eine neue Marke im relevanten Markt überhaupt erfolgreich positioniert werden kann, kaum quantifiziert werden. Andererseits zeigen praktische Beispiele, dass Opportunitätskostenüberlegungen auch eine Rolle im Transaktionsmarkt spielen und zumindest die Preisbildung auf dem Markt deutlich beeinflussen können.[169]

Insgesamt ist festzuhalten, dass die kostenorientierten Verfahren auch für die Bewertung von Marken – anders als immer wieder konstatiert und auch anders als bei der Bewertung von Unternehmen – nicht pauschal als unangemessen verworfen werden können. Gerade einzelne, isolierte Vermögenswerte können nämlich eher (fiktiv) reproduziert werden als das Zusammenwirken mehrerer Vermögenswerte und weiterer Produktionsfaktoren, wie dies bei einer Unternehmensbewertung der Fall ist. Häufig bilden daher die kostenorientierten Verfahren zumindest Grenzpreise ab und markieren damit Eckpunkte einer Bandbreite plausibler Werte.

5.1.4.3 Kapitalwertorientierter Ansatz

5.1.4.3.1 Lizenzpreisanalogie

Die Lizenzpreisanalogie wird regelmäßig und in der Praxis sehr häufig für die Bewertung von Marken herangezogen. Hintergrund hierfür ist, dass Marken selbst Gegenstand von Nutzungsüberlassungen sind und daher Lizenzraten für diese immateriellen Vermögenswerte vergleichsweise oft vorliegen.

Ein typischer Anwendungsfall der Markenlizenzierung ist die Markenverlängerungsstrategie. Während die Dachmarke zum Kerngeschäft zählt, werden ähnliche bzw. verwandte Produkte unter dieser Marke in der Regel von Lizenzpartnern hergestellt und vertrieben. Besonders oft findet sich diese

---

169) So z. B. die Frage nach dem Erhalt nur einer Marke im Bankenbereich (Dresdner Bank und Commerzbank).

Strategie im Modemarkt. So wird die Hauptmarke im Modebereich vom Markeninhaber selbst genutzt. Das Markenbild prägt das Markenimage und die Zielgruppe. Typische Markenverlängerungsstrategien in diesem Segment umfassen insbesondere Accessoires (z. B. Gürtel, Brillen, Koffer, Taschen, Schuhe, Modeschmuck) sowie Duft- und Kosmetik, aber auch Home-Accessoires (z. B. Tischläufer, Servietten, Badzubehör). Die Strategie der Lizenzierung von Marken als Alternative zur Veräußerung findet sich aber auch in anderen Branchen, beispielsweise wenn ein bestimmtes Produktsegment nicht weiter verfolgt werden soll (z. B. Nahrungsmittel, Kosmetik).

Grundsätzlich ist bei den zu beobachtenden Lizenzraten zu analysieren, inwieweit die Lizenzrate bei einer Markenverlängerungsstrategie zum Bewertungsobjekt passt. Lizenzraten sind dabei nicht (allein) abhängig vom Markenname, sondern in erster Linie vom jeweiligen Produkt und damit dem zugrunde liegenden Markt. Da die unterschiedlichen Produkte verschiedene Margen haben, können Lizenzen aus verschiedenen Märkten nicht unmittelbar übertragen werden. Vielmehr gilt es, Lizenzen aus vergleichbaren Produkten und Märkten zu finden. Wird eine Modemarke beispielsweise an einen Hersteller für Schuhe lizenziert, ist diese Lizenzrate für die Bewertung der Modemarke nicht ohne Weiteres geeignet.

Im Ergebnis ist somit festzuhalten, dass auch in einem aktiven Lizenzmarkt eine fundierte Analyse der eingehenden Parameter unerlässlich ist.

5.1.4.3.2 Mehrgewinnmethode

Aus Sicht des Markeninhabers bestimmt sich der Wert einer Marke aus den ökonomischen Effekten, die durch die Markierung ausgelöst werden. Der markeninduzierte Umsatzeffekt einer Marke kann entweder anhand der erhöhten Preisbereitschaft der Konsumenten oder bei gegebenen Preisen anhand eines höheren Marktanteils gegenüber den konkurrierenden Marken gemessen werden.

Im Kaufentscheidungsprozess wägt der Konsument den Nutzen eines Produktes gegen dessen Preis ab. Der Effekt aus der Markierung eines Produktes zeigt sich in dem Zusammenhang in einer erhöhten Preisbereitschaft für markierte Objekte gegenüber unmarkierten. Begründet wird dies mit den verschiedenen Funktionen der Marke, die aus Konsumentensicht nutzenstiftend wirken. Diese markeninduzierte Wirkung des Preises wird unter dem Begriff »Price Premium« (Preispremium, PP) gefasst und gilt unmittelbar als wertsteigernd. Um diese Wertsteigerung konkretisieren zu können, ist eine differenzierte Betrachtung der Marke und des zugrunde liegenden Objektes erforderlich. Der Preiseffekt einer zu bewertenden Marke ist daher im Rahmen der Differenzbetrachtung des Endverkaufspreises des markierten gegenüber eines unmarkierten Vergleichsobjektes zu isolieren.[170]

In Analogie zum Preispremium kann das markenführende Unternehmen möglicherweise alternativ ein Mengenpremium erzielen, welches ursächlich auf die Marke zurückzuführen ist. Unter dem Mengeneffekt einer Marke ist zu verstehen, dass ein markiertes Produkt gegenüber einem unmarkierten Produkt bei gleichen Preisen eine höhere Menge absetzen kann.[171] Vor allem bei Zweit- und Drittmarken, also im Rahmen einer Billigmarkenstrategie, bei der eine niedrigere Preispositionierung als bei Erstmarken erfolgt, kann ein markiertes Objekt gegenüber einem unmarkierten keinen höheren Preis abschöpfen. Dennoch lässt sich ein markeninduzierter Umsatzteil spezifizieren, da erst durch die Markierung der Konsument zum Erst- bzw. Wiederholungskauf veranlasst wird. Das Mengenpremium einer Marke bestimmt sich ebenfalls durch Differenzbetrachtung – hier jedoch bezogen auf die Absatzmenge – eines markierten Produktes gegenüber der Absatzmenge eines unmarkierten Produktes.

Grafisch lässt sich der markeninduzierte Preis- und Mengeneffekt wie in Abbildung 45 abbilden.

Um die markenspezifischen Cashflows zu ermitteln, ist ein Vergleich zwischen den Cashflows eines markierten Produktes und den Cashflows eines generischen Produktes anzustellen. Unter einem generischen Vergleichsprodukt ist ein qualitätsmäßig gleichwertiges, aber unmarkiertes Produkt zu verstehen, welches als Referenzobjekt verwendet wird. Auch ein markiertes Objekt kann als generisches Vergleichsobjekt herangezogen werden, sofern die Wirkung einer Marke nicht zur Geltung kommt, da die Marke den Konsumenten unbekannt ist und demzufolge keine Assoziationen auslöst. Die Suche nach geeigneten Vergleichsobjekten stellt dabei die größte Herausforderung der Mehrgewinnmethode dar.

Während sich für Produktmarken diese Differenzbetrachtung anbietet, erscheint die Mehrgewinnmethode insbesondere bei der Bewertung von Dach- und Unternehmensmarken weniger geeignet, sofern es hier zumeist an einer eindeutigen Kausalität zwischen den feststellbaren Preisen und den Marken fehlt.

Vorausgesetzt die Mehrgewinnmethode ist anwendbar, sind den markeninduzierten Zahlungszuflüssen die ebenfalls durch die Marke ausgelösten Zahlungsabflüsse gegenüberzustellen. Sowohl die Einführung von Marken

---

[170] Vgl. Sander, M. (1994), S. 19.
[171] Eine Studie von Aaker zeigt die Relevanz des Mengeneffekts. Nach der Mitteilung an die Testpersonen, dass das zu beurteilende Cornflakes-Produkt von Kellog's sei, stieg die Quote zur Kaufabsicht von 47 % auf 59 %. Vgl. Aaker, D. A. (1992), S. 40.

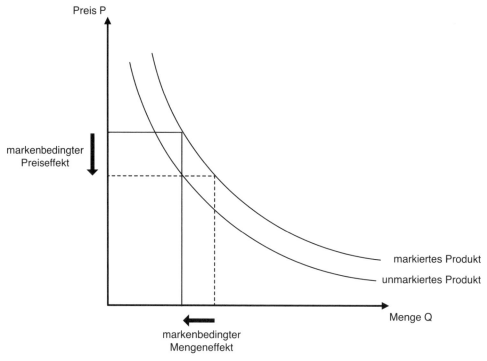

Abb. 45 Grafische Darstellung des Mengen- und Preiseffektes von Marken

als auch das sich anschließende erforderliche Management von Marken verursacht Auszahlungen. Für diese Gegenüberstellung ist es von großer Bedeutung, dass eine hinreichende Differenzierung zwischen den Auszahlungen der Marke und denen des Produkts vorgenommen werden kann. Demnach sind als markeninduzierte Auszahlungen nur jene zu berücksichtigen, die gegenüber dem Angebot eines unmarkierten, aber ansonsten gleichwertigen Produkts zusätzlich anfallen. Hierzu zählen beispielsweise:

- auf personalpolitischer Ebene die Gehälter von Mitarbeitern, die für das Management einer Marke verantwortlich sind;
- auf der rechtlichen Ebene die Auszahlungen der Marke, die beispielsweise für die Verfolgung von Markenrechtsverletzungen anfallen;
- auf distributionspolitischer Ebene ausschließlich markeninduzierte Auszahlungen, die gegenüber der Distribution unmarkierter Produkte zusätzlich anfallen;

- Markenauszahlungen für die Durchführung kommunikationspolitischer Maßnahmen wie die Produktion des Markenzeichens oder spezielle Verpackungsformen, die zur stärkeren Individualisierung der Marke beitragen;
- Werbemaßnahmen, die die Markenbekanntheit fördern und das Image einer Marke aufbauen;
- Auszahlungen für Werbung und Verkaufsförderung sowie Kosten für die Erreichung der gewünschten Markenposition;
- Kosten der Markenpflege und der Positionierung der Marke.

In der Praxis erfolgt teilweise eine pauschale Berücksichtigung der Mehrkosten der Markierung durch entsprechende Aufschläge auf die Herstellkosten des Produkts.[172] Darauf aufbauend erfolgt die Prognose der Markencashflows über einen vorab zu definierenden Bewertungszeitraum, der die Nutzungsdauer der Marke widerspiegelt. Bei einer solchen Vorgehensweise ist eine qualifizierte Schätzung auf der Basis von Erfahrungswerten wichtig, um nicht zu erheblichen Fehlbewertungen zu kommen.

Tabelle 10 zeigt beispielhaft die Bewertung einer Getränkemarke auf Basis der Mehrgewinnmethode.

Der markenspezifische Mehrumsatz, der speziell auf die Getränkemarke Y zurückzuführen ist, leitet sich aus dem Preisvergleich der Getränkemarke mit unmarkierten Vergleichsprodukten ab. Im Beispiel wird für die Getränkemarke Y ein Preis von EUR 1,20 je Flasche kalkuliert, während die unmarkierten Getränke für EUR 1,00 am Markt angeboten werden. Das Preispremium für die Getränkemarke liegt folglich bei EUR 0,20 bzw. 20 Prozent. Mengeneffekte, die auf die Marke zurückzuführen wären, sind nicht vorhanden. Der markenspezifische Mehrumsatz ermittelt sich aus dem Preispremium und der geplanten Absatzmenge des Unternehmens. Der Durchschnittspreis der unmarkierten Getränke erhöht sich um 2 Prozent jährlich. Dabei wird annahmegemäß von einem kontinuierlich abnehmenden Preispremium ausgegangen, weil damit gerechnet wird, dass der markenspezifische Wettbewerbsvorteil langfristig abnimmt.

Zur Ermittlung der markenspezifischen Mehrerlöse ist der markenspezifische Mehrumsatz um die Mehrwertsteuer und die Handelspanne zu verringern. Die Handelspanne liegt im Beispiel (konstant) bei 40 Prozent. Es wird davon ausgegangen, dass die Vergleichsprodukte eine ähnliche Handelspanne aufweisen.

172) Vgl. Kriegbaum, C. (2001), S. 102.

Tab. 10 Bewertung einer Produktmarke mit der Mehrgewinnmethode

Bewertung einer Getränkemarke Y mit der Mehrgewinnmethode		Planung T₁	T₂	T₃	T₄	T₅	T₆	Fortschreibung T₇	T₈	T₉	T₁₀ ...	T₂₀
Preis unmarkierte Vergleichsprodukte EUR/Flasche		1,00	1,02	1,04	1,06	1,08	1,10	1,13	1,15	1,17	1,20	1,46
Preisprämie (%)		20%	20%	18%	18%	16%	15%	15%	14%	14%	12%	3%
Preisprämie (in EUR)		0,20	0,20	0,19	0,19	0,17	0,17	0,17	0,16	0,16	0,14	0,04
Absatzmenge Getränke Y p.a. (Stück)		800	850	870	900	910	910	910	910	910	910	910
Markenspezifischer Mehrumsatz in EUR (brutto)		**160.000**	**173.000**	**162.927**	**171.916**	**157.602**	**150.707**	**153.721**	**146.343**	**149.269**	**130.504** ...	**39.771**
./. Mehrwertsteuer	19%	25.546	27.686	26.013	27.449	25.163	24.062	24.544	23.366	23.833	20.837	6.350
Markenspezifischer Mehrumsatz (netto)		134.454	145.714	136.913	144.467	132.439	126.645	129.177	122.977	125.436	109.667	33.421
./. Handelsspanne (Marken- und unmarkierte Produkte)	40%	53.782	58.286	54.765	57.787	52.976	50.658	51.671	49.191	50.175	43.867	13.368
Markenspezifischer Mehrerlös in EUR		**80.672**	**87.429**	**82.148**	**86.680**	**79.463**	**75.987**	**77.506**	**73.786**	**75.262**	**65.800** ...	**20.053**
Markenspezifische Kosten (Werbung, Verkaufsförderung)		**8.200**	**8.550**	**9.000**	**9.320**	**9.300**	**9.300**	**9.486**	**9.676**	**9.869**	**10.067**	**12.271**
in % der markenspezifischen Mehrerlöse		10,2%	9,8%	11,0%	10,8%	11,7%	12,2%	12,2%	13,1%	13,1%	15,3%	61,2%
Markenspezifisches Ergebnis in EUR		**72.472**	**78.879**	**73.148**	**77.360**	**70.163**	**66.687**	**68.020**	**64.110**	**65.393**	**55.734** ...	**7.781**
./. Unternehmensteuern	30%	21.742	23.664	21.944	23.208	21.049	20.006	20.406	19.233	19.618	16.720	2.334
Markenspezifisches Ergebnis nach Steuern in EUR		**50.731**	**55.215**	**51.204**	**54.152**	**49.114**	**46.681**	**47.614**	**44.877**	**45.775**	**39.014**	**5.447**
Diskontierungsfaktor	10%	0,95	0,87	0,79	0,72	0,65	0,59	0,54	0,49	0,44	0,40	0,16
Barwerte		48.370	47.859	40.348	38.792	31.985	27.636	25.626	21.957	20.361	15.776	849
Markenwert Getränkemarke Y in EUR		**377.218**										

Von den markenspezifischen Erlösen sind die markenspezifischen Kosten abzuziehen, um das markenspezifische Ergebnis (vor Steuern) zu ermitteln. Markenspezifische Kosten sind die Mehrkosten, die beim Anbieter der Getränkemarke Y im Vergleich zu Anbietern unmarkierter Vergleichsprodukte entstehen (z. B. Werbung, Vertrieb, Verkaufsförderung). Annahmegemäß erhöhen sich die markenspezifischen Mehrkosten mit der Inflationsrate von 2 Prozent jährlich.

Nach Abzug der Unternehmenssteuern von etwa 30 Prozent kann das markenspezifische Ergebnis nach Steuern ermittelt werden. Aufgrund der annahmegemäß kontinuierlich sinkenden Preisprämien und der mit 2 Prozent jährlich ansteigenden Mehrkosten reduziert sich das markenspezifische Ergebnis stetig. Nach dem Jahr 20 können die markenspezifischen Erlöse die markenspezifischen Kosten nicht mehr decken, so dass die Marke isoliert gesehen dann nicht mehr profitabel wäre. Im Ergebnis liegt die wirtschaftliche Lebensdauer der Marke bei 20 Jahren.

Bei einem Kapitalisierungszinssatz von 10 Prozent und einer Lebensdauer der Marke von 20 Jahren berechnet sich demnach ein Markenwert von etwa TEUR 377.

5.1.4.3.3 Residualwertmethode

Die Anwendung der Residualwertmethode ist – ähnlich wie bei den anderen immateriellen Vermögenswerten – nur unter bestimmten Bedingungen anwendbar. Erfahrungsgemäß führt gerade die Residualwertmethode zu tendenziell eher hohen Werten.

5.1.4.3.4 Besonderheiten in Hinblick auf die Lebensdauer

Grundsätzlich ist davon auszugehen, dass Marken die ihnen zugedachten Funktionen zeitlich unbegrenzt erfüllen können. Wesentliche Voraussetzungen sind zum einen die entsprechende Verlängerung des Markenschutzes, zum anderen eine kontinuierliche Investition in die Marke. Zahlreiche Beispiele zeigen, dass Marken einen sehr langen Zeitraum überdauern können und dauerhaften Einfluss auf das Konsumverhalten haben (z. B. die blauen Schwerter der staatlichen Porzellan-Manufaktur Meißen, Coca-Cola oder Nivea).

Grundsätzlich zeigt sich bei einer Produktmarke eine hohe Abhängigkeit der Nutzungsdauer der Marke vom Lebenszyklus des zugrunde liegenden Produkts. In aller Regel ist davon auszugehen, dass die ökonomischen Vorteile einer Marke bei fehlenden Investitionen in die Marke mehr oder weniger schnell verloren gehen. Die Frage, über welchen Zeitraum ohne Investitionen noch markenspezifische Cashflows generiert werden können, hängt sehr von der Marke und ihrer Funktion (meistens auch von der Markenstärke) ab.

Die Berücksichtigung einer begrenzten oder unbegrenzten Lebensdauer wird somit vom Bewertungszweck, von den zugrunde gelegten Prämissen und den Alternativen bestimmt. Wesentlich ist, dass in der Bewertung dokumentiert wird, ob die lebensdauerverlängernden Investitionen eingepreist werden oder von einer »fiktiven« Restnutzungsdauer ohne Marketing bzw. vergleichbare Bemühungen ausgegangen wird.

5.1.5 Besonderheiten bei einer Markenbewertung

5.1.5.1 Mögliche Auswirkungen der Markenstrategie

5.1.5.1.1 Dachmarkenstrategie

Im Rahmen einer Dachmarkenstrategie werden alle Produkte eines Unternehmens unter einer einheitlichen Marke am Markt positioniert. Gerade auf Märkten mit einem relativ geringen Innovationsgrad ist es zweckmäßig, eine Dachmarke in den Vordergrund zu stellen und die einzelnen Produkte lediglich durch Produktcodes oder sachliche Ergänzungen an die Dachmarke zu binden. Die Dachmarkenstrategie wird insbesondere dann gewählt, wenn eine Einzelmarkenstrategie ökonomisch nicht sinnvoll ist. Besonders vorteilhaft wird die potenzielle Ausnutzung von Synergien durch die Übertragung der Markenbekanntheit, der Akzeptanz sowie der positiven Assoziationen, die mit der Dachmarke verbunden werden. Umgekehrt kann sich auch der Erfolg in den einzelnen Geschäftsfeldern auf die Dachmarke übertragen und diese stärken. Aufgrund der stärkeren Präsenz der Dachmarke lässt sich regelmäßig ein höherer Markenbekanntheitsgrad feststellen, was wiederum positiv auf den monetären Markenwert wirken kann.

Allerdings besteht die Gefahr, dass diese positiven Effekte durch entsprechende Negativeffekte überkompensiert werden. Gründe hierfür liegen in der relativ geringen Möglichkeit der Profilierung und Individualisierung des Markenkerns einer Dachmarke, da unterschiedlichste Produktarten der Markierung mittels Dachmarke zugrunde liegen und eine zielgruppenspezifische Ausrichtung des Marketing-Mix nur bedingt möglich und somit eine klare Positionierung einzelner Produkte nur schwer durchsetzbar ist.

Bei der Ermittlung des markenspezifischen Cashflows zur Bewertung einer Dachmarke ist ein produktspezifisches Vorgehen erforderlich. Unter der Prämisse der additiven Verknüpfung kann der Wert einer Dachmarke summarisch aus den Wertbeiträgen der mit der Marke gekennzeichneten Produkte bestimmt werden. Allerdings ist diese Prämisse im Einzelfall kritisch zu hinterfragen.

5.1.5.1.2 Familienmarkenstrategie

Demgegenüber beinhaltet eine Familienmarkenstrategie die einheitliche Kennzeichnung einer bestimmten Produktlinie durch eine Marke. Unter einer Marke, der Familienmarke, können mehrere verwandte Produkte geführt werden. Für die unterschiedlichen Produkte einer Familienmarke werden grundsätzlich ähnliche Marketingmixstrategien angewendet. Allerdings dürfen dabei die verschiedenen Produkte auf den Märkten eine eigene Markenpersönlichkeit aufweisen.[173] Da der Aufbau einer neuen Marke in den z. T. gesättigten, tendenziell überbesetzten Märkten immer schwieriger wird, kann eine bereits starke und imageträchtige, gut profilierte Einzelmarke in eine Familienmarke überführt werden, um dadurch schneller, aber vor allem effizienter in neue Märkte einzudringen.[174]

Für den Bewertungsansatz der Familienmarke bedeutet dies, dass analog zur Dachmarkenbewertung zunächst die einzelnen Produkte, die der Markierung unterliegen, zu identifizieren sind. Die Analyse der markeninduzierten Cashflows wiederum ist je Familienmarke durchzuführen, da es üblicherweise nicht möglich ist, die Auszahlungen verursachungsgerecht den einzelnen Produktgruppen zuzuordnen. Dabei kann es eine sinnvolle Annahme sein, dem übergeordneten Bezugsobjekt – der Familienmarke – diese Cashflows als markeninduziert zuzuschreiben.

5.1.5.1.3 Markenkombinationsstrategie

An Komplexität steigt der Bewertungsprozess, wenn eine Markenkombinationsstrategie der Bewertung zugrunde liegt und demzufolge ein Produkt gleichzeitig durch mindestens zwei Markennamen gekennzeichnet ist. Bei der internen Kombinationsstrategie werden unterschiedliche Markierungsstrategien miteinander verknüpft, indem beispielsweise ein Produkt nicht nur durch eine Einzelmarke, sondern gleichzeitig auch durch die Dachmarke gekennzeichnet ist.[175] Der Aufbau einer starken Produktmarke kann somit durch die übergeordnete Kompetenz einer Dach- bzw. Familienmarke gestärkt werden. Bei einer externen Markenkombinationsstrategie – auch Markenallianz genannt – handelt es sich demgegenüber um die Markierung eines Produktes mit mindestens zwei Marken von verschiedenen Markeninhabern. Während beim sog. »Ingredient Branding« der mar-

173) Vgl. Meffert, H. (1992), S. 142.
174) Vgl. Becker, J. (2005), S. 386 f.
175) Vgl. Sattler, H./Völckner, F. (2007), S. 126 ff.

kierte Produktbestandteil von den Konsumenten als eigenständiger Bestandteil der Produkte wahrgenommen wird,[176] kennzeichnen im Rahmen des »Co-Brandings« verschiedene Marken der gleichen Produktionsstufe ein neues Produkt. Der erzielbare Mehr-Cashflow für ein Produkt basiert im Rahmen der internen bzw. externen Markenkombinationsstrategien auf der mehrfachen Markierung des Produktes, sodass eine eindeutige Zuordnung der Cashflows auf die jeweils zu bewertenden Marken erforderlich wird. Vor diesem Hintergrund gestaltet sich die Bewertung von Marken, die in einer Markenkombinationsstrategie aufgehen, in aller Regel äußerst komplex.

Bei der Verwendung eines generischen Vergleichsproduktes müsste bei dieser zweifachen Markenkombinationsstrategie auf dem Markt ein technisch-physisch gleichwertiges Produkt angeboten werden, welches zur Bestimmung des dachmarkenspezifischen Mehrwertes neben der Familienmarke entweder eine No-Name-Dachmarke oder keine weitere Markierung aufweist. Ein Vergleichsobjekt, welches die zu bewertende Familienmarke aufweist, jedoch nicht die Dachmarke, wird am Markt nicht zu identifizieren sein.

Die spezifischen Zahlungsströme einer Marke sind in diesem Fall auch in Abhängigkeit der weiteren Marken der Sach- oder Dienstleistung zu sehen. Aufgrund von fehlgeplanten Marketingmaßnahmen können beim Ingredient Brand Schäden am Markenimage entstehen. Als Folgen ergeben sich eine Verringerung der Zahlungsbereitschaft für das gesamte Produkt bzw. eine Verminderung der absetzbaren Menge. Solche zusätzlichen Risiken sind in die Markenbewertung einzubeziehen.

5.1.5.2 Auswirkung des markierten Produkttyps

5.1.5.2.1. Strukturelle Besonderheiten der Ge- und Verbrauchsgüterbranche
Die Gebrauchsgüterbranche umfasst langlebige materielle Wirtschaftsgüter, die in der Regel mehrfach verwendet werden. Bei Gebrauchsgütern können Marken einen wesentlichen Einfluss auf die Kaufentscheidung ausüben. Zum einen ist der Grad des produktbezogenen Involvements recht stark ausgeprägt, da gegenüber den technischen Produkteigenschaften, wie beispielsweise bei Autos oder Waschmaschinen, ein hohes Informationsbedürfnis vorhanden ist. Zum anderen spielt auch ein hohes personenbezogenes Involvement i. S. des Markeninvolvement in der Gebrauchsgüterbranche eine große Rolle, da sich die Käufer über die Prestigefunktion durch den

---

176) Vgl. Keller, K. L. (1998), S. 286.

Kauf des markierten Produktes gegenüber anderen Konsumenten entsprechend positionieren können.

Im Unterschied dazu sind Verbrauchsgüter kurzlebige materielle Wirtschaftsgüter, die durch einen oder einige wenige Verwendungseinsätze konsumiert werden. Der Verbrauch solcher Güter führt dazu, dass die Wiederkaufzyklen relativ kurz sind und eine entsprechend hohe Kauffrequenz zu beobachten ist. Die Verbrauchsgüterbranche ist dadurch charakterisiert, dass der tägliche Grundbedarf möglichst preiswert und dennoch qualitativ hochwertig gedeckt wird.[177] Die Funktion der Marke umfasst daher im Wesentlichen die Identifizierung, damit Wiederholungskäufe möglich werden. Sie dienen der Qualitätssicherung der Produkte. Demgegenüber verliert die Prestigefunktion von Marken an Bedeutung. Wegen der Einfachheit der Produkte und des relativ geringen finanziellen Risikos ist das produktbezogene Involvement weniger stark ausgeprägt, sodass das Kaufverhalten in dieser Branche stark habitualisiert und daher unbewusst bzw. reflexartig ist.

Bei dieser Marktcharakteristik kann der Fall eintreten, dass sich aufgrund der hohen Preissensitivität die Endverkaufspreise kaum unterscheiden. Bei der Ermittlung des Markenwertes rückt so die markeninduzierte Absatzmenge als Markierungseffekt in den Bewertungsmittelpunkt. Zur Erhebung dieses Mengeneffektes kann im einfachsten Fall auf ein generisches Vergleichsprodukt zurückgegriffen und folglich die direkt am Markt absetzbare Menge des markierten Objektes mit der des unmarkierten verglichen werden. Alternativ erfolgt eine Analyse des Marktes betreffend der konsumierten Mengeneinheiten des markierten Objektes gegenüber dem unmarkierten Objekt.

5.1.5.2.2 Strukturelle Besonderheiten der Dienstleistungsbranche

Die Besonderheit bei Dienstleistungen manifestiert sich in der Immaterialität der Leistungen. Dienstleistungen können nicht auf Lager vorproduziert werden. Aufgrund dieser Immaterialität von Dienstleistungen kann eine direkte Markierung der Leistungen nicht erfolgen. Daher sind die Markierungs- und Differenzierungsmöglichkeiten für diesen Wirtschaftszweig schwieriger durchsetzbar als für Sachgüter. Vielmehr werden zur Markierung interne wie externe Subjekte und Objekte, wie z. B. Gebäude, Fahrzeuge und Kleidung der Mitarbeiter, unterstützend herangezogen.

Die Beurteilung der Qualität bestimmter Dienstleistungen ist wegen mangelnden Fachwissens der Kunden selbst ex post nur eingeschränkt möglich. Daher gewinnen spezielle Schlüsselinformationen wie die Marke ver-

---

177) Vgl. Bruhn, M. (2001), S. 26.

stärkt an Bedeutung und dienen als Bewertungsmaßstab zur Qualitätsbeurteilung.[178] Da die Leistungen oftmals leicht imitierbar sind und viele Dienstleister eine vergleichbare Leistungspalette anbieten, sind aus Kundensicht die Dienstleistungen tendenziell austauschbar. Zudem ist sowohl das produkt- als auch das personenspezifische Involvement relativ niedrig gegenüber einem wahrgenommenen hohen finanziellen Risiko. Gelingt keine Differenzierung über die Vertriebswege oder über den Preis steigt aus Unternehmenssicht die Bedeutung der Marke als Profilierungsinstrument.

Im Rahmen der Bewertung von Dienstleistungsmarken ist daher zu untersuchen, welche ökonomisch wirksamen Effekte allein aus der Markierung von Dienstleistungen entstehen und inwiefern diese sich ebenfalls als isolierbare markenspezifische Cashflows konkretisieren lassen.

5.1.5.2.3 Strukturelle Besonderheiten der Industriegüterbranche

Im Gegensatz zur Ge oder Verbrauchsgüterbranche treten Anbieter und Nachfrager vor dem Hintergrund der Industriegüterbranche größtenteils in Gruppen auf – man spricht auch von Multipersonalität in der Industriegüterbranche. Die Geschäftsbeziehungen haben regelmäßig langfristigen Charakter, wodurch sich ein Vertrauensverhältnis zwischen den Partnern entwickeln kann.[179] Das Angebot richtet sich nicht an einen anonymen Markt, vielmehr werden die gesamten Marketinganstrengungen im Hinblick auf spezielle Kunden gebündelt.[180]

Zur Bewertung von Marken der Industriegüterbranche muss zwischen der Betrachtungsebene der Endverbraucher und der Ebene der Organisationen differenziert werden. Über ein Ingredient Brand beispielsweise kann sich der Komponentenanbieter auch in den Köpfen der Endverbraucher manifestieren, sodass ein Nachfragesog entstehen und der Hersteller des Endproduktes den Komponentenanbieter nicht problemlos austauschen kann.[181] Die Bewertung der Marke des Komponentenherstellers erfolgt bei einem Ingredient Branding daher unter Berücksichtigung der Effekte, die auf der Ebene der Endverbraucher ausgelöst werden. Einer anderen Betrachtungsebene bedarf die Bewertung der industriellen Marke, die nicht wie üblicherweise bei den Endverbrauchern ansetzt, sondern bei den direkten Nachfragern. Solche Marken haben bei den Endkunden auch oft eine wichtige Bedeutung. Für Bewertungszwecke ist somit ein Ursache-Wirkungs-Mapping zu erstellen, um den Wert der Marke vollständig zu erfassen.

178) Vgl. Stauss, B. (1994), S. 92.
179) Vgl. Homburg, C./Krohmer, H. (2006), S. 880–883.
180) Vgl. Merbold, C. (1995), S. 414.

181) So sind beispielsweise die Mikroprozessoren von Intel durch die Markierung mit der Marke Intel Inside auf vielen PCs für die Endverbraucher wahrnehmbar.

5.2 Domains

5.2.1 Analyse der Werttreiber

Das Internet ist heute aus dem Geschäftsleben nicht mehr wegzudenken. Die Präsentation eines Unternehmens und die Vermarktung von Produkten über das Internet sind heute selbstverständlich. Insbesondere Domains werden zum Vertriebskanal von Unternehmen und dienen auch zur Positionierung von Marken. Webseiten und Onlineangebote können strategisch sehr wichtig und daher von erheblichem Wert sein.

Im Jahr 2008 nutzten in Deutschland bereits rund 65,8 Prozent (d. h. 42,7 Mio. Erwachsene) das Internet. Das sind 1,9 Millionen Internet-Nutzer mehr als im Vorjahr (siehe auch Abbildung 46).[182] Die schnelle Entwicklung der Internet-Verbreitung lässt sich durch die steigende Nachfrage nach multimedialen Anwendungen und neuen Vertriebswegen im Netz erklären. Im Jahr 2008 riefen 55 Prozent aller Internet-Nutzer Videos über Videoportale oder Mediatheken ab. Rund 67 Prozent der Internet-Besucher nutzen das Internet zum Einkaufen (2007). Deutschland ist dabei der führende E-Commerce-Markt in Europa. Mehr als 30 Prozent der 2006 in Westeuropa online gehandelten Güter und Serviceleistungen wurden in Deutschland verkauft.[183] Hinzu kommt, dass der Anteil der Unternehmen in Deutschland, bei denen Online-Bestellungen eingehen, von 18 Prozent im Jahr 2006 auf 24 Prozent im Jahr 2007 gestiegen ist.[184] Diese Angaben können als deutlicher Hinweis auf die Bedeutung und den steigenden Wert eines Webauftritts angesehen werden.

Zusätzlich werben deutsche Unternehmen immer mehr im Internet. Online-Werbung ist vor allem für Webseiten relevant, die eine hohe Besucherzahl vorweisen können. Etablierte Geschäftsbereiche wie das Online-Banking zeigen aber auch, dass der Nutzen einer Internetpräsenz für das Unternehmen nicht nur eine Plattform für Information und Marketing ist, sondern auch neue Prozessabläufe ermöglicht. So haben im Jahr 2008 z. B. 33 Prozent der Internetnutzer Online-Banking einmal wöchentlich genutzt.[185]

Ausgangspunkt für die Bewertung ist die Identifizierung der zu bewertenden Domain sowie die Analyse der Funktion der zu bewertenden Domain. Als Domain wird umgangssprachlich die Internetadresse bezeichnet. Eine Domain gliedert sich in der Regel in mehrere hierarchische Strukturen:

182) Vgl. ARD/ZDF-Online-Studie 2008.

183) Vgl. Müller, A./Francis, B./Saal, I./ Koeckeritz, M. (2007).

184) Vgl. Monitoring Informations- und Kommunikationswissenschaft (2008).

185) Vgl. ARD/ZDF-Online-Studie 2008.

(a) Die Top-Level-Domain (TLD) bezeichnet das Land oder den Inhalt der registrierten Domain, wie z. B. .de oder .at (TLD für Deutschland bzw. Österreich) oder .com (TLD für kommerzielle Inhalte);

(b) Die Second-Level-Domain ist der eigentliche Name der Domain, der den Namen eines Unternehmens, eines Produkts oder auch des Inhaltes des Internet-Angebots beinhaltet;

(c) Die Third-Level-Domain oder Sub-Domain ist die Bezeichnung des Servers bzw. Host oder auch administrativ eigenständiger Unterbereiche einer Domain bzw. Second-Level-Domain.

Jede Domain-Adresse kann nur einmal vergeben werden. Eine Domain wird beim zuständigen Network Information Center (NIC) (für die .de-Domain: DENIC) registriert.

Im Gegensatz zu Domains sind Webseiten (auch Internetseiten) elektronische Dokumente, die mit einem Webbrowser von einem Webserver abgerufen werden können. Die Gesamtheit der Webseiten unter einer Internetadresse wird als Internetpräsenz oder auch Webseite bezeichnet. Bei der Bewertung ist somit zu unterscheiden, ob nur die Domain im Sinne der registrierten Internetadresse oder die Webseite, d. h. einschließlich der Gestaltung unter einer bestimmten Internetadresse, Gegenstand der Bewertung ist. Häufig werden Domains auch im Zuge von Markentransfers mit übertragen, sodass ein Bündel von immateriellen Vermögenswerten zu bewerten ist, das sich nur schwer voneinander trennen lässt.

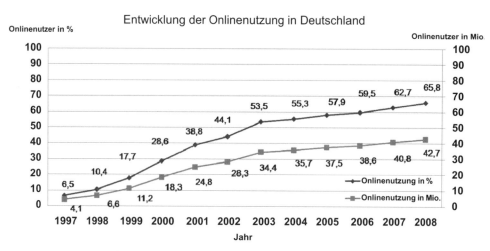

Abb. 46 Entwicklung der Internet-Nutzer in Deutschland seit 1997 (Quelle: ARD/ZDF-Online-Studie 2008)

5 Bewertung
ausgewählter
immaterieller
Vermögenswerte

Im Rahmen der Analyse zu Bewertungszwecken ist die Domain zu klassifizieren. Dabei lassen sich zum einen folgende Domain-Typen unterscheiden:

- markenbezogene Domains, d. h. Domains, die auf Marken verweisen (z. B. www.coca-cola.de) oder ähnlich zu existierenden Marken sind;
- generische Domains, d. h. Domains, deren Namen intuitiv auf den Inhalt der Seite schließen lassen und etwa aufgrund fehlender Markenbekanntheit die Aufmerksamkeit über eine intelligente Bezeichnung erlangen können, z. B. www.urlaub.de (Anbieter von Pauschalreisen);
- Mischformen: Domains mit generischem Inhalt können auch zur Marke werden, sodass die Grenzen zwischen den markenbezogenen Domains und den generischen Domains hier durchaus fließend sein können.

Weiterhin lassen sich Domains nach ihrer Funktion klassifizieren:

- Domain als Internet Business, d. h. die Domain ist die Plattform eines Geschäftsmodells über das Internet, z. B. www.ebay.de.
- Domain als Online-Vertriebskanal, d. h. die Domain stellt neben anderen üblichen Vertriebswegen zusätzlich einen Online-Vertriebsweg dar, z. B. www.mytoys.de (Anbieter von Spielwaren).
- Domain als allgemeines Informationsportal, d. h. die Internet-Adresse ist eine virtuelle Plattform für bestimmte Informationen, z. B. www.yahoo.de.
- Domain als Informations- und Kommunikationsplattform von Unternehmen, z. B. Präsentation eines Unternehmens mit Produktangebot, Unternehmensstruktur, Nachrichten, Finanzdaten und Kontaktadresse, z. B. www.siemens.de.
- Domain als hochfrequentierte Adresse gegebenenfalls ohne spezifischen Produkthintergrund, die sehr viele *clicks* generiert und dabei ein großes Potenzial hat für die Platzierung spezifischer Produkte oder Werbung, z. B. www.google.com.

Die mit den Domains verbundenen Geschäftsmodelle führen zu jeweils unterschiedlichen Werttreibern, die bei der Abbildung der bewertungsrelevanten Cashflows zu berücksichtigen sind.

5.2.2 Bewertungsprinzipien

Voraussetzung für die Werthaltigkeit von Domains ist, dass die Domain registriert und damit vor unerlaubtem Zugriff oder Nutzung Dritter geschützt ist. Weiterhin ist zu prüfen, ob möglicherweise Rechte Dritter an der Domain bestehen. Darüber hinaus steht der Wert der Domain in einem engen Zusammenhang mit den Markenrechten. Bei der Registrierung einer Domain darf das Kennzeichnungsrecht nicht verletzt werden.

Ein Domainname hat nur dann einen wirtschaftlichen Wert, wenn Dritte ihn nicht erfolgreich angreifen können. Im Idealfall besitzt der Domaininhaber für das maßgebliche Territorium zugleich Rechte an einer Marke, die mit dem Second-Level-Domain-Namen identisch ist – diese reichen in der Regel, um das Recht an dem Domainnamen erfolgreich zu verteidigen. Die Verteidigung gelingt meist auch dann, wenn es sich – wiederum in dem betroffenen Gebiet – um einen rein beschreibenden Domainnamen handelt.

Angriffe sind vor den Markenämtern und/oder den ordentlichen Gerichten, aber für viele Top-Level-Domain-Namen (z. B. .com, .org, .eu, .fr, .ch, .tv) auch vor speziellen Streitbeilegungsgerichten möglich. Grundlage derartiger administrativer Verfahren ist die *Uniform Domain Name Dispute Resolution Policy* (UDRP) oder eines ihrer Derivate. Diese Norm wurde im Auftrag der Internet Corporation for Assigned Names and Numbers (ICANN) von der World Intellectual Property Organization (WIPO) geschaffen und 1999 eingeführt, um Streitigkeiten zwischen Markeninhabern und Domaininhabern beizulegen. Der Domaininhaber unterwirft sich bereits anlässlich der Domainregistrierung mit der Registrierungsstelle dem Streitbeilegungsverfahren nach der UDRP. Markeninhaber können als Beschwerdeführer nach der UDRP die Übertragung eines Domainnamens von dem Domaininhaber (Beschwerdegegner) verlangen, wenn:

- der Domainname mit einer Marke, aus welcher der Beschwerdeführer Rechte herleitet, identisch oder verwechslungsfähig ähnlich ist,
- der Beschwerdegegner weder ein Recht noch ein berechtigtes Interesse an dem Domainnamen hat und
- der Domainname bösgläubig registriert wurde und bösgläubig verwendet wird.

5 Bewertung
ausgewählter
immaterieller
Vermögenswerte

Die meisten Fälle nach der UDRP werden von der WIPO entschieden – in 2008 lagen den dort akkreditierten Panelists 2329 Beschwerden betreffend 3958 Domain-Namen zur Entscheidung vor (Näheres unter http://www.wipo.int/amc/en/domains/). Im Schnitt wurden dort in den neun Jahren seit Einführung der UDRP gut 80 Prozent der begehrten Domainnamen übertragen – diese Zahl reflektiert die Natur des Verfahrens, das vor allem für einfach gelagerte Fälle von Cybersquatting gedacht ist und in diesen effizient Abhilfe schafft.

Dr. Brigitte Joppich, RA

Bei der Bewertung einer Domain besteht die Besonderheit, dass in Abhängigkeit der Funktion der Domain sehr häufig keine bzw. nur geringfügige finanzielle Überschüsse erzielt werden.

Im ersten Schritt ist somit zu analysieren, worin der quantifizierbare Nutzen der Domain liegt. Handelt es sich bei Webseiten um ein Instrument, über das die Unternehmen sich und ihre Produkte gegenüber Investoren, Kunden und Lieferanten präsentieren, trägt der Webauftritt beispielsweise zur Erhöhung des Bekanntheitsgrades, zur Verbesserung des Images und zur Kundenbindung bei. Für manche Unternehmen ist das Internet zusätzlich ein – bzw. in manchen Fällen sogar der zentrale – Vertriebsweg für die Produkte (z. B. Online-Geschäfte). Ein Webauftritt ist somit in diesen Fällen als Marketing- und Vertriebsinstrument zu klassifizieren. In einigen Fällen kann der Webauftritt auch eine Prozessverbesserung bedeuten (z. B. Online-Banking, Online-Services der Verwaltung, Beschwerdemanagement, Kunden-Hotline). Der finanzielle Nutzen liegt dann gegebenenfalls in der Kostenersparnis gegenüber herkömmlichen Prozessen.

Ein besonderer Werteffekt kann sich möglicherweise aus den Informationen ergeben, die sich aus der Besucherbasis einer aktiven Domain ergeben. Dabei stellt sich die Frage nach dem Grad der Information über die Nutzer. Parallel zu den Überlegungen, die bei der Bewertung eines Kundenstamms angestellt werden gilt, je mehr Informationen über die Nutzer vorliegen, umso konkreter lässt sich ihr Nutzen für den Betreiber der Webseite und damit ihr finanzieller Wert aus Investorensicht ermitteln. Dabei spielen bei Webseiten Verhaltensweisen wie Frequenz, Dauer und Regelmäßigkeit des Besuches auf der Internetseite eine Rolle. Darüber hinaus werden auch durch Newsletter und Gewinnspiele die Profile der Nutzer (z. B. Name, Alter, Geschlecht, Wohnort, Interessen) transparenter, sodass sich der Nutzen der

Datenbasis aus Marketingsicht erhöhen kann.[186] Diese Datenbasis kann aus der Sicht eines Erwerbers möglicherweise von finanziellem Nutzen sein. Unter diesem Aspekt gibt es einen fließenden Übergang zwischen Domain und Kundenstamm bzw. Domain und Marke.

Vor dem Hintergrund, dass Domains nur in bestimmten Fällen unmittelbar Cashflows generieren, ist für die Domainbewertung grundsätzlich der kostenorientierte Ansatz geeignet. Trotzdem sind auch hier im Einzelfall marktpreisorientierte und – in manchen Fällen – kapitalwertorientierte Bewertungsmethoden zu prüfen.[187]

5.2.3 Anwendung der Bewertungsansätze

5.2.3.1 Kostenorientierter Ansatz

Der kostenorientierte Ansatz basiert auf der Überlegung, welchen Aufwand ein fremder Dritter aufbringen müsste, um ein vergleichbares, funktionierendes Instrument, z. B. in Hinblick auf Marketing und Vertrieb, einzurichten. Eine zusätzliche Werthaltigkeit kann bei einer Domain darin bestehen, dass es sich um einen besonders eingängigen und bekannten Domain-Namen handelt und aufgrund der intuitiven Suche im Netz eine hohe Nutzerzahl die Webseite frequentiert. Bei der Bewertung ist somit zu prüfen, ob ein solcher zusätzlicher Vorteil besteht und auf der Webseite ein regelmäßiger Traffic zu verzeichnen ist.

Als Erstellungskosten kommen vor allem die Kosten für die Registrierung, Suchkosten nach einer adäquaten Bezeichnung, Kosten für ein Gestaltungskonzept (kreativer Teil) sowie die Kosten für die Programmierung (umsetzungsorientierter Teil) in Betracht. Wesentliche Kostenkomponenten sind dabei in der Regel Personalkosten, Kosten für externe Berater sowie Sachkosten (Infrastruktur). Vor diesem Hintergrund werden die zum Bewertungsstichtag erwarteten Reproduktionskosten der Domain bzw. des Webauftritts kalkuliert. Zusätzlich ist die Kostenersparnis des Webauftritts im Vergleich zu einem herkömmlichen Marketing- bzw. Vertriebsinstrument zu prüfen.

Der Vorteil dieser Herangehensweise liegt darin, dass die Daten in der Regel recherchierbar sind oder zumindest aus öffentlich verfügbaren Daten geschätzt werden können. Bei einer Bewertung einer Internetpräsenz aus historischen Kosten ist zu berücksichtigen, dass sich die Kosten für eine Webseitenerstellung heute – allein aufgrund des technischen Fortschritts – ganz

---

186) Die Vorschriften des Datenschutzes sind dabei zu beachten.
187) Vgl. auch Nestler, A. (2005), S. 50 ff.

anders darstellen lassen als in der Vergangenheit. Solche Änderungen sind in der Bewertung zu berücksichtigen und Ineffizienzen sowie Weiterentwicklungen der Webseiten zu eliminieren.

Die ermittelten Werte bieten einen wichtigen Anhaltspunkt für die Größenordnung und sind – bezogen auf den Einzelfall – durch weitere Überlegungen und Analysen zu ergänzen.

5.2.3.2 Marktorientierter Ansatz

Neben dem kostenorientierten Ansatz ist die Bewertung gegebenenfalls durch marktorientierte Informationen zu ergänzen. Domain-Namen, insbesondere generische Domains, können in bestimmten Fällen einen gesonderten Wert darstellen. So zeichnet sich der Wert eines Domain-Namens unter anderem dadurch aus, dass die Adresse nur einmalig vergeben werden kann. Der gleiche Domain-Name kann höchstens durch die Variation der TLD wie z. B. .de, .com, .net, .info oder .org mehrfach verwendet werden. Bei einer Mehrfachverwendung des Namens des Second-Levels mit anderen TLDs ist gegebenenfalls ein Abschlag für einen Verwässerungseffekt einzukalkulieren. Gleichzeitig gilt in der »Internetwelt« die Erfahrungsregel, dass die Kürze und Eingängigkeit eines Domain-Namens mit dem Wert positiv korreliert. Ein kurzer Name hat einen hohen Erinnerungswert beim Nutzer und ein geringeres Risiko für Tippfehler beim Eintragen der Adresse.

Für Domain-Namen werden gelegentlich im Internet Kaufpreise in Ranking-Listen veröffentlicht. Aus diesen Listen können Anhaltspunkte für mögliche Marktpreise abgeleitet werden. Die Preise für Domain-Namen liegen im dreistelligen bis (seltener) sechsstelligen Bereich und variieren somit ganz erheblich. Problematisch an diesen Rankings ist, dass die Rahmenbedingungen der zugrunde liegenden Transaktionen in der Regel nicht bekannt sind. Nähere Informationen über Verkäufer und Käufer, Bedeutung und Akzeptanz der Webseite vor und nach der Transaktion sowie Zeitpunkt der Transaktion würden wichtige Anhaltspunkte für die relevanten Werttreiber der Markttransaktionen geben.

5.2.3.3 Kapitalwertorientierter Ansatz

Die Domains können auch Gegenstand des gesamten Geschäftskonzepts sein. Ein wesentlicher Werttreiber sind die sogenannten Clicks einer Domain, auch genannt als Traffic. Aus diesem Traffic kann man ein bestimmtes Potenzial für eine direkte Kundenansprache ableiten. Umsätze können sich dann aus Werbeeinnahmen, Click-throughs, Links oder Vehikel-Funktionen generieren. Die Anwendung des kapitalwertorientierten Ansatzes setzt somit voraus, dass die Cashflows spezifisch der Domain zugeordnet werden können.

In der nachstehenden Tabelle ist ein Beispiel für ein kapitalwertorientiertes Modell mit der Methode der unmittelbaren Cashflow-Prognose abgebildet. Das dahinter liegende Geschäftskonzept ist in diesem Beispiel eine Internet-Plattform, über das Online-Umsätze generiert werden. Wenn es nur um die Übertragung der Domain geht, ist zusätzlich im Einzelfall zu überprüfen, inwieweit die Separierung dieses Assets von den anderen relevanten Faktoren des Geschäftskonzepts zu Abschlägen führen kann. Abschläge können z. B. durch ein spezifisches Produktangebot, durch Schlüsselpersonen in Marketing/Vertrieb oder anderem Knowhow (z. B. IT-Software) gerechtfertigt sein.

Tab. 11 Beispiel für eine kapitalwertorientierte Domain-Bewertung

Periode		T_1	T_2	T_3	T_4	T_5 ff. (ER)
Domainspezifische Umsätze		**200**	**270**	**310**	**320**	**320**
– zuzuordnende Produktumsätze		50	70	80	80	80
– Werbeeinnahmen		150	200	230	240	240
Domainspezifische Kosten		**165**	**225**	**225**	**265**	**265**
– IT		60	70	70	70	70
– Marketing/Werbung		90	140	170	180	180
– Personal/Verwaltung		10	10	10	10	10
– sonstige Kosten		5	5	5	5	5
Finanzieller Überschuss		**35,00**	**45,00**	**55,00**	**55,00**	**55,00**
Steuern	30 %	10,50	13,50	16,50	16,50	16,50
Überschuss nach Steuern		**24,50**	**31,50**	**38,50**	**38,50**	**38,50**
Kapitalisierungszinssatz	10 %					
Diskontierungsfaktor		0,95	0,87	0,79	0,72	7,16
Barwerte		23,36	27,30	30,34	27,58	275,79
Wert der Domain		**384,38**				

5.3 Patente

5.3.1 Charakterisierung des Bewertungsobjekts

Technische Ideen oder Erfindungen können unter bestimmten Bedingungen durch Patente oder Gebrauchsmuster geschützt werden. Patente und Gebrauchsmuster gehören aus juristischer Perspektive zum Gebiet des Gewerblichen Rechtsschutzes. Das Gebrauchsmuster gilt aufgrund der Ähnlichkeit der schutzfähigen Erfindungen bei einem einfacheren Anmeldeverfahren auch als »kleines Patent«.

Unternehmen verfügen zumeist über eine Vielzahl von Patenten, die in Patentportfolios gebündelt werden.[188] Dabei lassen sich in den Portfolios in der Regel wiederum einzelne Patentfamilien identifizieren. Für die Bewertung ist somit in einem ersten Schritt zu erfassen, ob eine zu bewertende Technologie ein Patent umfasst oder sich auf mehrere Patente aufteilt.

Aus dem rechtlichen Tatbestand der Patenterteilung allein ergibt sich nicht zwingend ein messbarer wirtschaftlicher Wert. Vielmehr steht der Wert eines Patents in Zusammenhang mit der Funktion, den das Patent übernimmt, und zwar – abhängig vom Bewertungsanlass – z. B. aus der Perspektive des Patentinhabers bzw. aus der Perspektive eines potenziellen Vertragspartners.

Patente können im Unternehmen ganz unterschiedliche Funktionen übernehmen, die sich aus den mit dem Schutzrecht einhergehenden Wirkungspotenzialen ableiten lassen:

- Schutzfunktion
- Sperrfunktion
- Finanzierungsfunktion
- Kooperationsfunktion
- Vorratsfunktion
- Reputationsfunktion

Die Schutzfunktion lässt sich durch den Schutz des erfinderischen Tatbestandmerkmals konkretisieren und ermöglicht den Ausschluss Dritter von der Nutzung der Erfindung. Durch diesen Ausschluss besteht die Option für den Schutzrechtsinhaber, zeitlich befristet Monopolerträge aufgrund höherer Preise, gestiegener Absatzmengen oder gesunkener Kosten zu vereinnahmen.

Aufgrund des staatlich erteilten Schutzrechts können Patente auch eine Sperrfunktion übernehmen, durch die eine Störung der Handlungsmöglichkeiten der Wettbewerber erfolgt. Dieses Ausschlussprinzip kann dabei sowohl als klassisches Marktausschlussprinzip wirken als auch durch Besetzung neuer Forschungsfelder künftig zusätzliche Wertbeiträge verursachen.[189] Bei diesen sogenannten Sperrpatenten handelt es sich daher um

188) Vgl. Neuburger, B. (2005), S. 86.
189) Vgl. Kloyer, M. (2004), S. 425.

Patente, deren Anmeldung oder Aufrechterhaltung vorrangig zum Zwecke der Behinderung des Wettbewerbsumfeldes vorgenommen werden, sodass Sperrpatente auch in Hinblick auf mögliche Tauschoptionen von großer Bedeutung sind.

In vielen Unternehmen kommt es immer wieder vor, dass Entwicklungen nicht für das Kerngeschäft genutzt werden, sie sind aber möglicherweise für andere Industrien von Interesse. So haben Unternehmen häufig auch Portfolios von Patenten, die nicht veräußert, aber lizenziert sind. Auf der anderen Seite können Patente auch direkt zur Fremdfinanzierung herangezogen werden, indem das Schutzrecht zur Sicherung von Bankkrediten und Risikokapital Verwendung finden kann.

Während unternehmensübergreifend Patente oftmals die Grundlage von Kooperationen darstellen und vor dem Hintergrund der Tauschmittel- und Stabilisierungsfunktion als Instrumente der Tauschbeziehung dienen[190], können Patente unternehmensintern eine Vorrats- und Flexibilitätsfunktion übernehmen. Demnach können Patente angemeldet werden, deren Verwertung jedoch erst zu einem späteren Zeitpunkt angedacht ist, sodass das Schutzrecht zunächst auf Vorrat gehalten wird. Ziel ist, neben der frühzeitigen Besetzung von Technologiefeldern eine Flexibilisierung der zukünftigen unternehmerischen Handlungsmöglichkeiten zu erreichen.[191] Darüber hinaus besitzen Patente ein Anreiz- und Motivationspotenzial, welches durch den Schutz der Erfindung und damit der Gewährung eines zeitlich befristen rechtlichen Monopols ausgelöst wird. Aufgrund der Informationsfunktion von Patenten durch die Veröffentlichung der Erfindung lässt sich eine Steigerung der Patentaktivitäten auch als Erfolgsindikator eines Unternehmens interpretieren. Insofern können Patente auch eine positive Signal- und Reputationsfunktion übernehmen.[192] Eine Studie der europäischen Kommission zeigt, dass die Mehrzahl der Patente zur Verwertung im Unternehmen bzw. zur Lizenzierung gehalten wird (vgl. Abb. 47).[193]

Aus der Perspektive des Patentinhabers prägen die übernommenen Funktionen eines Patents daher auch ihren finanziellen Wert. Während einige Patente zur Verwertung gehalten werden, wird bei anderen Patenten die Verwertung unterlassen, da die Sperrwirkung zur Sicherung von Technologiefeldern im Vordergrund steht. Der Wert eines Patents ist demzufolge stark an der funktionellen Ausrichtung des Patents aus der Perspektive des Patentinhabers bzw. des potenziellen Patentinhabers geknüpft.

190) Vgl. Burr, W./Stephan, M./Soppe, B./Weisheit, S. (2007), S. 42–43.

191) Vgl. Mazzoleni, R./Nelson, R. R. (1998), S. 275–276; Hermans, J. P. (1991), S. 87.

192) Vgl. zu Knyphausen, D. (1993), S. 784.

193) Vgl. Europäische Kommission (2006), S. 10–12.

5 Bewertung
ausgewählter
immaterieller
Vermögenswerte

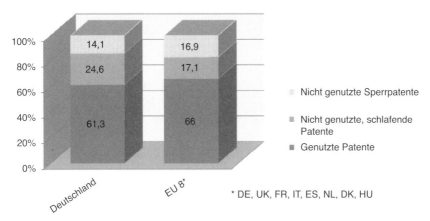

Patente in Abhängigkeit ihrer Nutzung nach Ländern
(Untersuchungszeitraum 1993 - 1997)

Nicht genutzte Sperrpatente

Nicht genutzte, schlafende Patente

Genutzte Patente

* DE, UK, FR, IT, ES, NL, DK, HU

Abb. 47 Nutzungsabhängigkeit von Patenten nach Ländern
(Quelle: Europäische Kommission 2006)

5.3.2 Rechtlicher Rahmen

Der primäre Zweck der staatlichen Patentvergabe ist die zeitlich befristete Sicherung der potenziellen Vereinnahmung von mit der Erfindung einhergehenden monetären Vorteilen durch den Patentinhaber. Nach Ablauf des Patentschutzes oder bei Löschung des Patents verliert das Schutzrecht an Bedeutung, während die Erfindung, auf der das Patent beruht, selbst weiterhin grundsätzlich nutzbar sein könnte. Die Möglichkeit des rechtlich durchsetzbaren Ausschlusses der Wettbewerber von der Nutzung der Erfindung geht jedoch mit dem Untergang des Schutzrechts verloren. In der Regel ist die dem Patent zugrunde liegende Technologie nach Ablauf der rechtlichen Schutzdauer auch überaltet (technologische Obsoleszenz). Gleichzeitig wäre der ökonomische Nutzen allenfalls marginal, da durch die Anmeldung zum Patent die Technologie öffentlich wird und daher allgemein nutzbar (ökonomische Obsoleszenz).

Für Patente und Gebrauchsmuster gilt das Territorialprinzip. Das bedeutet, dass der Schutz nur für das Land gilt, für das es erteilt bzw. eingetragen wird. Folglich können Patente bei den nationalen Behörden (z. B. für Deutschland durch das Deutsche Patent- und Markenamt, DPMA) oder auch für Vertragsstaaten auf Basis supranationaler Verfahren erteilt werden. Von besonderer praktischer Bedeutung ist hier das Europäische Patent.

183

Die beim Deutschen Patent- und Markenamt angemeldeten Erfindungen werden dort zunächst registriert und im Anschluss der Öffentlichkeit zur Verfügung gestellt. Der Patentinhaber und die patentierte Erfindung werden dann in die Patentrolle eingetragen, wodurch eine Bekanntmachung der Erfindung und Legitimation des Schutzrechtsinhabers erfolgt. Mit dieser Offenlegung der Patentschrift können Opportunitätskosten entstehen, da möglicherweise erst durch die Veröffentlichung des Patents die Aufmerksamkeit des Wettbewerbsumfelds auf die Erfindung und das zugrunde liegende Forschungsfeld gelenkt wird und somit Imitations- oder Substitutionsaktivitäten seitens der Wettbewerber initiiert werden.

Die maximale rechtliche Laufzeit eines Patents beträgt 20 Jahre bzw. die eines Gebrauchsmusters zehn Jahre, beginnend mit dem Tag, der auf den Tag der Schutzrechtsanmeldung folgt. Diese Schutzrechtswirkung ist territorial beschränkt und gilt nur, sofern vom Wettbewerb nicht Einspruchs-, Beschwerde- oder Nichtigkeitsverfahren eingeleitet und durchgesetzt werden. Im Rahmen der Patentanmeldung beim DPMA werden für die Erwirkung des nationalen Rechtsschutzes neben Patentamtsgebühren unter Umständen auch Kosten für die Übersetzung der Patentschrift fällig. Darüber hinaus werden während der Laufzeit eines Patents ab dem dritten Jahr kontinuierlich steigende Zahlungen zur Aufrechterhaltung der Schutzrechtswirkung erforderlich, andernfalls erfolgt eine Löschung des Patents.

Mit Erteilung des Schutzrechts erhält der Patentinhaber ein Verwertungsausschlussrecht der Erfindung, welches beschränkt oder unbeschränkt auch an Dritte übertragen werden kann. Während bei der unbeschränkten Rechtsübertragung der Patentinhaber sämtliche Rechte an der Erfindung an einen Dritten abtritt, verbleibt bei einer beschränkten Übertragung der Erfindungsrechte ein wesentlicher Bestandteil beim Erfinder, sodass es in Abgrenzung zum vollständigen Transfer der Rechte lediglich zu einer Abspaltung des Vollrechts im Rahmen eines Lizenzrechts kommt.

Neben der Verwertung von Patenten über die Vergabe von Lizenzen an dem Schutzrecht ist auch eine eigenständige Verwertung durch Umsetzung der technischen Erfindung im Unternehmen oder am Markt möglich. Die ökonomischen Effekte aus der Verwertung der Erfindung sind abhängig von der Art der Erfindung und den Patentansprüchen. Während z. B. Erzeugniserfindungen vorrangig unternehmensextern aufgrund einer Wahrnehmungsänderung des Angebots zu einer Umsatzsteigerung führen, zeigen sich die Effekte der Umsetzung einer Verfahrenserfindung häufig eher unternehmensintern über eine Kostensenkung. Diese Kostensenkungseffekte ergeben sich beispielsweise im Zusammenhang mit einem geringeren Materialeinsatz bzw. aus der veränderten Kombination der Materialien oder durch eine Verkürzung des Fertigungszyklus. Weitere Beispiele sind Verringerungen beim Energieverbrauch oder eine Verminderung des Fertigungsausschusses.

Aus finanzieller Perspektive ist zu berücksichtigen, dass häufig erst die Anwendung auf einen wirtschaftlichen Zweck die ökonomische Bedeutung eines Patents konkretisiert. Daher hat die betriebswirtschaftliche Bewertung eines Patents vor dem Hintergrund des zugrunde liegenden ökonomischen Nutzens und damit verbunden auch in Bezug zu dem bestehenden oder potenziellen Verwertungsprozess zu erfolgen.

5.3.3 Indikatoren für die Werthaltigkeit

5.3.3.1 Rechtliche Einflussfaktoren

Die Werthaltigkeit von Patenten wird in erheblichem Umfang von rechtlichen Parametern bestimmt.[194]

Von großer Bedeutung ist das Alter des zu bewertenden Patents. Mit zunehmendem Alter des Patents verringert sich die Restlaufzeit des Schutzrechts und es veraltet auch die dahinterstehende Technologie. Die Besonderheit bei Patenten im Vergleich zu anderen immateriellen Werten ist, dass spätestens mit Ablauf des Patentschutzes die Lebensdauer begrenzt ist, meistens ist die wirtschaftliche Nutzungsdauer aber eher kürzer. Andere immaterielle Vermögenswerte, wie z. B. Marken, können hingegen durch regelmäßige »Investitionen« werthaltig bleiben bzw. noch an Wert gewinnen. Werbung kann als eine solche werterhaltende und gegebenenfalls wertsteigernde Investition in eine Marke verstanden werden.

Als weiterer Indikator ist der Schutzumfang eines Patents zu nennen. Mit zunehmendem Schutzumfang wächst das rechtlich gesicherte »Monopol« und folglich die potenziell erzielbaren Erfolgsbeiträge. Darüber hinaus ist der Anwendungsbereich des Patents ein wesentlicher wertrelevanter Faktor. Die Patentansprüche fixieren schließlich das Wirkungsumfeld des rechtlichen Monopols, sodass zwischen der Zahl der Ansprüche und dem Wert des Patents ebenfalls ein positiver Zusammenhang festzustellen ist. Von wesentlicher wertbestimmender Bedeutung ist ferner der regionale Umfang. Der Bewerter benötigt somit Informationen über die Länder, in denen das Schutzrecht Gültigkeit besitzt.

Auch können rechtliche Auseinandersetzungen als bedeutender wertbeeinflussender Faktor identifiziert werden. Untersuchungen zeigen, dass ein

---

[194] Vgl. im Überblick Moser, U./Goddar, H. (2008), S. 155 ff.

Patent, gegen das Einspruch eingelegt wurde, nach überstandener Auseinandersetzung wertvoller ist als Patente, gegen die kein Einspruch eingelegt wurde. Hierbei wird auf den sogenannten Konfliktwert eines Patents abgestellt.[195)] Gleichzeitig kann ein offener Patentstreit in Abhängigkeit vom Stand des Verfahrens aber auch wertvermindernd wirken. Folglich ist für Bewertungszwecke der rechtliche Schutzumfang zu erheben.

In der Literatur findet sich auch immer wieder der Hinweis darauf, dass die Zahl und Art der Zitation von Patenten ein Indikator für die Werthaltigkeit von Patenten sein können (sog. Zitationsanalyse).[196)] Dabei wird zwischen Rückwärtszitation und Vorwärtszitation unterschieden. Die Rückwärtszitation umfasst die Einordnung des Patents in die Zusammenfassung und Veröffentlichung des gegenwärtigen Stands der Technik, wodurch die Attraktivität des technologischen Umfeldes reflektiert wird. Dabei ist insbesondere zwischen Rückwärtszitaten in Patentliteratur und Nichtpatentliteratur zu unterscheiden. Sofern vorrangig Nichtpatentliteratur zitiert wird, liegt die Vermutung nahe, dass die Erfindung auf Ergebnissen der Grundlagenforschung basiert. Bei Zitierungen, die hingegen verstärkt auf Patentliteratur zurückgreifen, deutet dies auf ein wirtschaftlich sehr interessantes Technologiefeld hin.[197)] Der Begriff Vorwärtszitation umschreibt hingegen die Tatsache, dass ein gewährtes Patent als der gegenwärtige Stand der Technik für nachfolgende Patente eingestuft wird und aufgrund der Zitation bei den folgenden Patentanmeldungen eine gewisse Bedeutung in diesem Forschungsfeld aufweist.

Die Überlegungen zur Zitationsanalyse basieren allerdings primär auf der Sichtweise der Erfinder. Es ist fraglich, inwieweit eine Zitationsanalyse tatsächlich konkrete Hinweise auf die finanzielle Werthaltigkeit liefern kann und eine solche Analyse für eine finanzorientierte Bewertung überhaupt geeignet ist.

5.3.3.2 Einfluss von Patentstrategie und Patentfunktion

Patentstrategie und Patentfunktion sind wesentliche Parameter für die finanzorientierte Bewertung. Eine Schwierigkeit liegt in der Bewertung von Patentportfolios. Oftmals ist es nicht möglich, das einzelne Patent dezidiert zu untersuchen. Empirische Studien aus Deutschland und den USA zeigen, dass in einem Patentportfolio ca. 10 Prozent der Patente 81 bis 93 Prozent

---

195) Vgl. Wurzer, A./Reinhardt, D. (2006), 4, Rz. 60 f.; Harhoff, D./Scherer, F./Vopel, K. (2003), S. 1352.

196) Vgl. Harhoff, D./Scherer, F./Vopel, K. (2003), S. 1351.

197) Vgl. u. a. Harhoff, D./Scherer, F./Vopel, K. (2003), S. 1350 ff.

des gesamten Portfoliowertes ausmachen.[198] Demzufolge kann der Wert eines Patentportfolios in bestimmten Fällen approximativ auf der Basis weniger, bedeutsamer Patente bestimmt werden. Die Top-Patente können anhand von verschiedenen Indikatoren wie den Signalen des Patentamtes, der Wettbewerber oder des Patentinhabers identifiziert werden. Ziel ist es, die wichtigsten Schlüsselpatente zu bestimmen, welche den größten Wertbeitrag für den Unternehmenswert liefern und diese schließlich finanzorientiert zu bewerten.

Auch wenn das einzelne Patent mangels Verwertung keinen finanziell messbaren Wertbeitrag leistet, besteht die Möglichkeit, dass das Patent im Rahmen eines Patentportfolios und demzufolge im Zusammenspiel mit weiteren Patenten einen ökonomischen Wertbeitrag liefert. Darüber hinaus kann das Patentportfolio als Ganzes im Gegensatz zum nicht verwerteten Einzelpatent beispielsweise durch Auslizenzierung einer Verwertung zugeführt werden.[199]

Da nicht jede Erfindung zum Zwecke der unmittelbaren Verwertung, sondern z. B. auch für die Erzielung einer Sperrwirkung zum Patent angemeldet wird, ist auch die spezifische Patentfunktion für die Bewertung des Schutzrechts von Interesse. Insbesondere bei der Wertermittlung von Sperr- und Vorratspatenten ist auf einen unternehmensspezifischen Wertbeitrag des Patents abzustellen, da die Gründe der Nichtverwertung dieser Patente stets unternehmensspezifischen Charakter haben. So kann es durchaus vorkommen, dass eine Erfindung zur Abgrenzung des Wettbewerbsumfelds zum Patent angemeldet wird. Wäre das Schutzrecht hingegen im Besitz eines Wettbewerbers, kann aus dieser Perspektive eine Verwertung der Erfindung einen höheren Wertbeitrag liefern als die Nichtverwertung durch den Erfinder. Daher ist der Wert einer patentierten Erfindung, die weder unternehmensintern genutzt noch am Markt platziert oder verwertet wird, subjektiv maßgeblich durch die Gründe der Nichtverwertung zu erklären.

Obwohl diese schlafenden Patente direkt keinen monetären Wertbeitrag liefern, existiert durch den Besitz eines solchen Patents ein potenzieller strategischer Wettbewerbsvorteil. Aufgrund des möglichen Ausschlusses der Wettbewerber von der Nutzung der patentierten Erfindung ist auch diesen Patenten ein Wert zuzuschreiben.[200] Anderenfalls wären die Anmeldung zum Schutzrecht und die Aufrechterhaltung des Patents vor dem Hintergrund der damit einhergehenden Kosten ökonomisch nicht begründbar. Die Bewertung dieser schlafenden Patente kann sich z. B. an den Opportunitäts-

---

198) Vgl. Schankermann, M./Pakes, A. (1986), S. 1067.
199) Vgl. Lemley, M. A./Shapiro, C. (2005), S. 81.
200) Vgl. Harhoff, D./Scherer, F./Vopel, K. (2003), S. 1347.

kosten orientieren. Mit der Blockade des Marktes durch das Sperrpatent kann das Unternehmen beispielsweise die Verwertung des Basispatents gegenüber dem Wettbewerb sichern, so dass der subjektive Wert dieses Sperrpatents in einer Verringerung der Kapitalkosten des Basispatents zum Ausdruck kommt.

Während bei direkter Verwertung des Ausschlusspatents neben der möglichen Verwertung auch der tatsächliche Verwertungsprozess der Bewertung zugrunde gelegt werden kann und dadurch eine subjektive Betrachtung des Patentwertes ermöglicht wird, ist bei der objektivierten Bewertung von Patenten, die nicht (Sperrpatente) oder noch nicht verwertet werden (Vorratspatente), grundsätzlich von einem potenziellen Verwertungsprozess auszugehen. Sofern es auch bei der Bewertung von Tausch- oder Lizenzpatenten an einem bereits eingeleiteten Verwertungsprozess fehlt, ist zur Ermittlung des Tauschwertes oder der Bestimmung der Lizenzbasis ebenfalls auf ein allgemeingültiges Verwertungspotenzial aufzusetzen. Alternativ kann auch bei der Wertermittlung von Sperr- und Vorratspatenten auf einen unternehmensspezifischen Wertbeitrag des Schutzrechts abgestellt werden, der aus den subjektiven Gründen der Nichtverwertung dieser Patente resultiert. Sofern auch die Verwertung des Vorratspatents ausbleibt, ist zu prüfen, inwiefern das Aufrechthalten des Schutzrechts weiterhin von Bedeutung ist. Entfaltet das Vorratspatent keine relevante Sperrwirkung, liefert keine Tauschbasis und bleibt die Verwertung der Erfindung oder des Schutzrechts durch Lizenzierung aus, besitzt dieses Patent kein monetär messbares Wertpotenzial.

5.3.3.3 Einfluss durch den Verwertungsprozess

Zur Messung des Patentwertes ist grundsätzlich der Frage nach den ökonomisch zuzuordnenden Effekten eines Patents nachzugehen. Erst durch die identifizierte Nützlichkeit und Konkretisierung des Anwendungsfeldes der Erfindung ist die Nachfrage nach dem Produkt, in dem die Erfindung aufgeht, ökonomisch zu begründen. Daher zeigt sich der enge Zusammenhang zwischen der Bewertung eines Patents und dem Verwertungsprozess des spezifischen Schutzrechtes.

Während durch die Verwertung der Erzeugniserfindung am Markt Preis- bzw. Mengeneffekte erzielt werden, die zu einer Umsatzsteigerung führen können, erfolgt im Rahmen der Verwertung einer patentierten Verfahrenserfindung die Sicherung oder effizientere Gestaltung der Herstellungsprozesse. Für bereits bekannte Erzeugnisse können darüber hinaus neue Eigenschaften oder Verwendungsformen mithilfe von Verwendungspatenten geschützt werden. Daher ist neben der Art der patentierten Erfindung auch die Beurteilung der Erfolgschancen der Erfindung auf dem Markt bzw. im Unternehmenskontext für die Patentbewertung relevant. Die Länge des Bewertungszeitraums wird vor diesem Hintergrund durch den Zeitraum der Verwertung determiniert, in dem eine erfolgreiche Umsetzung der patentierten Erfindung möglich ist.

Die positive ökonomische Wirkung von Patenten entfaltet sich üblicherweise erst nach einem gewissen Zeitraum, da zwischen der Anmeldung zum Patent und der ökonomischen Wirkung durch die erfolgreiche Verwertung eine zeitliche Verzögerung besteht. Bei in Deutschland angemeldeten Patenten ist eine Umsatzsteigerung beim Patentinhaber oftmals erst nach ca. zwei bis drei Jahren nach der Schutzrechtsanmeldung nachweisbar.[201]

Sofern die Schutzbereiche von patentierten Erfindungen ineinandergreifen, können bei der Verwertung der Patente Abhängigkeiten entstehen. Bei Verwendungspatenten zeigt sich beispielsweise, dass die Verwertung der Verwendungserfindung abhängig von Lizenzvereinbarungen mit dem Inhaber des zugrunde liegenden Erzeugnis- oder Verfahrenspatents ist.[202] Darüber hinaus lassen sich verstärkt Patentabhängigkeiten aufgrund der wachsenden Patentdichte zwischen älteren und jüngeren Erfindungen identifizieren, sodass die Verwertung der jüngeren patentgeschützten Erfindung nur bei Lizenzvergabe der älteren Patente möglich wird. Im Rahmen der Patentbewertung ist dann zu prüfen, ob und inwiefern diese Kosten der Lizenzierung weiterer Patente, die für die Verwertung des zu bewertenden Patents erforderlich sind, zusätzlich berücksichtigt werden müssen. Gewährleisten die Lizenzraten, auf deren Basis die Lizenzpreisanalogie gerechnet wird, eine vollumfängliche Verwertung der Erfindung, kann davon ausgegangen werden, dass eine zusätzliche Berücksichtigung der Verwertungskosten zu einer Doppelerfassung führen könnte.

5.3.4 Anwendung der Bewertungsansätze

5.3.4.1 Marktorientierter Ansatz

Im Rahmen der Analogiemethode der marktorientierten Bewertungsverfahren werden bereits gehandelte Patente mit dem Bewertungsobjekt verglichen und vor dem Hintergrund der Vergleichbarkeit der Patente auf eine

---

201) Bei einer europäischen Patentanmeldung stellt sich gegenüber der nationalen Anmeldung zwar ein stärkeres Umsatzwachstum ein, allerdings ebenfalls erst nach ca. drei Jahren. Vgl. Ernst, H. (2001), S. 155.

202) Vgl. Verband Forschender Arzneimittelhersteller e. V. (2005), S. 11.

Analogie der Preise für die Patente geschlossen. Die Bedingungen und Parameter dieses Analogiegedankens sind für Patente üblicherweise insofern nicht gegeben, da es dem Bewerter an einer hinreichend großen Basis an gehandelten Patenten fehlt, die zudem unter vergleichbaren Bedingungen zeitnah zum Bewertungszeitpunkt am Markt transferiert wurden. Hinzu kommt, dass selten isolierte Patente veräußert werden. Vielmehr wird die Nutzung eines Patents durch einen Dritten vereinbart, wobei eine exklusive, weltweite Nutzung einer Veräußerung praktisch sehr nahe kommt. Vor diesem Hintergrund bieten Nutzungsverträge (d. h. Lizenzverträge) sehr gute Anhaltspunkte für Marktpreise. Diese Überlegung wird dabei im Rahmen der Lizenzpreisanalogie aufgegriffen, wobei diese Methode aufgrund ihres Zukunftsbezugs als kapitalwertorientierte Methode klassifiziert wird.

5.3.4.2 Kapitalwertorientierter Ansatz

5.3.4.2.1 Lizenzpreisanalogie

In der Praxis der Patentbewertung wird zumeist auf die Lizenzpreisanalogie (Relief from Royalty Method) zurückgegriffen. Die Bewertung basiert auf der Überlegung, dass sich der Patentinhaber durch den Besitz des Schutzrechts Kosten für den externen Bezug der Rechte an der Verwertung der Erfindung erspart. Es handelt sich hierbei um fiktive Lizenzzahlungen, die durch das Eigentum des Schutzrechts tatsächlich nicht entstehen.

Tabelle 12 zeigt beispielhaft die Bewertung eines Patents auf Basis der Lizenzpreisanalogie.

Im Beispiel in Tabelle 12 wird von einer branchenüblichen Lizenzrate i. H. v. 5 Prozent des Brutto-Umsatzes ausgegangen. Unter der Berücksichtigung der steuerlichen Besonderheiten ergibt sich ein Steuersatz von etwa 30 Prozent für das Unternehmen. Nach dem Jahr t_{11} verliert das Patent hier annahmegemäß seine Schutzwirkung. Bei einem Kapitalisierungszinssatz von 10 Prozent und einer Restlebensdauer des Patents von 12 Jahren errechnet sich im Beispiel ein Patentwert i. H. v. rund TEUR 120.

In der Literatur findet sich eine kritische Auseinandersetzung mit der Zuordnung der Lizenzpreisanalogie zu den barwertbasierten Verfahren.[203] Zur Ermittlung der Höhe dieser Lizenzraten wird auf marktübliche Ver-

---

203) So wird die Lizenzpreisanalogie bei Reilly/Schweihs sowohl dem Market Approach als auch dem Income Approach zu-geordnet. Siehe Reilly, F. R./Schweihs, R. P. (1999) S. 152 und 199 f. sowie S. 154.

Tab. 12 Bewertung eines Patents anhand einer Lizenzpreisanalogie

Patentbewertung (in TEUR)		Planung				Fortschreibung						
		T_1	T_2	T_3	T_4	T_5	T_6	T_7	T_8	T_9	T_{10}	T_{11}
Technologiespezifische Umsatzerlöse		400,00	450,00	510,00	570,00	660,00	720,00	600,00	600,00	480,00	240,00	120,00
Lizenzeinnahme (vor Steuern)	5,00 %	20,00	22,50	25,50	28,50	33,00	36,00	30,00	30,00	24,00	12,00	6,00
zur berücksichtigende Hinzurechnungen		0,00	0,00	0,00	0,00	0,00	0,00	0,00	0,00	0,00	0,00	0,00
Bezugsbasis für GewSt		20,00	22,50	25,20	28,50	33,00	36,00	30,00	30,00	24,00	12,00	6,00
Gewerbesteuer	14,00 %	2,80	3,15	3,57	3,99	4,62	5,04	4,20	4,20	3,36	1,68	0,84
Bezugsbasis für KST		20,00	22,50	25,50	28,50	33,00	36,00	30,00	30,00	24,00	12,00	6,00
Körperschaftsteuer	15,83 %	3,17	3,56	4,04	4,51	5,22	5,70	4,75	4,75	3,80	1,90	0,95
Unternehmenssteuern		5,97	6,71	7,61	8,50	9,84	10,74	8,95	8,95	7,16	3,58	1,79
Steuerquote		0,30	0,30	0,30	0,30	0,30	0,30	0,30	0,30	0,30	0,30	0,30
Lizenzeinnahmen (nach Steuern)		14,03	15,79	17,89	20,00	23,16	25,26	21,05	21,05	16,84	8,42	4,21
Diskontierungsfaktor	10,00 %	0,95	0,87	0,79	0,72	0,65	0,59	0,54	0,49	0,44	0,40	0,37
Barwert Lizenzeinnahmen (nach Steuern)		13,38	13,69	14,10	14,33	15,08	14,96	11,33	10,30	7,49	3,40	1,55
Wert des Patents zum 1. Januar (ohne Steuervorteil)		119,60										

gleichspreise für nutzenäquivalente Patente anhand von gewerblichen[204] oder nicht-öffentlichen[205] Datenbanken, Urteilen und Richtlinien[206] sowie anderen Veröffentlichungen[207] zurückgegriffen. Die Wertermittlung erfolgt anhand eines Vergleichs zwischen dem zu bewertenden Patent und bereits lizenzierten Patenten. Daher ist neben der technischen Vergleichbarkeit der patentierten Erfindungen insbesondere auch eine wirtschaftliche Analogie für eine sachgerechte Anwendung der Methode maßgeblich. Die Anwendung der Lizenzpreisanalogie für die Patentbewertung ist in der Praxis sehr verbreitet, weil die Verwertung von Patenten durch die Einräumung von Nutzungsrechten eine zentrale Strategie von Patentinhabern ist. Folglich

204) Z. B. RoyaltyStat LLC, RoyaltySource unter www.royaltysource.com; Consor: abrufbare Lizenzraten unter www.consor.com; The Financial Valuation Group unter www.fairmarketvalue.com; Intellectual Property Research Associates; AUS Consultants; Aspen Publishers, Inc.; John Wiley & Sons, Kent Press u.a. Für eine beispielhafte Aufzäh-

lung der Quellen für Lizenzraten vgl. auch Smith, G./Parr, R. (2000), S. 111.

205) Als Beispiel ist hier die Lizenzkartei des Bundesamtes für Finanzen zu nennen.

206) Siehe hierzu z. B. die Vergütungsrichtlinie von Arbeitnehmererfindungen, Rz. 10.

207) Vgl. Groß, M. (1998), S. 1321–1323.

sind gerade für diesen immateriellen Vermögenswert solche Daten grundsätzlich recherchierbar.

Problematisch bei dieser Methode ist, dass sie vergleichsweise einfach in der Handhabung erscheint, die Aussagekraft aber von der Qualität der Datenbasis abhängt. So können und dürfen Lizenzraten nicht unreflektiert einer Bewertung zugrunde gelegt werden. Vielmehr sind die Vergleichbarkeit der Lizenz mit dem zu bewertenden Patent sowie verschiedene weitere Parameter zu prüfen, um die ökonomischen Zusammenhänge richtig abzubilden.[208] Wesentliche Parameter sind Reichweite der Lizenz, Bezugsgröße der Lizenz (z. B. Produkt, in dem das Patent enthalten ist), Exklusivität sowie Rechte und Pflichten der Vertragspartner. Eine Lizenzanalogie führt somit nur dann zu belastbaren Ergebnissen, wenn ihr entsprechende fundierte Analysen vorausgehen.

5.3.4.2.2 Mehrgewinnmethode

Die Mehrgewinnmethode (Incremental Cash Flow Method) basiert auf einem Vergleich zweier identischer Geschäftskonzepte, die sich allein darin unterscheiden, ob das zu bewertende Patent verfügbar ist oder nicht. Ein Unterschiedsbetrag durch Gegenüberstellung der Zahlungsströme lässt sich dann patentspezifisch erklären. Aus der Differenzbetrachtung kann daraufhin eine Indikation auf den inkrementellen, patentinduzierten Cashflow im Analogieschluss abgeleitet werden. Voraussetzung für die Anwendung der Mehrgewinnmethode ist somit eine verlässliche Schätzung der erwarteten zukünftigen Cashflows eines fiktiven Geschäftskonzeptes sowohl mit als auch ohne das entsprechende Patent. In der Praxis ist diese Differenzbetrachtung jedoch oftmals sehr schwierig. Insbesondere bei Unternehmen, deren wichtigstes Produkt auf patentgeschützten Technologien beruht, ist die Alternative ohne Patent kaum abzubilden. Letztlich hängt es somit stark von der Art des Patentes ab, ob diese Methode gegebenenfalls herangezogen werden kann.

5.3.4.2.3 Residualwertmethode

In besonderen Fällen, insbesondere wenn auch andere Vermögenswerte zu bewerten sind, kann auch die Residualwertmethode (Multi-Period Excess Earnings Method) Anwendung finden.

Bei der Ableitung der fiktiven Leasingraten ist neben der angemessenen Verzinsung des gebundenen Kapitals (Return on Asset) auch der Werteverzehr (Return of Asset) zu bemessen, dem die unterstützenden Vermögens-

---

208) Vgl. Nestler, A. (2008), S. 2002 ff.

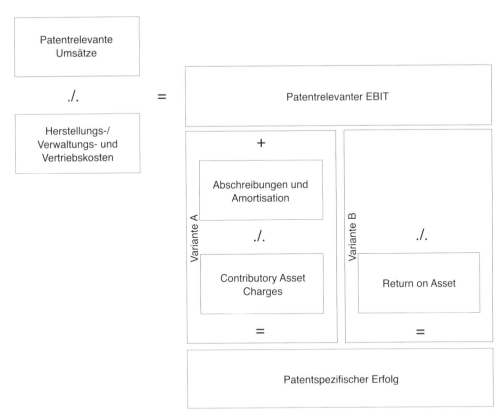

Abb. 48 Residualwertmethode

werte durch Nutzung unterliegen.[209] Die Berücksichtigung des Werteverzehrs kann dabei auf zwei unterschiedliche Weisen erfolgen (vgl. Abb. 48). Während Variante A als *Gross Lease Method* den patentrelevanten Gewinn vor Zinsen und Steuern um die Abschreibungen und Amortisation erhöht, um dann über die Contributory Asset Charges sowohl den Werteverzehr als auch die Verzinsung des gebundenen Kapitals in Abzug zu bringen, wird in Variante B als *Return on Asset Method* von der patentrelevanten Vorsteuergröße lediglich die Verzinsung des gebundenen Kapitals als fiktive Leasingraten in Abzug gebracht, sodass sich der patentspezifische Erfolg als residuale Größe bestimmt.[210]

209) Vgl. IDW (IDW S 5, 2007), Rz. 38.
210) Grundsätzlich ist dabei auf eine Nachsteuergröße abzustellen, sodass die Cashflows und die Nutzungsentgelte um den Unternehmenssteuereffekt zu bereinigen sind. Vgl. IDW (IDW S 5, 2007), Rz. 39.

Die Residualwertmethode kann aufgrund der Berücksichtigung der unterstützenden Vermögenswerte ausschließlich zur Bewertung von jenen Vermögenswerten herangezogen werden, die einen maßgeblichen Einfluss auf die zukünftigen Erfolge des Unternehmens ausüben. Ungeeignet ist diese Bewertungsmethode daher zur Wertermittlung von unterstützenden immateriellen Vermögenswerten. Sofern in einem Unternehmen mehrere bedeutende Patente nebeneinander existieren und diese mit Hilfe der Residualwertmethode einer Bewertung unterzogen werden, entsteht erneut eine Abgrenzungs- und Zuordnungsproblematik hinsichtlich des Einflusses der unterstützenden Vermögenswerte und daraus wiederum die Gefahr einer Doppelerfassung der Werte. Diese deduktive Bewertungsmethodik liefert aufgrund der Verlagerung der Separierungsproblematik lediglich einen begrenzten Beitrag zur Spezifizierung der patentinduzierten Cashflows.

5.3.4.3 Kostenorientierter Ansatz

In den Fällen, in denen eine Bestimmung des zukünftig erzielbaren Wertbeitrages durch das Patent zum Bewertungszeitpunkt nicht möglich ist, kann der Patentwert näherungsweise durch Anwendung der kostenbasierten Ansätze geschätzt werden. Die Bewertung eines Patents erfolgt dabei sowohl unter Berücksichtigung der Kosten der Erfindung als auch jener Kosten für den rechtlichen Schutz der Erfindung.

Sowohl der Ansatz der Wiederbeschaffungskosten als auch das Reproduktionskostenverfahren ermitteln zunächst die Kosten eines neuen, bisher nicht verwendeten Bewertungsobjektes. Da der Zeitpunkt der Bewertung und der Entstehungszeitpunkt einer patentierten Erfindung üblicherweise jedoch auseinanderfallen, sind neben diesen Kosten auch wertmindernde Aspekte, die durch technische, wirtschaftliche und funktionale Veränderungen beim Bewertungsobjekt auftreten können, wertrelevant. Darüber hinaus spielt die verbleibende Nutzungsdauer eine wesentliche Rolle, da der Kostenansatz in einem ersten Schritt das Patent mit einer vollumfänglichen, verbleibenden Nutzungsdauer umfasst.

Die historischen Kosten sind schließlich mit einem Inflationspreisindex zu gewichten, um einen zum Bewertungszeitpunkt aktuellen Wert des Patents zu bestimmen.[211] Da die durch den Verwertungsprozess erzielbaren ökonomischen Effekte, die gerade über die Kosten hinausgehen, vollständig unberücksichtigt bleiben, wird das Patent tendenziell unterbewertet. Eine Analyse der Vorteilhaftigkeit einer Investition ist mittels der kostenbasierten Bewertungsmethoden daher nicht möglich. Ein stärkerer Marktbezug wird

211) Vgl. Smith, G./Parr, R. (2000), S. 194.

dadurch erreicht, dass aktuelle Marktpreise, die den gegenwärtigen Kenntnisstand des Marktes widerspiegeln, Eingang in die Bewertung finden. Durch die Orientierung an aktuellen Preisen im Zuge der Ermittlung der Kosten wird gleichzeitig auch eine stärkere Zukunftsorientierung umgesetzt, die zu einer hohen Akzeptanz des Kostenansatzes führen kann.

5.3.5 Vergütung von Arbeitnehmeransprüchen

Bei Patenten spielt häufig auch das Thema einer angemessenen Vergütung von Arbeitnehmern, die im Rahmen ihres Dienstverhältnisses eine Erfindung gemacht haben, eine Rolle.

Für die Bewertung der Erfindung in diesem Kontext bieten das Arbeitnehmererfindungsgesetz (ArbEG) und die entsprechende Richtlinie Ansätze, anhand derer die angemessene Höhe der Vergütung des Arbeitnehmers berechnet werden muss. Dabei fließen neben der Verwertbarkeit der Erfindung insbesondere auch die spezifischen Rahmenbedingungen des Arbeitnehmers, wie das Aufgabenfeld und die Stellung im Unternehmen, über einen Erfindungsanteilsfaktor in die Bewertung ein. Die angemessene Vergütung des Arbeitnehmers erfolgt mithin durch die Gewichtung des Werts der Erfindung mit dem Anteilsfaktor des Arbeitnehmers zur Erfindung.[212]

Zur Bestimmung des Wertes der Erfindung wird im Rahmen der Vergütungsrichtlinien auf die folgenden drei Methoden verwiesen:

- Lizenzanalogie,
- betrieblich erfassbarer Nutzen aus der Erfindung und
- Schätzung des Erfindungswertes.

Die wohl am häufigsten zur Anwendung kommende Methode der Lizenzanalogie entspricht dabei der Vorgehensweise, die bereits gem. § 139 PatG im Falle von Schadensersatzansprüchen zur Anwendung kommen kann und ist für solche Erfindungen anzuwenden, mit denen Umsätze generiert werden. Dabei werden übliche Lizenzsätze für vergleichbare freie Erfindungen herangezogen, um den Erfindungswert zu ermitteln. Da sich die Erfindung des Arbeitnehmers üblicherweise von der Vergleichsbasis einer freien Erfindung unterscheidet, werden entsprechende Anpassungsrechnungen erforderlich, die sich werterhöhend oder -senkend auf den Lizenzsatz auswirken.

212) Vgl. § 9 Abs. 2 ArbEG; zur Konkretisierung des Anteilsfaktor
vgl. Vergütungsrichtlinie von Arbeitnehmererfindungen,
Rz. 30–39.

Die zweite Methode, die auf den tatsächlichen betrieblichen Nutzen der Erfindung abstellt, bestimmt den Erfindungswert als Differenzbetrag zwischen dem im Unternehmen erzielten Ertrag und den durch Patentanmeldung und Verwertung entstandenen Kosten der Erfindung. Daher basiert die Ermittlung des Erfindungswerts auf einer nach betriebswirtschaftlichen Grundsätzen aufgestellten Kosten- und Erlösrechnung.[213] Anwendung findet diese Methode daher vorrangig bei innerbetrieblicher Nutzung der patentierten Erfindung. Sofern durch die Erfindung keine zusätzlichen Umsätze, sondern eine Reduktion der Kosten erzielt wird, spielt bei der Bestimmung des Erfindungswertes der konkrete innerbetriebliche Stand der Technik eine bewertungsrelevante Rolle.[214] Können die beiden vorgenannten Methoden, beispielsweise aufgrund fehlender Patentverwertung, nicht zur Bewertung herangezogen werden, verweist die Richtlinie zur Bestimmung der Arbeitnehmervergütung auf die Anwendung eines Schätzverfahrens. Bei Sperr- oder Vorratspatenten ist der Patentwert durch Schätzung des Preises zu bestimmen, den das Unternehmen einem freien Erfinder für den Erwerb der Erfindung hätte zahlen müssen. Hinweise für die freie Schätzung liefert dabei die Art der voraussichtlichen Verwertung. Sofern eine spätere Verwertung dann erfolgt, ist zum Verwertungszeitpunkt zumeist eine Neufestsetzung der Vergütungshöhe erforderlich.

Es zeigt sich, dass in diesen Fällen der Bewertung auf den spezifischen Wertbeitrag der Erfindung abgestellt und die Höhe der Vergütung des Arbeitnehmers aus der subjektiven Perspektive des Unternehmens bestimmt wird. Allerdings erfährt die Wertermittlung einen gewissen Grad an Objektivierung dadurch, dass für Erfindungen, bei denen die Verwertbarkeit nicht oder nicht voll umgesetzt wird, auch die ungenutzten Verwertungsmöglichkeiten vor dem Hintergrund des wirtschaftlichen Potenzials dieser Erfindung zu berücksichtigen sind.

5.4 Kundenbeziehungen

5.4.1 Der Kundenstamm als Bewertungsgegenstand

Kunden sind oft ein kritischer Erfolgsfaktor eines Geschäftsmodells. Über die Kunden werden die Umsätze generiert, sodass der Aufbau und die Pflege von Kundenbeziehungen regelmäßig zur zentralen Geschäftsstrategie eines Unternehmens gehören. Gerade die sogenannten Key-Account-

213) Vgl. Reitzig, M. (2002), S. 75.
214) Vgl. Bartenbach, K./Volz, F.-E. (2006), S. 139 ff.

5 Bewertung ausgewählter immaterieller Vermögenswerte

Kunden, die für den Erfolg des Unternehmens eine Schlüsselrolle einnehmen, werden systematisch identifiziert und aufgebaut.

Die finanzorientierte Bewertung von Kunden kann aus den unterschiedlichsten Anlässen heraus notwendig sein. Ein typischer Fall in der Praxis ist der Carve-out von Geschäftsbereichen, wenn im Zuge eines Asset Deals u. a. der dazugehörige Kundenstamm ebenfalls veräußert wird. Die konzerninterne Übertragung von Kunden ist ebenfalls ein häufig eintretender Bewertungsanlass. Ein Kundenstamm kann auch im Zuge einer Allokation des Kaufpreises ein aktivierungspflichtiger und damit ein zu bewertender Vermögenswert nach internationalen Rechnungslegungsregeln sein.

5.4.2 Abgrenzung des Kundenstamms

Kundenstamm ist kein feststehender Begriff und als Vermögenswert grundsätzlich schwer abzugrenzen. Er ist als Vermögenswert nicht separat schutzfähig. Informationen über den Kundenstamm eines Unternehmens sind aber generell nicht öffentlich und werden als Betriebs- und Geschäftsgeheimnis über das Bundesdatenschutzgesetz und im weiteren Sinne durch das Vertriebsrecht geschützt.[215)]

Zur Abgrenzung des Bewertungsobjektes kann man sich an die Kriterien anlehnen, die im Rahmen von Bilanzierungsregelungen angewendet werden. Die internationalen Rechnungslegungsregeln unterscheiden vier relevante Fälle, die als »customer-related« gelten: Kundenlisten (»customer lists«), faktische Stammkundenbeziehungen ohne aktuelles Vertragsverhältnis (»non-contractual customer relationships«), (Dauer-)Vertragskunden (»contractual customer relationships«) und Auftragsbestände (»order or production backlog«).[216)] Wesentlich ist dabei die Frage, ob das Bewertungsobjekt von anderen Werten separierbar und – zumindest fiktiv – an einen »fremden Dritten« veräußerbar bzw. generell verkehrsfähig ist. Inwieweit den Kunden eines Unternehmens ein Wert zugerechnet werden kann, ist in jedem Einzelfall gesondert zu untersuchen. Folgende Indizien sprechen dafür, dass ein werthaltiger Kundenstamm vorliegt:

---

215) Das Bundesdatenschutzgesetz (BDSG) wurde zuletzt am 3. Juli 2009 novelliert. Von Bedeutung ist für die vorliegenden Bewertungsfragen die Übertragbarkeit von Kundendaten für den Eigen- bzw. Fremdgebrauch.

216) Vgl. IFRS 3 Illustrative Examples B bzw. für US-GAAP EITF 02.17, vgl. FASB (2008).

Ausreichende Informationen über das Kundenprofil

Ein Kundenstamm lässt sich separat bewerten, wenn die Kunden eindeutig identifizierbar sind und ausreichend Informationen über die Zielgruppen vorliegen. Dabei kann davon ausgegangen werden, dass sowohl Quantität als auch Qualität der kundenspezifischen Daten einen Einfluss auf die Werthaltigkeit einer Kundenbeziehung haben. Je höher die Transparenz über den Kunden ist, umso einfacher kann die Kundenbeziehung durch ein bedarfsgerechtes Angebot aufrechterhalten und das volle Potenzial (z. B. auch durch Cross-Selling) realisiert werden.

Grundsätzlich lassen sich die relevanten Informationen eines Kundenstamms wie folgt beschreiben: Zu den relevanten Kundendaten gehören zunächst die Stammdaten eines Kunden wie Adresse und demografische Daten (bei Privatkonsumenten z. B. Alter, Geschlecht, Familienstand, Beruf etc.). Von Bedeutung sind darüber hinaus Informationen über die bisherigen Geschäftsbeziehungen (z. B. gekaufte Produkte, Auftragsvolumina, Kauffrequenz, gewährte Rabatte, Zahlungsausfälle, Feedback zu Service und weiteres Interesse). Derartige Daten werden in der Regel von Unternehmen systematisch aufbereitet, um das Produktangebot nachfragespezifisch auszurichten oder ihre Kunden in Form von Direktmarketing gezielter anzusprechen. Bei Unternehmen mit Fokus auf Geschäftskunden (Business-to-Business, B2B) sind es vor allem die Key-Account-Manager, die versuchen ein umfassendes Bild von dem Kunden zu bekommen. In Branchen, die sich an Endkonsumenten (Business-to-Consumer, B2C) richten, werden spezifischere Daten des Kunden und seines Konsumverhaltens durch den immer weiter verbreiteten Einsatz von Treue- und Bonusprogrammen gewonnen. So werden bei der Anmeldung zu solchen Programmen die Stammdaten erfasst und mit jedem Einsatz der Treue- bzw. Bonuskarte die Kaufhistorie aufgezeichnet.

Bindung der Kunden an das Unternehmen

Ein Kundenstamm zeichnet sich dadurch aus, dass die Kunden an das Produkt und das Unternehmen gebunden sind und eine »belastbare« Kundenbeziehung entstanden ist.

Bei Industriekunden können z. B. Rahmenverträge mit Mindestabnahmemengen eine rechtliche Bindungswirkung entfalten. Endkonsumenten werden häufig durch Abonnements (z. B. Zeitschriften, Clubmitgliedschaft) an das Unternehmen gebunden. In einigen Branchen ist auch der Abschluss von (befristeten) Verträgen üblich, durch die die Endkunden regelmäßig Leistungen des Unternehmens in Anspruch nehmen (z. B. Mobilfunk, Energieversorgung, Versicherungen, Reinigungsservice). Eine Kundenbindung kann auch über andere Instrumente (z. B. produktspezifische Ersatzteile) erreicht werden.

5.4.3 Analyse der Kundenbeziehung

Der erste Schritt einer Bewertung liegt in der sorgfältigen Analyse der Werttreiber einer Kundenbeziehung. Diese sind in der Regel von folgenden Rahmenbedingungen abhängig:

- Absatzmarkt (Business-to-Business versus Business-to-Consumer),
- Frequenz (einmalige versus regelmäßige Kundenbeziehungen),
- Grundlage der Geschäftsbeziehung (vertraglich versus nicht-vertraglich).

Insbesondere der letzte Aspekt, die vertragliche Bindung des Kunden, kann wichtige Hinweise auf die Qualität und Werthaltigkeit des zu bewertenden Kundenstamms geben. Vertragliche Kundenbeziehungen unterscheiden sich dabei hinsichtlich ihres Verpflichtungscharakters. So gibt es verbindliche Einzelaufträge, Rahmenverträge mit fester Abnahmeverpflichtung und Verträge, die nur die Preise und Lieferbedingungen, gegebenenfalls auch Lieferverpflichtungen, jedoch keine Abnahmepflichten festlegen. Die verschiedenen vertraglichen Ausprägungen lassen sich wie folgt charakterisieren:

Verbindliche Einzelaufträge

Bei einem Einzelauftrag sind sowohl der Preis als auch die vereinbarte Menge zwischen den Parteien bereits verhandelt und festgelegt. Dabei kann die Ausgestaltung der Auftragsbedingungen sehr individuell sein. So sind bei der Preisgestaltung z. B. die Vereinbarung eines Festpreises oder Vergütung des tatsächlich angefallenem Arbeits- und Materialeinsatzes, aber auch Erfolgsprovisionen möglich.

Einzelaufträge zeichnen sich dadurch aus, dass die Akquise-Phase bereits erfolgreich abgeschlossen ist und somit ein niedrigeres Risiko besteht als bei Projekten in der Verhandlungs- oder Ausschreibungsphase. Die größte Unsicherheitskomponente ist in der Regel das Ausfallrisiko, z. B. auf Grund eines vorzeitigen Abbruchs des Auftrages oder der Zahlungsunfähigkeit des Kunden.

Verträge mit fester Abnahmeverpflichtung

Vertragliche Kundenbeziehungen gehen über die Erfüllung eines Auftrages hinaus. Sie sind langfristiger Natur, wie z. B. Zeitschriftenabonnements oder Mobilfunkverträge.

Bewertungsrelevant sind neben der Vereinbarung von Preis und Menge vor allem auch die Regelungen hinsichtlich Vertragslaufzeit und Kündigung. Im Zusammenhang mit den Kündigungsrechten sind auch so genannte Change-of-Control-Klauseln (Sonderkündigungsrechte bei Verkauf) zu beachten. Während im Business-to-Consumer-Bereich eher die Standardverträge dominieren, sind die Vereinbarungen unter Geschäftskunden eher individuell.

Verträge mit Preis- und Lieferbedingungen

In vielen Branchen ist es üblich, mit wiederkehrenden Kunden eine Rahmenvereinbarung zu schließen, die für einen bestimmten Zeitraum die Konditionen im Falle einer Beauftragung regelt. Sobald es zum Auftrag kommt, wird über die Kondition dann nicht mehr separat verhandelt. Die Konditionen können so gestaltet sein, dass ein neuer Auftrag für den Kunden attraktiv ist (z. B. Bonussystem, Rabattstaffel, Vorzugskonditionen etc.).

Neben der vertraglichen Basis ist ein wesentlicher Bestandteil der Analysephase die Abgrenzung des Kundenstamms von anderen wesentlichen immateriellen Vermögenswerten. Ein Kundenstamm kann beispielsweise erst durch ein besonderes Produkt entstehen und wäre möglicherweise von diesem nur schwer zu trennen. Weitere enge Verbindungen gibt es zu Marken, Domains und auch zu Technologien. Abhängigkeiten bestehen auch regelmäßig zur Organisation und den Prozessen im Unternehmen, zum Aufbau und zur Pflege des Kundenstamms. Oftmals gibt es auch sehr starke Bindungen zwischen Schlüsselpersonen im Vertrieb und den Kunden. Die Abgrenzung eines separierbaren Kundenstamms mit der Identifikation der wesentlichen Werttreiber ist somit in der Praxis entscheidend dafür, ob ein aussagekräftiger Wert abgeleitet werden kann.

5.4.4 Bewertung von Auftragsbeständen

Die Bewertung von Auftragsbeständen als Sonderfall der Bewertung von Kundenstämmen ist insbesondere für Branchen mit langfristiger Auftragsfertigung von Bedeutung. Wesentlich für die Bewertung ist dabei in einem ersten Schritt die sorgfältige Analyse des vereinbarten Auftrages hinsichtlich des Gegenstandes und der Konditionen. Schließlich ist der vereinbarte Auftrag mit dem bereits abgearbeiteten Teil des Auftrages abzugleichen und in den Finanzdaten abzubilden.

Für die Bewertung eines Auftragsbestandes eignet sich vor allem die Verwendung eines kapitalwertorientierten Ansatzes, bei dem die erwarteten Gewinne mit risikoadjustierten Kapitalkosten auf den Bewertungsstichtag diskontiert werden. In diesem Zusammenhang ist eine detaillierte Umsatz- und Kostenplanung spezifiziert für die laufenden Aufträge abzuleiten. Die zukünftigen Umsätze ergeben sich aus dem erteilten Auftrag und sind in der Regel (zumindest bei Vereinbarung eines Festpreises oder einer Budgetobergrenze) mit meist geringen Spielräumen abgrenzbar. Sollte eine genaue Planung auf Grund der Ausgestaltung des Auftrags nicht möglich sein, müssen Annahmen getroffen werden, bei denen z. B. auf Erfahrungswerte oder Schätzungen zurückgegriffen werden muss.

Bei der Quantifizierung des Kapitalisierungszinssatzes sind die mit der Auftragserfüllung verbundenen Risiken zu berücksichtigen, die sich aus nicht weiter belastbaren Kostenüberschreitungen, Bonitätsrisiken sowie allgemeinen Geschäftsrisiken etc. ergeben können. Des Weiteren ist zu prüfen, inwiefern ein Abbruchrisiko besteht und bei der Ableitung der risikoadjustierten Kapitalkosten zu berücksichtigen ist oder das entsprechende Risiko durch eine vertraglich vereinbarte Abbruchgebühr (sog. Break-up Fee) kompensiert würde. Je höher die Risiken im Zusammenhang mit einem Auftrag sind (z. B. auf Grund einer erfolgsabhängigen Vergütungsstruktur), kann es erforderlich sein das Risiko nicht im Kapitalisierungszins, sondern durch statistische Simulationen bereits im Rahmen der Umsatzprognose zu berücksichtigen. In der Praxis wird oft eine vereinfachte Form der Bewertung von Kundenstämmen angewandt, indem die Kosten (absolut oder in Form einer Marge) von dem zu erwartenden Umsatz ohne Differenzierung von Zeit und sonstigen Risiken abgezogen werden.

5.4.5 Bewertung von Kundenstämmen

Für die Bewertung von Kundenbeziehungen haben sich im Rahmen der Ableitung von Vertriebs- und Marketingstrategien einige Kundenbewertungsmodelle etabliert. So werden eindimensionale und mehrdimensionale Modelle des Kundenwerts unterschieden. Während die eindimensionalen Modelle partialanalytische Bewertungsansätze darstellen, versuchen mehrdimensionale Modelle mögliche Wertbeiträge durch die Berücksichtigung mehrerer verschiedener Größen Rechnung zu tragen. Ein Überblick über diese Modelle gibt Abbildung 49.

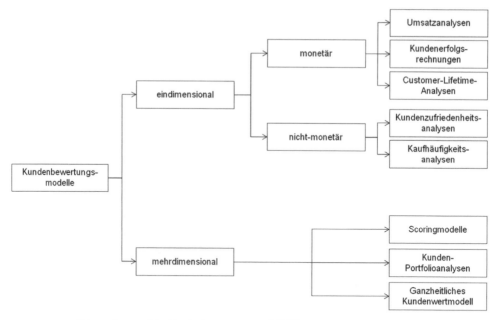

Abb. 49 Ausgewählte Kundenbewertungsmodelle[217)]

Während diese Bewertungsmodelle primär vor dem Hintergrund entwickelt wurden, Kundenverhalten aus interner Marketingperspektive zu steuern und eigene Kundenpotenziale optimal zu entwickeln, erfolgt die finanzorientierte Bewertung primär vor einem (fiktiven) Transaktionshintergrund. Zwischen beiden Perspektiven gibt es im Hinblick auf die relevanten Wertparameter Wechselwirkungen. Grundsätzlich ist für einen aussagekräftigen finanzorientierten Wert zu prüfen, ob ein vergleichbarer Kundenstamm überhaupt akquirierbar ist bzw. die Wechselbereitschaft von potenziellen Kunden zu einem neuen Anbieter eher gering bis unwahrscheinlich ist.

Für die finanzorientierte Bewertung eines Kundenstamms kommen grundsätzlich alle drei in diesem Buch dargestellten gängigen Bewertungsmethoden in Betracht. Beim marktorientierten Ansatz besteht hier – wie auch für andere immaterielle Vermögenswerte – die Schwierigkeit, dass nur selten die entsprechenden Informationen über Verkäufe von separaten Kundenstämmen bekannt sind. Relevant sind hier vor allem auch genaue Informationen über den Transaktionsgegenstand. So ist zu untersuchen, ob tat-

217) Vgl. Cornelsen, J. (2000), S. 91.

sächlich nur der Kundenstamm oder auch das entsprechende Vertriebsteam Key-Account-Management und eventuell die Marke mit übertragen wurde. Dies wäre bei den entsprechenden Analogieüberlegungen mit zu berücksichtigen. Grundsätzlich besteht bei Transaktionen mit Kundenstämmen das Problem, dass Kunden sehr individuell sind und einzelne Transaktionen noch weniger vergleichbar sind als z. B. Unternehmenskäufe. Dies betrifft insbesondere den B2B-Bereich, wo es häufig individuelle Kundenverträge gibt.

Der kostenorientierte Ansatz stellt auf den Aufwand ab, der einem Unternehmen entstehen würde, um einen vergleichbaren Kundenstamm aufzubauen. Der Aufwand könnte hilfsweise aus den vergangenen Investitionen in die Kunden abgeleitet werden, wobei auch erfolglose Maßnahmen und Opportunitätskosten mit berücksichtigt werden müssten. Eine solche »Rekonstruktion« kann für den Aufbau eines Mitarbeiterstamms für den Vertriebsbereich oftmals gut geschätzt werden.

Für die kapitalwertorientierte Bewertung eines Kundenstamms kommt zumeist die »Multi-Period Excess Earnings«-Methode zur Anwendung. Dies liegt darin begründet, dass den Kundenbeziehungen meist kein isolierter Mehrgewinn oder keine Kostenersparnis unmittelbar zugeordnet werden kann.

Für die Bewertung der Kundenbeziehung ist in einem ersten Schritt der mit den Kunden zukünftig geplante Umsatz zu isolieren. Von besonderer Bedeutung ist dabei die gesonderte Ermittlung der »Nutzungsdauer« des Kundenstamms zum Bewertungsstichtag. Im Fokus der Analyse steht die separate Ableitung der so genannten Abschmelzungsrate. Demnach wird bestimmt, wie lange aus dem bestehenden Kundenstamm zum Stichtag kundenspezifische Cashflows zu erwarten sind. Reines Neukundengeschäft wird somit ausgeklammert. Neugeschäft mit Altkunden kann grundsätzlich Bestandteil des Wertes des Kundenstamms sein, wobei die Kosten für die Erschließung des Neugeschäfts mit eingepreist werden müssen. Die Analyse von Kundenverhalten bzw. Abwanderungsverhalten erfolgt teilweise sehr dezidiert. Die genaue Bestimmung der Nutzungsdauer von Kundenstamm wurde in Kapitel 3 ausführlich dargelegt.

Von den kundenbezogenen Erlösen sind die zurechenbaren Aufwendungen, Steuern sowie kalkulatorischen Zinsen (Contributory Asset Charges) abzuziehen.[218] Die Contributory Asset Charges sind sowohl für materielle als auch für immaterielle Vermögensgegenstände anzusetzen, die für die Aufrechterhaltung des Kundenstamms erforderlich sind. Ein Beispiel für

---

[218] Vgl. hierzu auch IVSC Discussion Paper (2007), S. 45 ff. und Appraisal Foundation (2009).

Beispiel Ableitung kundenspezifischer Wertbeiträge		T_1	T_2	T_3	T_4	T_5	T_6	T_7	T_8	T_9	T_{10}
Akquirierter Kundenstamm		10.000									
Verbleibequote		90 %	80 %	70 %	60 %	50 %	40 %	30 %	20 %	10 %	0 %
Kunden Anfangsbestand		10.000	9.000	8.000	7.000	6.000	5.000	4.000	3.000	2.000	1.000
Kunden Endbestand		9.000	8.000	7.000	6.000	5.000	4.000	3.000	2.000	1.000	0
Durchschnittlicher Kundenbestand		**9.500**	**8.500**	**7.500**	**6.500**	**5.500**	**4.500**	**3.500**	**2.500**	**1.500**	**500**
Umsatzanalyse											
Verkaufte Einheiten je Kunde (Durchschnitt)		10,00	11,00	12,10	12,71	13,34	13,61	13,88	14,02	14,16	14,30
Steigerung des Absatzes je Kunde			*10,00 %*	*10,00 %*	*5,00 %*	*5,00 %*	*2,00 %*	*2,00 %*	*1,00 %*	*1,00 %*	*1,00 %*
Durchschnittspreis in EUR		2,00	1,80	1,80	1,82	1,85	1,89	1,95	2,01	2,07	2,13
Preissteigerung			*-10,00 %*	*0,00 %*	*1,00 %*	*2,00 %*	*2,00 %*	*3,00 %*	*3,00 %*	*3,00 %*	*3,00 %*
Umsatz je Kunde in EUR		20,00	19,80	21,78	23,10	24,74	25,74	27,04	28,13	29,26	30,44
Umsatz gesamt in EUR		**190.000,00**	**168.300,00**	**163.350,00**	**150.134,99**	**136.056,94**	**115.816,62**	**94.637,62**	**70.322,51**	**43.893,90**	**15.220,94**
EBITDA-Marge		16,00 %	20,00 %	22,00 %	23,00 %	23,00 %	25,00 %	25,00 %	25,00 %	25,00 %	25,00 %
EBITDA in EUR											
Wertbeiträge anderer Vermögenswerte (Angaben in EUR)											
Nettoumlaufvermögen	1,22%	370,88	410,65	438,43	421,28	381,78	353,24	288,64	214,48	133,88	46,42
Maschinen und technische Anlagen	1,50%	456,00	504,90	539,06	517,97	469,40	434,31	354,89	263,71	164,60	57,08
Grundstücke und Gebäude	0,50%	152,00	168,30	179,69	172,66	156,47	144,77	118,30	87,90	54,87	19,03
Marken	3,00%	912,00	1.009,80	1.078,11	1.035,93	938,79	868,62	709,78	527,42	329,20	114,16
Mitarbeiterstamm	0,70%	212,80	235,62	251,56	241,72	219,05	202,68	165,62	123,06	76,81	26,64
Summe Wertbeiträge		**2.103,68**	**2.329,27**	**2.486,84**	**2.389,55**	**2.165,48**	**2.003,63**	**1.637,23**	**1.216,58**	**759,36**	**263,32**
Kundenspezifischer Wertbeitrag vor Steuern in EUR		**28.296,32**	**31.330,73**	**33.450,16**	**32.141,50**	**29.127,61**	**26.950,53**	**22.022,17**	**16.364,05**	**10.214,11**	**3.541,91**

Abb. 50 Ableitung kundenspezifischer Wertbeiträge

die Ableitung kundenspezifischer Cashflows unter Berücksichtigung einer angenommenen Churn Rate ist in Abbildung 50 dargestellt.

Das sich so ergebende Residualergebnis ist anschließend mit einem risikoadjustierten Kapitalisierungszinssatz zu diskontieren.

Voraussetzung für die Anwendung der »Multi-Period Excess Earnings«-Methode ist, dass die Werte der anderen wesentlichen Vermögenswerte bekannt sind, um daraus die kalkulatorischen Zinsen abzuleiten. Gleichzeitig muss es sich bei dem Bewertungsobjekt um das sog. »leading asset«, also das werthaltigste Asset, handeln. Vor diesem Hintergrund ist die Methode vergleichsweise aufwendig.

Der häufigste praktische Anwendungsfall der »Multi-Period Excess Earnings«-Methode ist sicherlich die Bewertung von immateriellen Vermögenswerten im Rahmen einer Kaufpreisallokation nach internationalen Rechnungslegungsvorschriften.[219] Hier ist die Anwendung dieser Methode naheliegend, da für die anderen Vermögenswerte im Zuge der Kaufpreisallokation ebenfalls Werte abgeleitet werden.

219) Vgl. zur Bilanzierung von Kundenbeziehungen Lüdenbach, N./Prusaczyk, P. (2004).

5 Bewertung
ausgewählter
immaterieller
Vermögenswerte

5.4.6 Exkurs: Abfindungen im Vertriebsrecht

Die Frage der Bewertung von Kundenstämmen wird oftmals im Zusammenhang mit vertriebsrechtlichen Fragen diskutiert. Eine wesentliche
Rechtsgrundlage ist in der zivilrechtlichen Regelung zum Ausgleichsan-
spruch des Handelsvertreters zu sehen. Gemäß § 89b Abs. 1 Nr. 1 bis 3 HGB
kann ein Handelsvertreter bei Beendigung des Vertragsverhältnisses unter
bestimmten Bedingungen einen Ausgleich verlangen, wenn und soweit

- der Unternehmer aus der Geschäftsverbindung mit neuen Kunden, die
  der Handelsvertreter geworben hat, auch nach Beendigung des Vertragsverhältnisses erhebliche Vorteile hat;
- der Handelsvertreter infolge der Beendigung des Vertragsverhältnisses
  Ansprüche auf Provision verliert, die er bei Fortsetzung desselben aus
  bereits abgeschlossenen oder künftig zustande kommenden Geschäften
  mit den von ihm geworbenen Kunden hätte und
- die Zahlung eines Ausgleichs unter Berücksichtigung aller Umstände
  der Billigkeit entspricht.

Falls vertraglich vorgesehen ist, dass der Kundenstamm dem Unternehmen
bei Beendigung des Vertrags zusteht, sind die Regelungen von § 89b HGB
im Analogieschluss auch auf Vertragshändler anzuwenden.[220]

§ 89b Abs. 2 HGB beinhaltet eine definierte Formel, nach der in diesen
Rahmen der Kundenstamm zu bewerten ist. Demnach ist der Ausgleich wie
folgt zu berechnen:

> Der Ausgleich beträgt höchstens eine nach dem Durchschnitt der
> letzten fünf Jahre der Tätigkeit des Handelsvertreters berechnete Jahres-
> provision oder sonstige Jahresvergütung; bei kürzerer Dauer des
> Vertragsverhältnisses ist der Durchschnitt während der Dauer der
> Tätigkeit maßgebend.

Die Interpretation der handelsrechtlichen Vorschriften ist daher v. a. auch
unter europäischen Kriterien zu sehen.[221]

Die im HGB dargestellte Methode ist dabei grundsätzlich ergebnisorien-
tiert, setzt aber im Gegensatz zum kapitalwertorientierten Verfahren nicht
auf zukünftig mit dem Kundenstamm zu erzielende, spezifische Über-

---

220) Vgl. Thume, K.-H. (2009), S. 1026–1031.
221) Siehe Emde, R. (2009), S. 759 ff.

schüsse, sondern stellt auf den Durchschnitt der Vergangenheit ab. Dieser Durchschnitt kann dabei aus der Perspektive einer finanzorientierten Bewertung lediglich Anhaltspunkte für zukünftige Entwicklungen bieten. Darüber hinaus ist der Durchschnitt über einen Zeitraum von fünf Jahren aus betriebswirtschaftlicher Sicht als eher sehr lang einzuschätzen.

Die Analogie zu § 89b HGB wird z. B. auch für Bewertungen im Zusammenhang mit einer Verlagerung von Vertriebseinheiten gezogen. Die Datenbasis muss dann auf eine typische Handelsvertreterprovision angepasst werden.[222]

5.5 Mitarbeiterstamm

5.5.1 Abgrenzung

Humankapital bezeichnet allgemein das potenzielle Leistungsvermögen einer bestimmten Gruppe von Personen oder auch einzelnen Personen in einem wirtschaftlichen Rahmen. In der Literatur finden sich neben der Bezeichnung Humankapital auch die Begriffe »Humanvermögen«, »Humanressourcen«, »Human Assets« oder »Mitarbeiterstamm«. Im vorliegenden Zusammenhang geht es somit in erster Linie um die Bewertung des Mitarbeiterstamms.

Der Ursprung der Auseinandersetzung mit der Bewertung von Humankapital liegt in den USA und begann bereits Mitte der 1960er-Jahre. Ausgehend von den Beschränkungen im Rechnungswesen in Bezug auf die Abbildung des gesamten Leistungsspektrums von Unternehmen wurde unter dem Begriff des »Human Resource Accounting« die Erfassung des menschlichen Leistungspotenzials in der Rechnungslegung ausführlich diskutiert. Die in den USA entwickelten Methoden zur Bewertung von Humankapital wurden in den 1970er-Jahren in Deutschland unter der Bezeichnung »Humanvermögensrechnung« aufgegriffen und seit einigen Jahren wieder intensiver verfolgt.[223]

Humankapital stellt insbesondere in Unternehmen, deren wesentlicher Wettbewerbsvorteil im Wissen ihrer Mitarbeiter liegt, wie z. B. in forschungsintensiven, technologieorientierten Unternehmen, bei Dienstleistern oder langfristigen, Knowhow basierten Projektentwicklern, einen bedeutenden immateriellen Vermögenswert dar. Aber auch in Unternehmen, deren zentraler Werttreiber nicht unmittelbar im Mitarbeiterstamm liegt,

---

222) Vgl. Hollenbach, V. (2003), S. 605 ff.
223) Vgl. Urban, R. (2007), S. 20.

kann dieser in der Regel ein wesentlicher Vorteil sein, der gegebenenfalls separat zu bewerten ist.

Im Kern liegt aus der Perspektive der finanzorientierten Bewertung der wertrelevante Vorteil in dem Knowhow, das »in den Köpfen der Mitarbeiter« vorhanden ist. Weitere Parameter, die einen Mitarbeiterstamm als Gesamtheit wertvoll machen können, sind z. B. eine starke Unternehmenskultur, aufeinander abgestimmte Prozesse, Führungskompetenzen, Kreativität, die Kombination bestimmter Persönlichkeiten und Fähigkeiten in der Gruppe sowie die Motivation und Leistungsbereitschaft der einzelnen Personen.

Die separate Bewertung von Humankapital kann für unterschiedliche Anlässe erforderlich werden. Grundsätzlich kann ein Mitarbeiterstamm Teil eines Asset Deals und daher neben anderen Vermögenswerten Bestandteil der Transaktion sein. Über Mitarbeiter besteht zwar keine Verfügungsgewalt, allerdings kann eine Transaktion bzw. der Kaufpreis für eine Transaktion davon abhängig gemacht werden, dass eine bestimmte Gruppe von Mitarbeitern zum Zeitpunkt der Transaktion auf den Erwerber mit übergeht. Diese »Bedingungen« finden sich in der M&A-Praxis häufig bei Knowhow getriebenen Geschäftskonzepten. Auch wenn im Rahmen des Asset Deals für mehrere Vermögenswerte ein Gesamtkaufpreis vereinbart wird, ist im nächsten Schritt der Aktivierung der erworbenen Assets in der Handels- und in der Steuerbilanz ein separater Wert zu ermitteln.

Ein weiterer Anwendungsfall ist die separate Bewertung im Rahmen der Kaufpreisallokation nach IFRS 3. Im Zuge einer solchen Kaufpreisallokation sind vor allem nicht bilanzierte immaterielle Vermögenswerte zu identifizieren und mit ihrem Fair Value zu aktivieren. Die separate Bilanzierung von Mitarbeiterstamm ist aufgrund der fehlenden Kontrolle auf die Mitarbeiter zwar nach IFRS 3 explizit ausgeschlossen. Im Zuge der sog. Residualwertmethode (Multi-Period Excess Earnings Method, MEEM-Methode) ist der Mitarbeiterstamm jedoch regelmäßig mit ihrem Fair Value zu bewerten.[224] Eine Bewertung des Mitarbeiterstamms kann darüber hinaus auch eine zentrale Rolle spielen, wenn ein Unternehmen zu bewerten ist, dessen einziges wesentliches Asset der Mitarbeiterstamm wäre (z. B. eine Einheit, die ausschließlich Auftragsforschung betreibt).

Bei der separaten Bewertung eines Mitarbeiterstamms kann es ähnlich wie bei anderen immateriellen Vermögenswerten zu erheblichen Abgrenzungsschwierigkeiten kommen. So kann beispielsweise bei Beratungsunternehmen die Abgrenzung zwischen Kundenbeziehung und Mitarbeiterstamm schwierig sein, wenn die Kunden sehr personenbezogen an das

224) Vgl. IDW (IDW HFA RS 16, 2005), Rz. 55.

Unternehmen gebunden sind (z. B. in sog. professional service firms). In technologieorientierten Unternehmen besteht eine große Interdependenz zwischen technologischem Knowhow und dem Knowhow der Mitarbeiter. So kann etwa bei einem Unternehmen aus dem Anlagenbau mit langfristigen Projekten das technische Knowhow der Konstruktionen (z. B. dokumentiert in umfangreichen Projektberichten und Plänen) aus den Projekten werthaltig sein, ohne das Knowhow der Ingenieure ist dieses technische Knowhow aber möglicherweise gar nicht oder nur eingeschränkt nutzbar. Eine enge Verbindung besteht beispielsweise bei IT-Unternehmen zwischen der Software und den Entwicklern. Auch wenn Arbeitsschritte und Algorithmen im Detail dokumentiert werden, kann die erfolgreiche und effiziente Weiterentwicklung in vielen Fällen erst durch eine entsprechende Erfahrung der langjährigen Knowhow-Träger erfolgen. Diese Aspekte sind im Rahmen einer möglichen Transaktion mit der Intention, Knowhow zu erwerben, entsprechend ins Bewertungskalkül einzubeziehen.

Bei der Bewertung von Humankapital ist zu berücksichtigen, welche Grundgesamtheit bewertet wird. Da in der Praxis regelmäßig verschiedene Teilzeitmodelle existieren, ist für Zwecke der Bewertung auf eine vergleichbare Größe abzustellen. In der Praxis wird daher die Anzahl der Mitarbeiter sowohl gemessen an der Personenzahl der Angestellten und gegebenenfalls freien Mitarbeiter als auch gemessen an der sog. FTE-Basis (d. h. »Full Time Employment«-Äquivalent) dargestellt.

5.5.2 Bewertungsansätze in der Literatur

5.5.2.1 Überblick

Die Verfahren zur Bewertung von Humankapital lassen sich grundsätzlich in nicht-monetäre und in monetäre Verfahren differenzieren. Mit den nicht monetären Verfahren werden über Indikatoren Anhaltspunkte abgeleitet, um z. B. Hinweise auf den Einfluss des Personalmanagements auf den Unternehmenswert abzuleiten. Diese Ansätze sind somit primär auf die interne Steuerung der wertrelevanten Ressource »Mitarbeiter« ausgerichtet und werden in diesem Buch nicht näher diskutiert.

Parallel dazu werden monetäre Verfahren unterschieden, die sich analog den generellen Bewertungsansätzen für immaterielle Vermögenswerte aus kosten-, marktwert- und kapitalwertorientierten Verfahren zusammensetzen.[225]

225) Vgl. Gebauer, M., (2005), S. 17.

5 Bewertung
ausgewählter
immaterieller
Vermögenswerte

Methode	Bewertungsansatz	Autor(en)
Kostenorientierte Ansätze	• Anschaffungskostenverfahren	• Brummet/Flamholtz/ Pyle
	• Wiederbeschaffungskosten- verfahren	• Flamholtz
Zukunftserfolgswertorientierte bzw. ertragswertorientierte Ansätze	Bewertung auf Basis der Leistung: • Methode der zukünftigen Leistungsbeiträge • Methode der Verhaltensvariable • Firmenwertverfahren Bewertung auf Basis der Kosten: • Effizienzgewichtete Personalkostenmethode • Bewertung auf Basis zukünftiger Einkünfte	• Flamholtz • Lickert /Bowers • Hermanson • Hermanson • Lev/Schwartz

Abb. 51 Übersicht verschiedener Humankapital-Bewertungs-verfahren

Die Bewertung von Humankapital beruht heute nach wie vor in vielen Fällen auf dem Gedankengut der 1960er- und 1970er-Jahre, das den Opportunitätskostenansatz in den Vordergrund stellt. Einige in der Literatur vertretene Ansätze sind in Abbildung 51 zusammengefasst.

5.5.2.2 Kostenorientierte Ansätze auf der Basis von historischen Anschaffungskosten

Der Ansatz der Messung von Humankapital über historische Kosten geht im Wesentlichen auf Brummet, Flamholtz und Pyle zurück.[226] Ziel des von den Autoren entwickelten Human-Resource-Accounting-Systems ist die Gewinnung von Informationen als Basis für Investitionen in Humankapital sowie die Erhaltung des Humanvermögens und dessen Nutzbarkeit. Grundlegende Prämisse des Ansatzes ist, dass Personal nicht als Kostenfaktor, sondern als Wert wahrgenommen werden soll.

226) Vgl. Brummet, R. L./Flamholtz, E. G./Pyle, W. C. (1969), S. 12 ff.

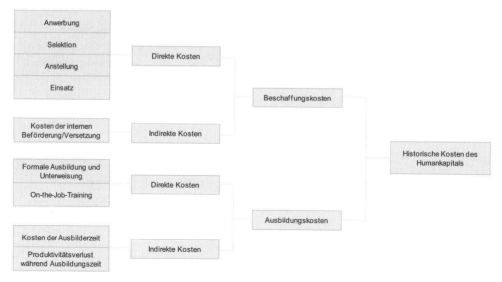

Abb. 52 Messung der historischen Kosten von Humankapital

Die Erfassung der historischen Kosten in das Humankapital beinhaltet alle Aufwendungen, die für ein Unternehmen zur Rekrutierung und Ausbildung des bestehenden Personals angefallen sind. Erfolgt die Kostenerfassung über mehrere Perioden, gleicht die Erfassung des Humankapitals weitgehend der Bilanzierung des Sachanlagevermögens. Der Wert des Humankapitals lässt sich demzufolge als die Summe aller Investitionen in das Humanvermögen abzüglich von »Abschreibungen« bestimmen (rechnungswesenorientierter Ansatz).[227] Mit »Abschreibungen« soll quasi die Abnutzung bzw. Überalterung von Wissen über einen Zeitraum hinweg spezifiziert und auch quantifiziert werden.

Abbildung 52 fasst die einzelnen Kostenarten zur Ermittlung des Humankapitalwertes auf Basis der Anschaffungskosten zusammen. Die historischen Beschaffungs- und Ausbildungskosten lassen sich in direkte und indirekte Positionen gruppieren.

Die Beschaffungskosten bestehen aus den direkten Kostenbestandteilen Anwerbungs-, Auswahl-, Anstellungs- und Einsatzkosten sowie den indirekten Kosten der Beförderung und Versetzung.

Die Anwerbungs- oder Recruiting-Kosten entstehen durch die Identifizierung von potenziellen Mitarbeitern. Diese Identifikation kann sowohl Mit-

227) Vgl. Streich, D. (2006), S. 75 f.

arbeiter innerhalb eines Konzerns als auch Externe umfassen. Darüber hinaus beinhaltet diese Position auch Kosten, die aufgewendet werden müssen, um neue Mitarbeiter auf das Unternehmen aufmerksam zu machen. Die wesentlichen Bestandteile der Anwerbungskosten sind Kosten für Anzeigen, Rekrutierungs- und Werbeveranstaltungen, Personalberater sowie Reise- und Verwaltungskosten.

Die Auswahlkosten beinhalten Kosten, die infolge der Selektion von Mitarbeitern anfallen. Hierzu zählen beispielsweise Aufwendungen für Auswahlgespräche und -verfahren sowie die entsprechenden Verwaltungskosten. Diese Kosten stehen in Verbindung mit dem Verantwortungs- und Hierarchiegrad der zu besetzenden Stelle und werden mit zunehmender Hierarchie – vor allem bei Einbindung externer Dienstleister – in der Regel steigen.

Anstellungs- und Einsatzkosten müssen aufgewendet werden, um den Mitarbeiter an seinem Arbeitsplatz einzuführen. Typische Anstellungskosten sind beispielsweise Reise- und Umzugsaufwendungen. Die administrativen Aufwendungen für die Vorbereitung und Einrichtung des Arbeitsplatzes fallen in die Kategorie Einsatzkosten.

Die Kosten der internen Beförderung/Versetzung sind ein indirekter Bestandteil der Beschaffungskosten, da sie meist nicht eindeutig zurechenbar sind. Diese Kosten werden überwiegend durch den Zeit- und Verwaltungsaufwand im Zusammenhang mit der internen Beförderung bzw. Versetzung des Personals verursacht.

Die historischen Ausbildungskosten beinhalten zum einen direkte Kosten für die formelle Ausbildung und Unterweisung sowie für das »On-the-Job«-Training des Mitarbeiter und zum anderen indirekte Kostenpositionen für die in Anspruch genommene Ausbilderzeit sowie den temporären Produktivitätsverlust von Mitarbeitern während der Ausbildung.

Die Kosten der formalen Ausbildung und Unterweisung (z. B. im Rahmen von Trainingsveranstaltungen) müssen vom Unternehmen aufgebracht werden, um neue Mitarbeiter auf das gewünschte Produktivitätsniveau zu bringen und vollständig zu integrieren.

Die individuelle Aneignung von Fähigkeiten am Arbeitsplatz (»On-the-Job«-Training) vermindert die Produktivität, sodass der Entgeltanteil des Arbeitgebers an den neu eingestellten Mitarbeiter sich noch nicht vollständig durch eine Gegenleistung amortisiert. Zur Erfassung der Kosten der Ausbilderzeit sind die Zeiten, die ein Vorgesetzter oder Kollege für die Einführung und Ausbildung seiner Mitarbeiter aufbringt, ebenfalls zu monetarisieren.

Die Kosten infolge von Produktivitätsverlusten während der Ausbildungszeit entstehen durch Folgeeffekte, die ein neuer Mitarbeiter beispielsweise durch anfänglich langsames und fehlerhaftes Arbeiten auf die Produktivität des übrigen Teams indirekt ausübt.

5.5.2.3 Kostenorientierte Ansätze auf der Basis von Wiederbeschaffungskosten

Die gegenwartsbezogene Bewertung des Humankapitals auf Basis der Wiederbeschaffungskosten stellt eine Weiterentwicklung des Ansatzes nach historischen Anschaffungskosten dar. Das Konzept erfasst die Kosten, die zum Bewertungsstichtag anfallen würden, um einen vorhandenen Mitarbeiter bzw. Mitarbeiterstamm adäquat zu ersetzen. Durch den Bezug auf die Gegenwart werden die Auswirkungen der Inflation bzw. Deflation berücksichtigt. Der »Substanzverzehr« von Wissen muss bei dieser Wertkonzeption nicht separat berücksichtigt werden.[228]

Abbildung 53 veranschaulicht die Bewertung anhand der Wiederbeschaffungskosten.

Nach diesem Konzept sind ein potenzieller Bestandteil der Wiederbeschaffungskosten des Humankapitals neben den Beschaffungs- und Ausbildungskosten auch die (direkten und indirekten) Entlassungskosten. Die Entlassungskosten bestehen beispielsweise aus Abfindungszahlungen, möglichen Effektivitätsverlusten von Mitarbeitern, die unmittelbar vor ihrer Entlassung stehen, sowie Kosten, die beim Unternehmen während der Mitarbeitersuche anfallen. Die Abfindungskosten werden als direkte Entlassungskosten klassifiziert. Sie beinhalten die infolge von Mitarbeiterfreisetzungen entstehenden, vertraglichen oder freiwilligen Zahlungsverpflichtungen eines Unternehmens. Die indirekten Kosten des Effektivitätsverlustes vor der Entlassung resultieren aus einem Motivationsverlust des betroffenen Mitarbeiters. Dies führt in der Regel zu einer Reduzierung der Leistung des Mitarbeiters. Weiterer indirekter Kostenbestandteil sind die Kosten der unbesetzten Stelle, da in der Zeit der Nichtbesetzung Produktivitätsverluste auftreten können. Die vakante Stelle wirkt sich unter Umständen auch negativ auf die Motivation und Produktivität der übrigen Mitarbeiter des betroffenen Bereiches aus.

Die Intention, Entlassungskosten als Bestandteil der Wiederbeschaffungskosten darzustellen, liegt bei diesen theoretischen Ansätzen darin, alle Kostenkomponenten in Zusammenhang mit einem Mitarbeiterstamm transparent zu machen, um Handlungsalternativen aufzuzeigen. Der An-

[228] Streich, D. (2006), S. 79.

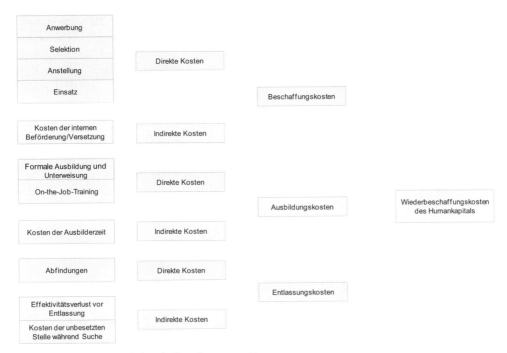

Abb. 53 Messung der Wiederbeschaffungskosten von Humankapital

spruch in diesem Konzept war somit weniger, einen einzelnen Wert für den
Mitarbeiterstamm abzuleiten, sondern einzelne Komponenten unter Op-
portunitätskostengesichtspunkten aufzuzeigen.

5.5.2.4 Kapitalwertorientierte Ansätze

Ein vielfach zitierter Bewertungsansatz der zukünftigen Einkünfte geht
auf Lev und Schwartz zurück.[229] Nach diesem Ansatz lässt sich der Wert des
Humankapitals aus den diskontierten zukünftigen Einkünften eines Mitarbeiters ableiten.

Bei diesem Ansatz handelt es sich um eine Mischform aus individuellem
und gruppenbasiertem Ansatz. So werden die zukünftigen Einkommen auf
Gruppenbasis geschätzt. Hierzu sind die Arbeitnehmer in verschiedene homogene Gruppen, beispielsweise nach den Kriterien Fähigkeiten (niedrig,
mittel, hoch) und Funktion (Management, Marketing, Vertrieb etc.), zuzu-

229) Siehe hierzu Lev, B./Schwartz, A. (1971), S. 103 ff.

ordnen. Die zukünftigen Einkommensentwicklungen beruhen auf statistischen bzw. mathematischen Erhebungen und Modellen (z. B. Lebenszeitkonten). Auf der Basis mikroökonomischer Modelle ist es beispielsweise möglich, die Einkommensverläufe in Abhängigkeit von Alter und Schulbildung darzustellen.

Gleichzeitig ist auf individueller Basis für jeden Arbeitnehmer die Resttätigkeitsdauer durch Wahrscheinlichkeiten zu prognostizieren. Lev und Schwartz ziehen hierfür die langfristigen Sterbetafeln von Personen mit identischen Charakteristika (Nationalität, Geschlecht, Bildung, etc.) heran, die z. B. auch von Versicherungen genutzt werden.

Das Humanvermögen eines Unternehmens ermittelt sich bei dieser Methode als Summe der abgezinsten Werte aus:

$$E(HV_j^*) = \sum_{t=j}^{T} P_j(t+1) \sum_{i=j}^{t} \frac{E^*(i)}{(1+r)^{t-j}}$$

Formel 27 Formel für Humanvermögen nach Lev/Schwartz

Mit
$E(HV_j^*)$ = Humanvermögenswert eines j Jahre alten Menschen
$P_j(t)$ = Sterberate der zugehörigen Gruppe einer Person des Alters j im Alter t
$E^*(i)$ = geschätztes zukünftiges Einkommen im Alter i
T = Pensionierungsalter
r = personenspezifische Diskontierungsrate

Der Wert eines Mitarbeiters berechnet sich demzufolge aus dem Produkt der Barwerte seiner diskontierten, zukünftigen Personalkosten und der individuell ermittelten Sterberate. Implizit wird in dem Modell davon ausgegangen, dass ein Mitarbeiter bis zum Pensionseintritt im Unternehmen verbleibt bzw. nur im Falle eines vorzeitigen Versterbens aus dem Unternehmen ausscheidet. Im Modell der zukünftigen Einkünfte wird demnach nicht abgebildet, dass es darüber hinaus noch andere Gründe für das Verlassen eines Unternehmens geben kann.

Ergänzend soll noch kurz auf die anderen in der Literatur diskutierten Bewertungsansätze eingegangen werden: Bei der Methode der zukünftigen Leistungsbeiträge von Flamholtz wird der Wert eines Mitarbeiters anhand der zukünftigen Leistungsbeiträge für die Organisation bestimmt, die von den Einflussfaktoren Betriebszugehörigkeit, Leistungsniveau und Stellung in der Betriebshierarchie abhängen. Likert/Browers versuchen mit der Methode der Verhaltensvariablen eine Wirkungskette aus kausalen und intervenierenden Variablen auf die Ergebnisvariable zu herzustellen. Hiermit be-absichtigen die Autoren weniger einen monetären Wert für das Humanver-mögen zu ermitteln als vielmehr die Auswirkungen der Veränderungen im Humanvermögen sichtbar zu machen.[230] Die Firmenwertmethode von Her-manson schließlich ermittelt den Wert des Humanvermögens aus der Diffe-renz zwischen dem bilanziellen und dem tatsächlichen Vermögen. Die Me-thode basiert allerdings nur auf vergangenheitsbezogenen Daten. Auf Basis eines Rentabilitätsvergleichs mit der jeweiligen Branche wird bei diesem An-satz ein Mehr- oder Mindergewinn berechnet, der kapitalisiert den Wert des Humanvermögens darstellen soll.[231]

In einem weiteren Ansatz von Hermanson, der effizienzgewichteten Per-sonalkostenmethode, wird versucht, durch einen Vergleich des ungewichte-ten Gegenwartswertes der zukünftigen Personalkosten mit dem durch einen Effizienzfaktor gewichteten Gegenwartswert den Wert des Humanvermö-gens zu bestimmen. Der Effizienzfaktor wird aus dem Verhältnis der unter-nehmensindividuellen Rentabilität und der durchschnittlichen Rentabilität der Branche ermittelt. Der Ansatz basiert auf der Annahme, dass der Mehr-gewinn eines Unternehmens im Branchenvergleich auf den besonderen Wert des Humankapitals schließen lässt.[232]

Neben traditionellen Verfahren wurden in den letzten Jahren weitere An-sätze für die Bewertung von Humankapital entwickelt.[233] Ein in der Presse und Literatur prominent vertretener Ansatz ist die sog. Saarbrücker For-mel.[234] Die Saarbrücker Formel versucht verschiedene Aspekte von markt-orientierten und kosten- bzw. am Rechnungswesen orientierten Bewer-tungsansätzen zu verbinden. Ausgangspunkt für die Wertbasis sind die marktüblichen Gehälter der Mitarbeiter. In Analogie zu den Abschreibun-gen bei Anlagevermögen wird über die sog. »Wissensrelevanz-Zeit« in einer zweiten Komponente berücksichtigt, dass das Wissen der Mitarbeiter veral-ten kann bzw. Personalentwicklungsmaßnahmen zur Kompensation des Wissensverlustes zu ergreifen sind, die Kosten verursachen. Ein dritter Be-standteil der Formel wird von den Autoren als Indikatoren-Ansatz bezeich-net. Mit den Indikatoren sollen nicht-monetäre Faktoren über einen Motiva-tionsindex der Mitarbeiter erfasst werden. Diese Motivationsfaktoren wer-den mittels einer Erhebung bei den Mitarbeitern oder über Indikatoren ermittelt. Die Stuttgarter Formel dagegen versteht sich hauptsächlich als ein

---

230) Vgl. Streich, D. (2006) S. 100.
231) Vgl. Dreyer, D. (2004), S. 98.
232) Vgl. Streich, D. (2006), S. 90 ff.
233) Vgl. hierzu Übersicht in Urban, R. (2007), S. 22.

234) Vgl. Scholz, C./Stein, V./Bechtel, R. (2006). Vgl. hierzu URL: http://saarbruecker-for-mel.net/formel/; Scholz, C. (2005), S. 16 ff.

durch das Personalmanagement eingesetztes Instrument der internen Steuerung und Optimierung des Humankapitals.

5.5.3 Bewertungsmethoden in der aktuellen Praxis

In der aktuellen Praxis der finanzorientierten Bewertung immaterieller Vermögenswerte werden zur Bewertung des Humankapitals in aller Regel kostenbasierte Verfahren herangezogen.[235] Hintergrund ist die mit dem kapitalwertorientierten Ansatz verbundene Problematik der sachgerechten Zuordnung von Erfolgs- bzw. Cashflow-Größen auf einzelne Mitarbeiter. Darüber hinaus erfordern die zukunftsorientierten Ansätze grundsätzlich eine sehr umfangreiche Informationsbeschaffung, sodass diesen Methoden in der praktischen Anwendung gewisse Grenzen gesetzt sind.[236]

Der dritte Ansatz für die Bewertung immaterieller Vermögenswerte, das marktwertorientierte Bewertungsverfahren, beruht auf der Basis tatsächlicher, am Markt erzielbarer Preise. Die Anwendung von rein marktwertorientierten Verfahren zur Bewertung von Humankapital ist nur in sehr wenigen Ausnahmefällen möglich, da Marktpreise für Mitarbeiterstamm in der Regel nicht verfügbar sind. Ausnahmefälle für mögliche Marktpreise sind beispielsweise die Bewertung von Humankapital im Profi-Sport oder im künstlerischen Bereich.[237] Da diese »Preise« jedoch sehr personenbezogen sind, ist zweifelhaft, inwieweit hier ein Analogieschluss auf Marktpreise für andere Personen (oder Personengruppen) gezogen werden kann. Mögliche Indizien für Marktpreise können in Einzelfällen aus Transaktionen von rein Knowhow basierten Geschäftsmodellen abgeleitet werden (z. B. Kaufpreise aus M&A-Transaktionen von Agenturen, Beratungsunternehmen, Anwaltskanzleien, Forschungsteams etc.).

Der kostenorientierte Ansatz differenziert analog dem bereits dargestellten Grundprinzip im Wesentlichen zwischen den historischen Anschaffungskosten und den Wiederbeschaffungskosten. Die historischen Anschaffungskosten eines Mitarbeiterstammes umfassen alle Kosten, die in der Vergangenheit angefallen sind, um das spezifische Personal zu rekrutieren und auszubilden. Die Wiederbeschaffungskosten beinhalten die notwendigen Kosten, um einen bestehenden Mitarbeiterstamm gleichwertig zu ersetzen. Die Analyse der einzelnen Kostenkomponenten ist im Grunde eng

235) So z. B. auch Smith, G./Parr, R. (2000), S. 321.

236) Vgl. Reilly, R. F./Schweihs, R. P.(1999), S. 402; Persch, P.-R. (2003), S. 59.

237) Vgl. Fischer, T. M./Rödl, A./Schmid, K. (2006); Persch, P.-R. (2003), S. 60 f.

an das Gerüst angelehnt, das in den historischen kostenorientierten Verfahren bereits diskutiert wurde.

Bei den kostenorientierten Verfahren wird in einem ersten Schritt zum Bewertungsstichtag die Grundgesamtheit der zu bewertenden Mitarbeiter erfasst. Ausgehend von dem Mitarbeiterbestand sind absehbare Abgänge und Kündigungen zu berücksichtigen. In einem weiteren Schritt ist zu prüfen, inwieweit der bestehende Mitarbeiterstamm im Rahmen der (fiktiven) Wiederbeschaffung in diesem Umfang wieder eingestellt werden würde, d. h. sogenannte »Excess Workforce« wird üblicherweise in einer solchen Bewertung nicht mitbewertet. In einem nächsten Schritt werden die Mitarbeiter nach Dauer der Zugehörigkeit zum Team/Unternehmen, Funktion und Aufgaben sowie Gehaltsgruppe klassifiziert und in Gruppen gebildet. Grundsätzlich gilt, dass die Wiederbeschaffungskosten umso höher sind, je länger ein Mitarbeiter beim Unternehmen ist und je qualifizierter dieser Mitarbeiter in Hinblick auf das erforderliche Knowhow gilt.

Die Daten für die Wiederbeschaffungskosten lassen sich primär aus dem Unternehmen selbst ableiten. Dabei ist auf die besonders hohe Sensibilität der zu erhebenden Daten und der Datenverarbeitung zu achten.

Für die Erfassung der Gehaltskosten ist es erforderlich, sämtliche Gehaltskomponenten zu erheben, d. h. einschließlich Boni, Altersversorgung, Firmenwagen, etc. Ergänzend sind externe Datenquellen hinzuzuziehen, z. B. Kosten für Personalberater und -vermittler sowie einschlägige Studien, um die Kosten der Personalbeschaffung und des Trainings von unabhängiger Seite zu verifizieren.

In der Literatur finden sich Studien, die sich mit den Kosten für die Beschaffung von Personal beschäftigen, sodass die vom Unternehmen erhobenen Daten mit externen Analysen verifiziert werden können. In einer von Streich durchgeführten Studie wurden z. B. insgesamt 63 Arbeitgeber in Deutschland u. a. gebeten, ihre durchschnittlichen Kosten der Mitarbeiterbeschaffung und -freisetzung zu schätzen.[238] Demnach werden diese Kosten in Abhängigkeit von der Qualifikation und des Tätigkeitsgebietes der zu ersetzenden Mitarbeiter sowie der Branche und Unternehmensgröße meist auf zwei Monatslöhne bis zu einem Jahresgehalt kalkuliert. Die Plausibilisierung des Wertes für den Mitarbeiterstamm kann auf der Basis des jährlichen Personalaufwands erfolgen.

Bei der Bewertung von Mitarbeiterstamm nach der kostenorientierten Methode wird in der Praxis allerdings häufig vernachlässigt, welche Vorteile unter Going-Concern-Gesichtspunkten möglicherweise dadurch bestehen,

---

238) Vgl. Streich, D. (2006), S. 264 ff.

dass es sich um ein aufeinander abgestimmtes, eingespieltes Mitarbeiterteam handelt. Ein solcher Vorteil besteht allerdings nicht zwangsläufig und wäre für jeden Einzelfall gesondert zu prüfen. Gegebenenfalls ist für die Ermittlung eines Verkehrswertes in begründeten Sachverhalten ein individuell ermittelter Zuschlag anzusetzen.

Alternativ kann geprüft werden, ob in bestimmten Sachverhalten möglicherweise ergänzend ein kapitalwertorientiertes Verfahren angewendet werden kann. Dabei ist insbesondere der Frage nach dem Opportunitätskostenansatz (sog. Loss-of-Income-Methode) nachzugehen. Bei diesem Ansatz ergibt sich der Wert von Knowhow (z. B. Verlust eines Managers oder eines Vertriebsteams) als Differenz der Barwerte des Geschäftsmodells mit Knowhow und ohne das zu bewertende Knowhow. Dieser Wert ist somit Ausdruck einer erwarteten Wertreduzierung des relevanten Geschäftsbereiches oder Unternehmens durch den Verlust von wertrelevanten Mitarbeiterkenntnissen und -kapazitäten.

Tabelle 13 bildet ein vereinfachtes Beispiel zur Bewertung eines Mitarbeiterstamms ab, wie es in der Praxis regelmäßig gerechnet wird:

Tab. 13 Beispiel für eine kostenorientierte Bewertung des Mitarbeiterstamms

Mitarbeiter am Bewertungsstichtag	Gehalt (€ p.a.)	Rekrutierungskosten (2 Monatsgehälter)	Ausbildungskosten (3 Monatsgehälter)
Geschäftsführer	170.000	28.333	42.500
Sekretärin	65.000	10.833	16.250
Marketing	120.000	20.000	30.000
Buchhaltung	105.000	17.500	26.250
Chefredakteur	140.000	23.333	35.000
Fachliche Mitarbeiter	110.000	18.333	27.500
Fachliche Mitarbeiter	110.000	18.333	27.500
Fachliche Mitarbeiter	110.000	18.333	27.500
Fachliche Mitarbeiter	110.000	18.333	27.500
Fachliche Mitarbeiter	110.000	18.333	27.500
Total Personalkosten	**1.150.000**	**191.667**	**287.500**
Wiederbeschaffungskosten		**479.167**	

Die Bewertung des Mitarbeiterstammes betrifft regelmäßig einen äußerst sensiblen Bereich im Unternehmen, da persönliche Daten erhoben und ausgewertet werden und Fragen der Weiterbeschäftigung (fiktiv, d. h. modellbezogen oder auch tatsächlich) in das Bewertungskalkül eingehen. Folglich ist im Zuge der Bewertungsarbeiten der Datenschutz zu beachten sowie ein besonderes Augenmerk auf die Analyse und Dokumentation dieser Daten zu richten.

5.6 Software

5.6.1 Abgrenzung des Bewertungsgegenstands

Die Entwicklung der Informationstechnologie (IT) hat in den letzten zehn bis zwanzig Jahren die Produkte und die Prozesse von Unternehmen entscheidend verändert und geprägt. In Zeiten der Technologie- und Dienstleistungsgesellschaft ist eine zuverlässige und qualitativ hochwertige Software eine Grundvoraussetzung zur Entwicklung innovativer Produkte. Die Bedeutung von Software als wesentlicher Produktionsfaktor im unternehmerischen Umfeld nimmt daher weiter zu und entsprechend gewinnen die Anlässe für eine Bewertung von Software an Gewicht.

Der Begriff Software ist grundsätzlich eine Sammelbezeichnung für alle in einer Datenverarbeitungsanlage speicherbaren oder gespeicherten Programme.[239] Software kann in Abhängigkeit von ihrer Nutzung grundsätzlich in zwei Kategorien eingeteilt werden:[240]

- *Produktsoftware*, die zum Zweck der Weiterveräußerung bzw. Lizenzierung entwickelt wird. Sie wird in der Regel ohne den eigentlichen Programmcode (Quellcode) den Kunden zur Verfügung gestellt, sodass vom Anwender keine Modifikationen oder Anpassungen der grundlegenden Software vorgenommen werden können. Meist werden daher von den Unternehmen, die Produktsoftware am Markt anbieten, gleichzeitig zusätzliche Dienstleistungen wie beispielsweise Wartung (Erhaltung und Weiterentwicklungen der Funktionalität und Leistung) und Service (z. B. in Form eines Call Centers) erbracht.
- *Individualsoftware*, die nur innerhalb eines Unternehmens genutzt wird und entweder intern oder von einem Dritten speziell für das Unternehmen entwickelt und an dieses verkauft bzw. lizenziert wurde. Beim Erwerb einer Individualsoftware kann bei einer Leistung an Dritte auch der Quellcode zur Verfügung gestellt werden, damit Änderungen oder Anpassungen vorgenommen werden können. Individualsoftware wird

---

239) Vgl. Niemann, U. (2006), S. 241.
240) Vgl. Klosterberg, M. O. (2007), S. 301.

häufig bei Dienstleistungen für die Optimierung von internen Prozessen eingesetzt.

Wesentliche Voraussetzung für die Bewertung von Software ist die Abgrenzung und Beschreibung der Software sowie die Identifikation ihrer spezifischen Besonderheiten. Gegenstand einer Bewertung ist dabei regelmäßig nicht das (sichtbare) Anwendungsprogramm, sondern der Quellcode (»sourcecode«), der urheberrechtlich geschützt ist.

5.6.2 Software-Entwicklung

Die Entwicklung von Software durchläuft in der Regel einen längeren Prozess. Der typische Lebenszyklus einer Softwareentwicklung lässt sich durch sieben idealtypische Phasen beschreiben (siehe hierzu Abbildung 54).

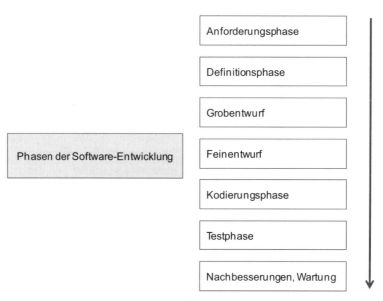

Abb. 54 Phasen der Software-Entwicklung[241]

Die Anforderungsphase beinhaltet die Festlegung und Dokumentation von Zielen und Aufgaben. In der Definitionsphase werden die quantitativen und qualitativen Anforderungen in einem Pflichtenheft ausgearbeitet. Eine zunehmende Konkretisierung erfolgt dann in den Entwurfsphasen. Nach

241) In Anlehnung an Suermann, J. C. (2006), S. 17.

Abschluss des Feinentwurfs ist eine vollständige Aufschlüsselung der Software-Architektur erfolgt.

In der Kodierung- bzw. Programmierungsphase wird die Software-Architektur in den Quellcode einer Programmiersprache transformiert. In der anschließenden Testphase wird die Funktionsfähigkeit und Zuverlässigkeit der Software überprüft. Sie bildet die Basis für die wirtschaftliche Auswertung und schließt den technischen Entwicklungsprozess ab. Im Rahmen der wirtschaftlichen Auswertung werden gegebenenfalls Fehlerbereinigungen und Nachentwicklungen vorgenommen. Zum Abschluss der Testläufe liegt dann der endgültige Quellcode vor, der in eine für Datenverarbeitungsanlagen lesbaren Maschinencode übersetzt wird und zum Beispiel an die Kunden übergehen kann.

In den verschiedenen Phasen ist typischerweise mit unterschiedlichen Kosten zu rechnen. Abbildung 55 zeigt den typischen Aufwandsverlauf und Zeitbedarf einer Standardsoftware-Entwicklung.

Anteil an der Projektzeit bis zur Lauffähigkeit in %						Wartungskosten (ohne Funktions- und Leistungsverbesserungen)
5	10	25	15	10	35	Häufig größer als Entwicklungskosten

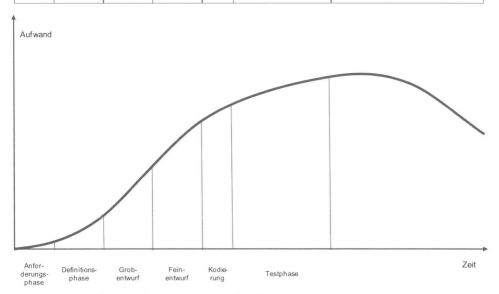

Abb. 55 Typischer Aufwandsverlauf bei Entwicklung einer Standardsoftware[242)]

242) In Anlehnung an Suermann, J. C. (2006), S. 19 und End, W./Gotthardt, H./Winkelmann, R. (1986), S. 17, S. 486.

221

Software

Demnach sind tendenziell die Kosten für Nachbesserung und Wartung, die während der gesamten Anwendungzeit anfallen, oft sogar noch höher als der vorausgegangene Entwicklungsaufwand bis zum nutzbaren Produkt. Die Wartungskosten beinhalten beispielsweise Fehlerbeseitigungen, Programmverbesserungen und Updates (ohne Funktionserweiterungen und Leistungsverbesserungen). Der Kostenanteil, der während der Wartungs- bzw. Anwendungsphase für Verbesserungen und Updates anfällt, liegt nach Einschätzungen von Fachleuten häufig zwischen 60 Prozent bis 80 Prozent und ist oft auf unentdeckte Fehler der Entwurfsphase zurückzuführen.[243] Allerdings sind diese Schätzungen nicht zu verallgemeinern, da die Anwendungsgebiete von zu bewertender Software äußerst breit sind.

Werden neben den Wartungskosten auch Kosten für Funktions- und Leistungsverbesserungen berücksichtigt, nehmen die Kosten über die Nutzungsdauer einer Software nach Erfahrungen von IT-Spezialisten oft stetig zu.[244]

Die Kosten der Software-Wartung, die während der Anwendungsphase anfallen, sind daher von großer Bedeutung. Nach Einschätzung von Experten hat Software eine relative lange Nutzungsdauer von etwa 15 Jahren,[245] die allerdings erst durch regelmäßige Wartungsleistungen ermöglicht wird. Diese Nutzungsdauer wäre für das konkrete Bewertungsobjekt separat zu analysieren und zu schätzen.

Während die Softwareentwicklung mit hohen Anfangsinvestitionen verbunden ist, werden die Rückflüsse erst mit erheblicher zeitlicher Verzögerung generiert. Im Gegensatz zur Herstellung materieller Güter sind die echten Produktionskosten von Software (z. B. Pressen einer CD, Verpackung) vergleichsweise unerheblich. Die Entwicklungsphase ist dagegen vergleichsweise kostenintensiv und wird im Wesentlichen von Personalkosten bestimmt.

5.6.3 Besonderheiten bei der Software-Bewertung von Software-Unternehmen

Bei der Bewertung von Software eines Software-Unternehmens wird im Grunde das Kernprodukt des Geschäftsmodells und damit einer der wesentlichen Werttreiber bewertet. Üblicherweise werden die Umsätze mit Produktsoftware durch einmaligen Lizenzverkauf, Vermietung oder Leasing

243) Vgl. Wiederhold, G./Gupta, A./Mittal, R./Neuhold, E. (2006), S. 6.
244) Vgl. Wiederhold, G. (2006), S. 65.
245) Vgl. Wiederhold, G./Gupta, A./Mittal, R./Neuhold, E. (2006), S. 7.

sowie der Vermarktung von Upgrades und aus dem Anbieten zusätzlicher Dienstleistungen wie z. B. Wartung und Service generiert.[246] Die Kosten, die in einem Software-Unternehmen für Wartung, Service sowie Funktions- und Leistungsverbesserungen anfallen, sind zur Erzielung und Erhaltung der Software-Umsätze notwendig. Die Umsatzentwicklung sowie der Verlauf der Kosten über die Nutzungsdauer einer Software kann grundsätzlich (vereinfachend) wie in Abbildung 56 dargestellt werden.

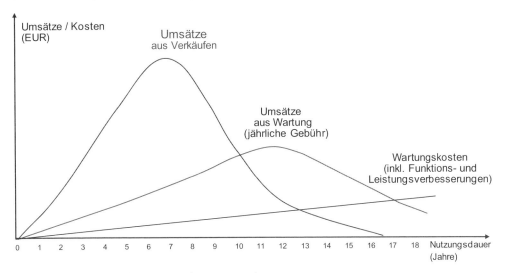

Abb. 56 Umsätze eines Software-Unternehmens aus Verkäufen und jährlichen Gebühren[247]

Die Umsatzarten aus der Software haben somit einen unterschiedlichen Lebenszyklus. Der Preis einer erstmaligen Softwarelizenz ist während der Nutzungsdauer typischerweise relativ konstant. Preiserhöhungen liegen meist unterhalb der Inflationsrate, Umsatzerhöhungen resultieren meistens nur aus Absatzsteigerungen. Die Umsatzerlöse aus Verkaufen reduzieren sich daher nach einer gewissen »technologischen« Nutzungsdauer zunehmend.

Die jährlichen Gebühren aus den Serviceverträgen folgen den Lizenzverträgen erfahrungsgemäß kontinuierlich nach, da die überwiegende Mehrheit der Kunden den Servicekontrakt regelmäßig verlängert. Ab einem be-

246) Vgl. Klosterberg, M. O. (2007), S. 301.
247) In Anlehnung an Wiederhold, G./Gupta, A./Mittal, R./ Neuhold, E. (2006), S. 6.

stimmten Marktsättigungsgrad werden die Umsätze daher im Wesentlichen aus den jährlichen Gebühren der Serviceverträge generiert.[248]

Aufgrund der Absatzausweitungen und der zusätzlich abgeschlossenen Serviceverträge steigen die Kosten für Wartung sowie für Funktionserweiterungen und Leistungsverbesserungen im Zeitverlauf an. Das Ende der (wirtschaftlichen) Nutzungsdauer der Software ist grundsätzlich dann erreicht, wenn die zusätzlich generierten Verkäufe nicht mehr ausreichen, die typischerweise im Zeitverlauf ansteigenden Wartungskosten zu decken.[249]

5.6.4 Anwendung der Bewertungsmethoden

5.6.4.1 Marktorientierter Ansatz

Die Anwendung von marktorientierten Methoden setzt voraus, dass die Software marktgängig ist und ein hinreichend liquider Markt für Software existiert. Bei Software trifft dies grundsätzlich – wie auch bei anderen immateriellen Vermögenswerten – eher nicht zu. Software als einzelnes Asset wird »öffentlich« nicht gehandelt, die verfügbaren Marktpreise sind z. B. Preise für Anwendersoftware. Diese können zwar Anhaltspunkte für den Wert des dahinterliegenden Quellcodes geben, die Preise beziehen sich aber auf bestimmte marktgängige Produkte und nicht auf das Bewertungsobjekt selbst. Fraglich ist, ob über Transaktionswerte von Software-Unternehmen Analogien zum Wert der Software gebildet werden können. Diese Überlegung ist bislang – soweit ersichtlich – noch nicht untersucht worden. Allerdings lassen Preise für Software-Unternehmen ähnlich wie Preise für Markenartikel nicht unbedingt einen Rückschluss darauf zu, welcher Wert aus dem Zusammenspiel der verschiedenen Produktionsfaktoren eines solchen Unternehmens auf den zentralen Werttreiber im Rahmen einer isolierten Bewertung entfällt. Diese Überlegung wird in der Bewertungspraxis aber zumindest im Rahmen der Plausibilitätsprüfungen angestellt.

5.6.4.2 Kapitalwertorientierter Ansatz

Bei den kapitalwertorientierten Ansätzen stehen die zukünftigen finanziellen Vorteile des immateriellen Vermögenswertes im Vordergrund. Der Wert der Software ergibt sich somit als Barwert der zukünftigen Cashflows, die sich aus der Nutzung der Software generieren lassen.

---

248) Vgl. Wiederhold, G. (2006), S. 71 ff.
249) Vgl. Wiederhold, G. (2006), S. 74; Wiederhold, G./Gupta, A./Mittal, R./Neuhold, E. (2006), S. 8.

Soweit der zu bewertenden Software direkt Erlöse zugerechnet werden können, ist die Anwendung einer kapitalwertorientierten Methode oft angemessen. Während insbesondere für Standard- und Systemsoftware am Markt noch Erlöse erzielt werden können, ist dies bei Individualsoftware meist nicht gegeben. In der Praxis wird in diesem Zusammenhang häufig auf die Methode der Lizenzpreisanalogie zurückgegriffen. Lizenzen sind in diesem Kontext oft als Pauschallizenz oder Staffellizenz vereinbart. So wird für eine Softwarelizenz oft eine Einmalzahlung mit gestaffelten Beträgen für den Erwerb von Lizenzen für aktuellere Versionen vereinbart.

In den Fällen, in denen keine Informationen über marktübliche Preise vorliegen, kann gegebenenfalls auf eine Differenzmethode zurückgegriffen werden. In diesem Fall wird der Barwert aus dem Vergleich der Aktivitäten mit Software und ohne Software ermittelt.

In den Fällen, in denen die Software der zentrale Werttreiber des Unternehmens ist, kann der Wert der Software auch über die Residualwertmethode ermittelt werden.

Insbesondere wenn Software unternehmensinterne Prozesse unterstützt und gegenüber Kunden nicht wahrgenommen wird, können Erlöse meist nicht direkt zugeordnet werden. Der kapitalwertorientierte Ansatz ist daher oft nur bedingt zur Bewertung von Software geeignet.[250]

5.6.4.3 Kostenorientierter Ansatz

Für die Bewertung von Software, insbesondere Individualsoftware, wird in der Regel der kostenorientierte Ansatz herangezogen. Grundlage der Ermittlung des Wertes ist die Summe aller Investitionen, die in der Vergangenheit für die Entwicklung des Quellcodes nötig waren. Die historischen Kosten werden auf den Bewertungszeitpunkt indexiert. Bei der Reproduktionskostenmethode werden Ineffizienzen (aus der Perspektive des Stichtags) beibehalten und beispielsweise neue Programmiersprachen/Technologien nicht berücksichtigt.[251]

Abbildung 57 zeigt beispielhaft die Bewertung einer Software auf Basis der historischen Kosten.

Demnach sind die softwarespezifischen Entwicklungskosten aus der internen Kostenrechnung zu identifizieren und gegebenenfalls um diejenigen Kosten zu bereinigen, die nicht mit der Software in Zusammenhang gebracht werden können. Die Entwicklungskosten sind im Wesentlichen auf die zuzurechnenden Personalaufwendungen, z. B. für die Programmierung, zurückzuführen. Die Kosten werden dann mit einem Verbraucher- oder Er-

250) Vgl. Ehret, M./Schenk, N. (2006), S. 6.
251) Vgl. Reilly, R. F./Schweihs, R. P. (1999), S. 122.

Historische Kosten der Software-Entwicklung (in TEUR)	T_{-6}	T_{-5}	T_{-4}	T_{-3}	T_{-2}	T_{-1}	T_0	Gesamt
Anteilige Personalaufwendungen inkl. Sozialabgaben (insbes. Programmierer)	100	150	450	900	1.200	1.300	1.300	5.400
Gemeinkosten (Miete, Verwaltung etc.)	20	30	50	70	95	100	105	470
Investitionen für Forschung- und Entwicklungseinrichtungen, Hardware etc.	10	80	150	180	190	150	100	860
Aufwendungen für Entwürfe, Tests und Fertigstellung	1	30	80	150	200	250	400	1.111
Qualitätsmanagement	0	5	30	50	50	75	100	310
Externe Dienstleistungen und Beratung	0	10	20	45	45	65	65	250
Entwicklungskosten	**131**	**305**	**780**	**1.395**	**1.780**	**1.940**	**2.070**	**8.401**
Preisindex (Erzeuger oder Verbraucher)	2,00 %	3,00 %	1,50 %	2,00 %	2,50 %	2,70 %	2,70 %	
Trendfaktor	1,02	1,05	1,07	1,09	1,11	1,14	1,16	
Indexierte Entwicklungskosten	**133,62**	**320,25**	**830,70**	**1.513,58**	**1.975,80**	**2.205,78**	**2.409,48**	**9.389,21**
Historische Kosten am Bewertungsstichtag	**9.389,21**							

Abb. 57 Beispiel zur Software-Bewertung mit dem kosten-orientierten Ansatz

zeugerpreisindex auf den Bewertungsstichtag über den Trendfaktor indexiert. Im Beispiel berechnen sich auf diese Weise historische Kosten von rund TEUR 9 400.

Alternativ können theoretisch die zum Bewertungszeitpunkt erwarteten Wiederbeschaffungskosten kalkuliert werden, indem Entwicklungszeiten, etwa für die Dauer eines Programmiervorgangs je Programmierer und pro Zeile, für ein vergleichbares Entwicklungsprojekt geschätzt werden. Mit den Wiederbeschaffungskosten werden die Kosten kalkuliert, die zu einer Wiederherstellung der Software auf neuestem Stand notwendig wären. Oft ist die zu bewertende Software nicht ganz vergleichbar mit einer fiktiven Software auf neuestem Stand. Daher sollte der Wert der Software gegebenenfalls um die funktionale, technische und wirtschaftliche Veralterung angepasst werden.[252]

Die Wiederbeschaffungskosten sind insbesondere bei älterer Software oder Software, die über einen größeren Zeitraum entwickelt oder modifiziert wird, geringer als die Reproduktionskosten. Bei diesen sollte die Wiederbeschaffungskostenmethode gegenüber der Reproduktionskostenmethode präferiert werden.[253]

Beim kostenorientierten Verfahren ist allerdings das Erfolgspotenzial, das der Technologie zugrunde liegt, in der Regel nicht bzw. nicht ausreichend erfasst. Dieses Verfahren kann aber als Indikation einer Make-or-Buy-Ent-

252) Vgl. Reilly, R. F./Schweihs, R. P. (1999), S. 122.
253) Reilly, R.F./Schweihs, R. P. (1999), S. 368.

scheidung eines Investors den Grenzpreis eines möglichen Wertes abbilden. Teilweise wird in der Literatur aber empfohlen, die unternehmerische Initiative zur Entwicklung von Software durch eine zusätzliche Vergütung zu entlohnen.[254]

Alternativ zu den finanzorientierten Verfahren werden in der Literatur auch Verfahren zur Software-Bewertung erwähnt, die aus dem Bereich der Software-Entwicklung stammen. So werden mit Hilfe von verschiedenen Verfahren die Kosten und der Aufwand für ein Software-Projekt vor einem Projektbeginn möglicherweise auch geschätzt. Als Methoden werden beispielsweise die sog. Funktionspunktanalyse oder das algorithmische Kostenmodell COCOMO (Constructive Cost Model) genannt. Im Einzelfall ist hier zu überprüfen, ob diese Methode mit den Überlegungen der finanzorientierten Software-Bewertung kompatibel ist, da sie ursprünglich als Instrument für die Projektierung und Planung komplexer Software-Entwicklungsprojekte entwickelt und eingesetzt wurde.

254) Vgl. hierzu Reilly, R. F./Schweihs, R. P. (1999), S. 124–127.

Literaturverzeichnis

Aaker, D. A. (1992): *Management des Marken-werts*, Frankfurt/M.

Aboody, D./Lev, B. (2000): »Information Asymmetry, R&D, and Insider Gains«, in: *Journal of Finance*, Vol. 55, S. 2747–2766.

Aders, C./Wagner, M. (2004): »Kapitalkosten in der Bewertungspraxis: Zu hoch für die ›New Economy‹ und zu niedrig für die ›Old Economy‹«, in: *Finanz Betrieb*, 6. Jg., Heft 1, S. 30–42.

AICPA (2001): »Practice Aid: Assets Acqui-red in a Business Combination to Be Used in Research and Development Activities: A Focus on Software, Electronic Devices, and Pharmaceutical Industries (Practice Aid)«, New York.

AKU (2005): »Eckdaten zur Bestimmung des Kapitalisierungszinssatzes bei der Unter-nehmensbewertung – Basiszinssatz«, in: *IDW Fachnachrichten*, Heft 8, S. 555–556.

Arbeitskreis »Externe Unternehmensrech-nung« der Schmalenbach-Gesellschaft für Betriebswirtschaft e. V. (2002): »Grundsät-ze für das Value Reporting«, in: *Der Betrieb*, 55. Jg., S. 2337–2340.

Arbeitskreis »Immaterielle Werte im Rech-nungswesen« der Schmalenbach-Gesell-schaft für Betriebswirtschaft e. V. (2001): »Kategorisierung und bilanzielle Erfas-sung immaterieller Werte«, in: *Der Betrieb*, 54. Jg., S. 989–995.

ARD: ARD/ZDF-Online-Studie 2008. Unter: http://www.daserste.de/service/studie.asp, abgerufen am 28. Januar 2009.

Baetge, J./Krause, C. (1994): »Die Berück-sichtigung des Risikos bei der Unterneh-mensbewertung – Eine empirisch gestütz-te Betrachtung des Kalkulationszinses«, in: *Betriebswirtschaftliche Forschung und Praxis*, 46. Jg., Heft 5, S. 433–456.

Baetge, J./Niemeyer, K./Kümmel, J./Schulz, R. (2009): »Darstellung der Discounted-Cashflow-Verfahren (DCF-Verfahren) mit Beispiel«, in: Peemöller, V. (Hrsg.): *Praxis-handbuch der Unternehmensbewertung*, 4. Aufl., Herne, S. 339–477.

Ballwieser, W. (2002): »Der Kalkulationszins-fuß in der Unternehmensbewertung: Komponenten und Ermittlungsprobleme«, in: *Die Wirtschaftsprüfung*, 55. Jg., Heft 14, S. 736–743.

Ballwieser, W. (2007): *Unternehmensbewer-tung. Prozeß, Methoden und Probleme*, 2. Aufl., Stuttgart.

Bank for International Settlements (2005): *Zero-coupon yield curves: technical documen-tation*, BIS Papers No. 25, Basel.

Bartenbach, K./Volz, F.-E. (2006): *Arbeitneh-mererfindungen – Praxisleitfaden*. 4. Aufl., Köln.

Becker, J. (2005): »Einzel-, Familien- und Dachmarken als grundlegende Hand-lungsoptionen«, in: Esch, F.-R. (Hrsg.): *Moderne Markenführung. Grundlagen. Inno-vative Ansätze. Praktische Umsetzungen*, 4. Aufl., Wiesbaden, S. 381–402.

Becker, M. (2003): »Die Verrechnung von Entgelten für die Überlassung von Namen und Marken«, in: Oestreicher, A. (Hrsg.): *Internationale Verrechnungspreise*, Herne/Berlin.

Bekmeier-Feuerhahn, S. (1998): *Marktorien-tierte Markenbewertung: eine konsumenten- und unternehmensbezogene Betrachtung*, Wiesbaden.

Berry, J. (2005): *Tangible Strategies for Intangi-ble Assets*, New York u. a.

Bewertung von immateriellem Vermögen. Rainer Kasperzak und Anke Nestler
Copyright © 2010 WILEY-VCH Verlag GmbH & Co. KGaA, Weinheim
ISBN 978-3-527-50422-0

Beyer, S./Mackenstedt, A. (2008): »Grundsätze zur Bewertung immaterieller Vermögenswerte (IDW S 5)«, in: *Die Wirtschaftsprüfung*, 61. Jg., Heft 8, S. 338–349.

Bezant, M./Ryan, D. (2006): »Valuing IP
rights and getting the right royalty rate«,
in: *IAM Magazine*, S. 30–33.

Blumenberg, J./Kupke, T. (2004): »Verrechnungspreise«, in: *Dokumentation von Verrechnungspreisen – Ein Leitfaden für die
Praxis*, F.A.Z.-Institut.

Böcker, H. (1991): »Steuerliche Prüfung und
Behandlung von Lizenzzahlungen an verbundene ausländische Unternehmen«, in:
Die steuerliche Betriebsprüfung, 31. Jg., Heft
4, S. 73–83.

Bruhn, M. (1994): »Begriffsabgrenzungen
und Erscheinungsformen von Marken«,
in: Bruhn, M. (Hrsg.): *Handbuch Markenartikel*, Band 1, Stuttgart, S. 3–41.

Bruhn, M. (2001): »Bedeutung der Handels-
marke im Wettbewerb – eine Einführung,
in: Bruhn, M. (Hrsg.): *Handelsmarken: Zu-
kunftsperspektiven der Handelsmarkenpolitik*.
3. Aufl., Stuttgart, S. 3–48.

Brummet, R.L./Flamholtz, E.G./Pyle, W.C.
(1969): »Human Resource Accounting: A
Tool to Increase Managerial Effectiveness«,
in: *Management Accounting*, Vol. 50, S. 12–
15.

Bundesgerichtshof: Entscheidung vom
29.04.1987, BFH X R 2/80 Bundessteuer-
blatt 1987.

Burr, W./Stephan, M./Soppe, B./Weisheit, S.
(2007): *Patentmanagement: Strategischer
Einsatz und ökonomische Bewertung von
technologischen Schutzrechten*, Stuttgart.

Castedello M./Schmusch, M. (2008): »Markenbewertung nach IDW S 5«, in: *Die
Wirtschaftsprüfung*, 61. Jg., Heft 8, S. 350–
356.

Castedello, M./Klingbeil, C./Schröder, J.
(2006): »IDW RS HFA 16. Bewertungen
bei der Abbildung von Unternehmenserwerben und bei Werthaltigkeitsprüfungen
nach IFRS«, in: *Die Wirtschaftsprüfung*,
59. Jg., Heft 16, S. 1028–1036.

Contractor, F. J. (2001): *Valuation of Intangible Assets in Global Operations*,
Westport/London.

Cornelsen, J. (2000): *Kundenwertanalyse im
Beziehungsmarketing*, Nürnberg.

Deutsche Bundesbank (1997): »Schätzung
von Zinsstrukturkurven«, in: Deutsche
Bundesbank Monatsbericht Oktober 1997,
unter: http://www.bundesbank.de/downlo-
ad/volkswirtschaft/mba/1997/199710mba_
zstrukt.pdf, abgerufen am 23.03.2009.

Dorschell, A./Franken, L./Schulte, J. (2009):
*Der Kapitalisierungszins in der Unterneh-
mensbewertung*, Düsseldorf.

Dreyer, D. (2004): *Bewertung personalintensi-
ver Dienstleistungsunternehmen – Die Integration von Intellektuellem Kapital in die
Unternehmensbewertung*, Wiesbaden.

Drukarczyk, J./Schüler, A. (2009): *Unternehmensbewertung*, 6. Aufl., München.

Dürrfeld, A./Wingendorf, P. (2005): »Lizenzierung von Markenrechten im Konzern«,
in: *Internationales Steuerrecht*, 14. Jg., Heft
13, S. 464–468.

E-Commerce-Center Handel (2008): Unter
http://www.ecc-handel.de/empirische_da-
ten_und_prognosen.php, abgerufen am
19. Januar 2009.

Edvinsson, L./Sullivan, P. (1996): »Develo-
ping a Model for Managing Intellectual Capital«, in: *European Management Journal*,
Vol. 14, Heft 4, S. 356–364.

Ehret, M./Schenk, N. (2006): *Über den Wert
von Software – Anlässe und Methoden der
Softwarebewertung*, Diskussionspaper von
PricewaterhouseCoopers, unter
http://www.pwc.de/fileserver/Embedded
Item?docId=e503ae4ab405c90&compo-
nentName=articleDownload_hd&title=PD
F%3A+Softwareentwicklung+und+ihre+
Kosten, abgerufen am 19. November 2009.

Ehrhart, N. (2006): »Immaterielle Vermögenswerte und Unternehmensfinanzierung«, in: Kreditanstalt für Wiederaufbau
(KfW) Bankengruppe (Hrsg.): *Beiträge zur
Mittelstands- und Strukturpolitik, Sonder-
band Innovationen im Mittelstand*, Nr. 37,
S. 149–165.

Ehrhart, N./Zimmermann, V. (2007): »Pa-
tentierungsaktivitäten mittelständischer
Unternehmen«, in: Kreditanstalt für
Wiederaufbau (KfW) Bankengruppe
(Hrsg.): *WirtschaftsObserver online*, Nr. 22,
S. 1–12, unter: http://www.kfw.de/DE_Ho-

me/Service/Download_Center/Allgemei-
ne_Publikationen/Research/PDF-Doku-
mente_WirtschaftsObserver_onli-
ne/2007/WOb_online_2007-04.pdf, abgerufen am 12.09.2008.

Emde, R. (2009): »Das Handelsvertreteraus-
gleichsrecht muss neu geschrieben werden – Folgen des EuGH-Urteils vom
26.03.2009, C-348/07«, in: *Deutsches Steuerrecht*, Heft 29, S. 759 ff.

End, W./Gotthardt, H./Winkelmann, R.
(1986): *Softwareentwicklung*, Berlin/Mün-
chen.

Ernst, H. (2001): »Patent applications and
subsequent changes of performance: evi-
dence from time-series cross-section analy-
ses on the firm level«, in: *Research Policy*,
Vol. 30, Heft 7, S. 143–157.

Europäische Kommission (2005): *Study on
evaluating the knowledge economy – What
are patents actually worth? The value of patents for today´s economy and society*. Final
Report for Lot 1, unter:
http://ec.europa.eu/internal_market/ind-
prop/docs/patent/studies/patentstudy-re-
port_en.pdf, abgerufen am 20.01.2009.

Europäische Kommission (2006): *The value
of patents for today's economy and society*, Final Report for Lot 2, unter: http://ec.euro-
pa.eu/internal_market/indprop/docs/pa-
tent/studies/final_report_lot2_en.pdf, abgerufen am 25.08.2009.

Europäisches Patentamt (Hrsg.) (2008): *Fakten und Zahlen 2008*, unter:
http://www.epo.org/about-us/publica-
tions/general-information/facts-
figures_de.html, abgerufen am 3.4.2009.

FASB (2006): *Statements of Financial Accounting Standards*.

FASB (2008): *EITF 02-17, Recognition of Customer Relationship Intangible Assets Acquired
in a Business Combination*.

FAZ-Institut (Hrsg.) (2004): *Dokumentation
von Verrechnungspreisen – Ein Leitfaden für
die Praxis*, Frankfurt/M.

Fischer, T. M./Rödl, K./Schmid, A. (2006):
»Marktpreisorientierte Bewertung von Humankapital im Profi-Sport«, in: *Finanz Betrieb*, 8. Jg., Heft 5, S. 311–321.

Franzen, O. (1994): »Markenbewertung mit
Hilfe von Ertragswertansätzen«, in: *Deut-

sches Steuerrecht*, 32. Jg., Heft 44, S. 1625–
1630.

Freygang, W. (1993): *Kapitalallokation in di-
versifizierten Unternehmen: Ermittlung divi-
sionaler Eigenkapitalkosten*, Wiesbaden.

Gebauer, M. (2005): *Unternehmensbewertung
auf Basis von Humankapital*, Köln.

Gerzema, J. (2009): »The Brand Bubble«, in:
Marketing Research, 21. Jg., Heft 1, S. 6–11.

Gesetz über Arbeitnehmererfindungen
(ArbEG) in der im Bundesgesetzblatt
Teil III, Gliederungsnummer 422-1, veröffentlichten bereinigten Fassung, geändert
durch Artikel 7 des Gesetzes vom 31. Juli
2009 (Bundesgesetzblatt I S. 2521).

Gesetz über die Besteuerung bei Auslands-
beziehungen (Außensteuergesetz, AStG)
in der Fassung vom 08.09.1972, zuletzt
geändert durch Artikel 9 des Gesetzes vom
19. Dezember 2008 (Bundesgesetzblatt I
S. 2794).

Glaschke, M. (2006): Unabhängigkeit von
Bilanzpolitik im IFRS-Einzelabschluss und
in der Steuerbilanz, in: *Schriftenreihe Steu-
erinstitut Nürnberg*, Nr. 2006-04, unter:
http://www.steuerinstitut.wiso.uni-erlan-
gen.de/www/publikationen/publikatio-
nen.php, abgerufen am 15.08.2008.

Goldscheider, R./Jarosz, J./Mulhern, C.
(2002): »Use of the 25 Per Cent Rule in Valuing IP«, in: *les Nouvelles*, 37. Jg., Heft 4,
S. 123–133.

Groß, M (2007): *Der Lizenzvertrag*, 9. Aufl.,
Frankfurt/M.

Groß, M. (1995): »Aktuelle Lizenzgebühren
in Patentlizenz-, Know-how und Compu-
terprogrammlizenz-Verträgen«, in: *Betriebs
Berater*, 50. Jg., Heft 18, S. 885–891.

Groß, M. (1998): »Aktuelle Lizenzgebühren
in Patentlizenz-, Know-how- und Compu-
terprogrammlizenz-Verträgen:
1996/1997«, in: *Betriebs Berater*, 53. Jg.,
Heft 26, S. 1321–1323.

Groß, M. (2008): »Aktuelle Lizenzgebühren
in Patentlizenz-, Know-how und Compu-
terprogrammlizenz-Verträgen: 2007«, in:
Kommunikation & Recht 2008, Heft 4,
S. 228–232.

Groß, M./Rohrer, O. (2008): *Lizenzgebühren*.
2. Aufl., Frankfurt/M.

Gruetzmacher, R.R./Khoury, S./Willey,T. (2000): »License Pricing – The Role of Company and University Complementary Assets«, in: *les Nouvelles*, 35. Jg. Heft 3, 2000, S. 116–123.

Grüner, T. (2006): *Behandlung der immateriellen Vermögenswerte im Rahmen der Erstkonsolidierung nach IAS/IFRS*, München.

Günther, T./Kirchner-Khairy, S./Zurwehme, A. (2004): »Measuring Intangible Resources for Managerial Accounting Purposes«, in: Horváth, P./Möller, K. (Hrsg.): *Intangibles in der Unternehmenssteuerung*, München, S. 159–185.

Harhoff, D./Scherer, F./Vopel, K. (2003): »Citations, family size, opposition and the value of patent rights«, in: *Research Policy*, Vol. 32, Heft 8, S. 1343–1363.

Hellebrand, O./Kaube, G./Falckenstein, R. (2007): *Lizenzsätze für technische Erfindungen*, 3. Aufl., Köln.

Hermans, J. P. (1991): »Strategies for Protection of Innovations, the Case of a Research-Intensive Multinational Corporation«, in: Träger, U./Witzleben, von A. (Hrsg.): *Patinnova '90 – Strategies for the Protection of Innovation*, Brüssel S. 83–88.

Hitz, J.-M. (2007): »Das Diskussionspapier ›Fair Value Measurements‹ des IASB – Inhalt und Bedeutung«, in: *Die Wirtschaftsprüfung*, 60. Jg., Heft 9, S. 361–367.

Hoffmann, W.-D. (2008): »Außerplanmäßige Abschreibungen, Wertaufholung«, in: Lüdenbach, N./Hoffmann, W.-D. (Hrsg.): *Haufe IFRS-Kommentar*, 6. Aufl., Freiburg.

Hollenbach, V. (2003): »Verlagerung des Vertriebs innerhalb eines Konzerns: Die Bewertung des Kundenstamms«, in: *Internationales Steuerrecht*, 12. Jg., Heft 17, S. 605–612.

Hölscher, L./Nestler, A./Otto, R. (2007): *Handbuch Financial Due Diligence*, Weinheim.

Holzapfel, H.-J./Pöllath, R. (2008): *Unternehmenskauf in Recht und Praxis*, 13. Aufl., Köln.

Homburg, C./Krohmer, H. (2006): *Marketingmanagement*, Wiesbaden.

IASB (2009): *Exposure Draft: Fair Value Measurement*, ED 2009/5, unter: http://www.iasb.org/Current+Projects/IAS B+Projects/Fair+Value+Measurement/Fair +Value+Measurement.htm, abgerufen am 2.9.2009.

IDW (2008): *WP Handbuch 2008. Wirtschaftsprüfung, Rechnungslegung, Beratung*, Band II, 13. Aufl., Düsseldorf.

IDW (IDW HFA RS 16, 2005): »IDW Stellungnahme zur Rechnungslegung: Bewertungen bei der Abbildung von Unternehmenserwerben und bei Werthaltigkeitsprüfungen nach IFRS (IDW RS HFA 16)«, Stand: 18. Oktober 2005, in: *Die Wirtschaftsprüfung*, 58. Jg., S. 1415–1426.

IDW (IDW S 1, 2008) »IDW Standard: Grundsätze zur Durchführung von Unternehmensbewertungen. IDW S1 i. d. F. 2008«, in: *Die Wirtschaftsprüfung*, 61. Jg., S. 271–292.

IDW (IDW S 5, 2007) »IDW Standard: Grundsätze zur Bewertung immaterieller Vermögenswerte (IDW S 5) (Stand: 12.07.2007)«, in: *Die Wirtschaftsprüfung*, 60. Jg., S. 610–621.

Ilzhöfer, V. (2007): *Patent-, Marken- und Urheberrecht*. 7. Aufl., München.

IVSC Discussion Paper (2007): *Determination of Fair Value of Intangible Assets for IFRS Reporting Purposes*, hrsg. von International Valuation Standards Committee, London, UK.

Jäger, R./Himmel, H. (2003): »Die Fair Value-Bewertung immaterieller Vermögenswerte vor dem Hintergrund der Umsetzung internationaler Rechnungslegungsstandards«, in: *Betriebswirtschaftliche Forschung und Praxis*, 55. Jg., Heft 4, S. 417–440.

Joppich, B./Nestler, A. (2003): »Die Lizenzanalogie bei Markenverletzungen auf dem Prüfstand: Rechtliche Anforderungen und betriebswirtschaftliche Anwendung, in: *Wettbewerb in Recht und Praxis*, 49. Jg., Heft 12, S. 1409–1417.

Jousma, H. (2005): »Considering Pharmaceutical Royalties«, in: *les Nouvelles*, 40. Jg., Heft 2, S. 65–77.

Kaltman, T. A. (1995): »Capitalization Using a Mid-Year Convention«, in: *Business Valuation Review*, Vol. 10, S. 178–182.

Kasperzak, R. (2000): »Unternehmensbewertung, Kapitalmarktgleichgewichtstheorie und Komplexitätsreduktion«, in: *Betriebswirtschaftliche Forschung und Praxis*, 52. Jg., Heft 5, S. 466–477.

Kasperzak, R. (2004): »Unternehmenspublizität in der Dienstleistungs- und Informationsgesellschaft«, in: Broesel, G./Kasperzak, R. (Hrsg.): *Internationale Rechnungslegung, Prüfung und Analyse*, München/Wien, 2004, S. 307–317.

Kasperzak, R./Nestler, A. (2007): »Zur Berücksichtigung des Tax Amortisation Benefit bei der Fair Value-Ermittlung immaterieller Vermögenswerte nach IFRS 3«, in: *Der Betrieb*, 60. Jg., Heft 9, S. 473–478.

Keitz, I. v. (2005): *Praxis der IASB-Rechnungslegung*, Stuttgart.

Keller, K. L. (2008): Strategic *Brand Management. Building, Measuring, and Managing Brand Equity*, 2. Aufl., Upper Saddle River.

Klosterberg, M. O. (2007): Bewertung von Software-Unternehmen, in: Drukarczyk, J./Ernst D. (Hrsg.): *Branchenorientierte Unternehmensbewertung*, 2. Aufl., München, S. 419–431.

Kloyer, M. (2004): »Methoden der Patentbewertung«, in: Horváth, P./Möller, K. (Hrsg.): *Intangibles in der Unternehmenssteuerung. Strategien und Instrumente zur Wertsteigerung des immateriellen Kapitals*, München, S. 419–431.

Knittel, M. (2006): »Kommentar zu § 9 BewG, Anm. 29«, in: Gürsching, L./Stenger, A. (Hrsg.): *Kommentar zum Bewertungsgesetz und Vermögensteuergesetz*. 6. Aufl., Köln.

Knoppe, H. (1972): *Die Besteuerung der Lizenz- und Know-how-Verträge*, 2. Aufl., Köln.

Knyphausen, D. z. (1993): »Why are Firms different? – Der Ressourcenorientierte Ansatz« im Mittelpunkt einer aktuellen Kontroverse im Strategischen Management«, in: *Der Betrieb*, 53. Jg., Heft 6, S. 771–792.

Kohl, T./Schilling, D. (2007): »Die Bewertung immaterieller Vermögenswerte gem. IDW ES 5. Eine Würdigung unter Berücksichtigung ausgewählter Praxisprobleme«, in: *Unternehmensteuern und Bilanzen*, 9. Jg., Heft 14, S. 541–548.

Köhler, P. (2006): »Asbach macht flüssig«, in: *Handelsblatt* vom 22.03.2006, unter: http://www.handelsblatt.com/unternehmen/mittelstand_aktuell/asbach-macht-fluessig;1053551, abgerufen am 12.09.2008.

Krag, J./Kasperzak, R. (2000): *Grundzüge der Unternehmensbewertung*, München.

Krag, J./Mölls, S. (2001): *Rechnungslegung. Handels- und steuerrechtliche Grundlagen*, München.

Kriegbaum, C. (2001): *Markencontrolling: Bewertung und Steuerung von Marken als immaterielle Vermögenswerte im Rahmen eines unternehmenswertorientierten Controlling*, München.

Kroeber-Riel, W./Weinberg, P. (2009): *Konsumentenverhalten*. 9. Aufl., München.

Kruschwitz, L./Milde, H. (1996): »Geschäftsrisiko, Finanzierungsrisiko und Kapitalkosten«, in: *Schmalenbachs Zeitschrift für betriebswirtschaftliche Forschung*, 48. Jg., Heft 12, S. 1115–1133.

Kuebart, J. (1995): *Verrechnungspreise im internationalen Lizenzgeschäft*, Berlin.

Kuhner, C. (2007): »Unternehmensbewertung: Tatsachenfrage oder Rechtsfrage«, in: *Die Wirtschaftsprüfung*, 60. Jg., Heft 19, S. 825–834.

Kuhner, C./Maltry, H. (2006): *Unternehmensbewertung*, Berlin u. a.

Kümmel, J. (2002): *Grundsätze für die Fair Value-Ermittlung mit Barwertkalkülen*, Düsseldorf.

Lemley, M. A./Shapiro, C. (2005): »Probabilistic Patents«, in: *Journal of Economic Perspectives*, Vol. 19, Heft 2, S. 75–98.

Lev, B./Schwartz, A. (1971): »On the Use of the Economic Concept of Human Capital in Financial Statements«, in: *The Accounting Review*, 46. Jg., Heft 1, S. 103–112.

Lienau, A./Zülch, H. (2006): »Die Ermittlung des value in use nach IFRS. Eine Betrachtung der Einflussfaktoren des value in use vor dem Hintergrund der Vermittlung entscheidungsnützlicher Abschlussinformationen«, in: *Zeitschrift für internationale und kapitalmarktorientierte Rechnungslegung*, 6. Jg., Heft 5, S. 319–329.

Lintner, J. (1965): »The valuation of risk assets and the selection of risky investments in stock portfolios and capital budgets«, in:

Review of Economics and Statistics, Vol. 47, Heft 1, S. 13–37.

Lüdenbach, N./Prusaczyk, P. (2004): »Bilanzierung von Kundenbeziehungen in der Abgrenzung zu Marken und Goodwill«, in: *Zeitschrift für internationale und kapitalmarktorientierte Rechnungslegung*, 4. Jg., Heft 5, S. 204 – 214.

Mackenstedt, A./Fladung, H.-D./Himmel, H. (2006): »Ausgewählte Aspekte bei der Bestimmung beizulegender Zeitwerte nach IFRS 3«, in: *Die Wirtschaftsprüfung*, 59. Jg., S. 1037–1048.

Maul, K.-H./Mussler, S./Hupp, O. (2004): »Sieben Bewertungsverfahren im Vergleich«, in: *Absatzwirtschaft*, Sonderdokumentation, S. 223–239.

Mazzoleni, R./Nelson, R. R. (1998): »The benefits and costs of strong patent protection: a contribution to the current debate«, in: *Research Policy*, Vol. 27, Heft 3, S. 273–284.

Meffert, H. (1992): »Strategien zur Profilierung von Marken«, in: Dichtl, E./Eggers, W. (Hrsg.): *Beck-Wirtschaftsberater: Marke und Markenartikel als Instrumente des Wettbewerbs*, München, S. 130–154.

Merbold, C. (1995): »Die Investitionsgüter-Marke«, in: *Markenartikel*, 57. Jg., Heft 9, S. 414–417.

Modigliani, F./Miller, M. H. (1958): »The Cost of Capital, Corporation Finance and the Theory of Investment«, in: *American Economic Review*, Vol. 48, Heft 3, S. 261–297.

Modigliani, F./Miller, M. H. (1963): »Corporate Income Taxes and the Cost of Capital: A Correction«, in: *American Economic Review*, Vol. 53, Heft 3, S. 433–443.

Mölls, S. H./Strauß, M. (2007): »Bewertungsrelevanz der Rechnungslegung – Stand und Implikationen der empirischen Forschung für Aktionäre und Regulierer«, in: *Zeitschrift für Betriebswirtschaft*, 77. Jg., Heft 9, S. 955–995.

Monitoring Informations- und Kommunikationswissenschaft 2008: unter: http://www.tns-infratest.com/business_intelligence, abgerufen am 19. Januar 2009.

Moser, U. (2008): »Anwendungsfragen der Multi-Period Excess Earnings Method –
Teil 1: Grundlagen«, in: *BewertungsPraktiker*, 4. Jg., Heft 3, S. 10–21.

Moser, U./Goddar, H. (2007): »Grundlagen der Bewertung immaterieller Vermögenswerte am Beispiel der Bewertung patentgeschützter Technologien (Fallbeispiel)«, in: *Finanz Betrieb*, 9. Jg., Heft 11, S. 655–666.

Moser, U./Goddar, H. (2008): »Grundlagen der Bewertung patentgeschützter Technologien«, in: Schmeisser, W./Mohnkopf, H. (Hrsg.): *Ausgewählte Beiträge zum Innovationsmanagement, zur empirischen Mittelstandsforschung und zum Patentschutz*, München, S. 155–190.

Mossin, J. (1966): »Equilibrium in a Capital Asset Market«, in: *Econometrica*, Vol. 34, Heft 4, S. 768–783.

Moxter, A. (1982): *Betriebswirtschaftliche Gewinnermittlung*, Tübingen.

Moxter, A. (1983): *Grundsätze ordnungsgemäßer Unternehmensbewertung*, 2. Aufl., Wiesbaden.

Müller, A./Francis, B./Saal, I./Koeckeritz, M. (2007): »Germany: E-Commerce«, in: *U.S. Commercial Service*, unter: http://buyusainfo.net/docs/x_4607302.pdf, abgerufen am 29. Januar 2009.

Nakamura, L. I. (2001): »What is the US gross investment in intangibles? (At least) one trillion dollars a year«. Working Paper No. 01–15, Federal Reserve of Philadelphia.

Natusch, I. (2009): »Intellectual Property Rights im Rahmen der Unternehmensfinanzierung«, in: *Finanz Betrieb*, 11. Jg., Heft 9, S. 438–445.

Neighbour, J. (2002): »Transfer Pricing: Keeping it at arm's length«, in: *OECD Observer*, unter http://www.oecdobserver.org/news/printpage.php/aid/670, letzte Änderung 3. Juli 2008, abgerufen am 29.07.2008.

Nelson, C.R./Siegel, A.F. (1987): »Parsimonious Modeling of Yield Curves«, in: *Journal of Business*, Vol. 60, Heft 4, S. 473–489.

Nestler, A. (2005): »Bewertung von Webseiten und Domains«, in: *Betriebswirtschaftliche Mandantenbetreuung*, Heft 2, S. 50–54.

Nestler, A. (2008): »Ermittlung von Lizenzentgelten«, in: *Betriebs Berater*, 63. Jg., Heft 37, S. 2002–2006.

Nestler, A./Jonas, K.-U. (2005): »Der Wert der Marke«, in: *Immobilien Manager*, 15. Jg., Heft 10, S. 52–55.

Neuburger, B. (2005): *Die Bewertung von Patenten. Theorie, Praxis und der neue Conjoint- Analyse Ansatz*, Göttingen.

Niemann, U. (2006): *Immaterielle Wirtschaftsgüter im Handels- und Steuerrecht – Bilanzierung, Bewertung, Sonderfälle*, 2. Aufl., Berlin.

Obermaier, R. (2006): »Marktzinsorientierte Bestimmung des Basiszinssatzes in der Unternehmensbewertung«, in: *Finanz Betrieb*, 8. Jg. 2006, H. 7/8, S. 472–479,

Ocean Tomo (2007): »The power of intangible assets. An analysis of the S&P 500«, unter: www.icknowledgecenter.com/WhitePapers/OceanTomoS&P500.pdf, abgerufen am 28.05.2008.

OECD (2003): *OECD Musterabkommen 2003 zur Vermeidung der Doppelbesteuerung auf dem Gebiet der Steuern vom Einkommen und vom Vermögen (OECD-MA 2003)*.

OECD (2007): *OECD Science, Technology and Industry Scoreboard 2007*, unter: http://titania.sourceoecd.org/vl=14116969/cl=18/nw=1/rpsv/sti2007/, abgerufen am 13.09.2008.

Oswald, D. R./Zarowin, P. (2007): »Capitalization of R&D and the Informativeness of Stock Prices«, in: *European Accounting Review*, Vol. 16, Heft 4, S. 703–726.

Perridon, L./Steiner, M. (2007): *Finanzwirtschaft der Unternehmung*, 14. Aufl., München.

Persch, P.-R. (2003): *Die Bewertung von Humankapital – eine kritische Analyse*, Mering.

Pfister, C. (2003): *Divisionale Kapitalkosten*, Bern.

Rebel, D. (2007): *Gewerbliche Schutzrechte*, 5. Aufl., Köln.

Reilly, R. F./Schweihs, R. P. (1999): *Valuing Intangible Assets*, New York.

Reitzig, M. (2002): *Die Bewertung von Patentrechten*, Wiesbaden.

Richter, F./Timmreck, C. (2004): »Bestimmung von Eigenkapitalkosten«, in: Richter, F./Timmreck, C. (Hrsg.): *Unternehmensbewertung – Moderne Instrumente und Lösungsansätze*, Stuttgart, S. 61–75.

Sander, M. (1994): »Der Wert internationaler Marken – Ein Ansatz zu seiner Bestimmung auf Basis der hedonischen Theorie«, Diskussionsbeitrag Nr. 35, Wirtschaftswissenschaftliche Fakultät der Eberhard-Karls-Universität Tübingen, Tübingen.

Sander, M: (1994): *Die Bestimmung und Steuerung des Wertes von Marken. Eine Analyse aus Sicht des Markeninhabers*, Heidelberg.

Sattler, H./Völckner, F. (2007): *Markenpolitik*. 2. Aufl., Kohlhammer Edition Marketing, Stuttgart.

Schankermann, M./Pakes, A. (1986): »Estimates of the Value of Patent Rights in European Countries during the Post-1950 Period, in: *Economic Journal*, Vol. 96, S. 1052–1076.

Schmusch, M/Laas, T. (2006): »Werthaltigkeitsprüfungen nach IAS 36 in der Interpretation von IDW RS HFA 16«, in: *Die Wirtschaftsprüfung*, 59. Jg., Heft 16, S. 1048–1060.

Scholz, C. (2005): »Die Saarbrücker Formel – was Ihre Belegschaft wert ist«, in: *Personal Manager*, 3. Jg., Heft 2, S. 16–19.

Scholz, C./Stein V./Bechtel, R. (2006): *Human Capital Management: Wege aus der Unverbindlichkeit*, 2. Aufl., München.

Servatius, H.-G. (2004): »Nachhaltige Wertsteigerung mit immateriellem Vermögen«, in: Horváth, P./Möller, K. (Hrsg.): *Intangibles in der Unternehmenssteuerung*, München, S. 83–95.

Sharpe, W. F. (1964): »Capital Asset Prices: A Theory of Market Equilibrium under Conditions of Risk«, in: *Journal of Finance*, Vol. 19, Heft 3, S. 425–442.

Smith, G. (1997): *Trademark Valuation*, Washington, D.C.

Smith, G./Parr, R. (2000): *Valuation of Intellectual Property and Intangible Assets*, 3. Aufl., New York.

Stauss, B. (1994): »Dienstleistungsmarken«, in: Bruhn, M. (Hrsg.): *Handbuch Markenartikel*, Band 1, Stuttgart, S. 79–103.

Stegink, R./Schauten, M./de Graaff, G. (2007): »The Discount Rate for Discounted Cash Flow Valuations of Intangible Assets«, Working Paper, unter: http://papers.

ssrn.com/sol3/papers.cfm?abstract_id=
976350, abgerufen am 1.9.2009.

Steiner, M./Bauer, C. (1992): »Die fundamentale Analyse und Prognose des Markt-
risikos deutscher Aktien«, in: *Schmalenbachs Zeitschrift für betriebswirtschaftliche
Forschung*, 44. Jg., Heft 4, S. 347–368.

Stoi, R. (2004): »Management und Controlling von Intangibles«, in: Horváth, P./Möl-
ler, K. (Hrsg), *Intangibles in der Unternehmenssteuerung*, München, S. 186–201.

Streich, D. (2006): *Wertorientiertes Personalmanagement – Theoretische Konzepte und
empirische Befunde zur monetären
Quantifizierung des betrieblichen Humankapitals*, Frankfurt/M.

Suermann, J. C. (2006): *Bilanzierung von
Software nach HGB, US-GAAP und IFRS –
Integrative Analyse der Regelungen zu An-
satz, Bewertung und Umsatzrealisation von
Software aus Hersteller- und Anwendersicht*,
Saarbrücken.

Svensson, L. E. O. (1995): »Estimating For-
ward Interest Rates with the Extended Nelson & Siegel Method«, in: *Quarterly
Review*, Sveriges Riksbank (1995), Heft 3,
S. 13–26.

The Appraisal Foundation (2008): »Best
Practices for Valuation in Financial Reporting: Intangible Asset Working Group, The
Identification of Contributory Assets and
the Calculation of Economic Rent«.

The Appraisal Foundation Best Practices for
Valuations in Financial Reporting: Intangible Asset Working Group (2009): *The Identification of Contributory Assets and the Calculation of Economic Rents*, Exposure Draft,
Stand: Februar 2009.

The Economist (2006): »Securitising Intellectual Property: Intangible Opportunities«.

Thume, K.-H. (2009): »Die Bedeutung des
Kundenstamms im Vertriebsrecht«, in: *Betriebs Berater*, 64. Jg., Heft 20, S. 1026–
1031.

Timmreck, C. (2002): »ß-Faktoren. Anwen-
dungsprobleme und Lösungsansätze«, in:
Finanz Betrieb, 4. Jg., Heft 5, S. 300–306.

Tobin, J. (1958): »Liquidity Preference as Be-
haviour Towards Risk«, in: *Review of Economic Studies*, Vol. 25, Heft 2, S. 65–86.

Umsetzung – Unternehmensführung, 2. Aufl.,
Wiesbaden.

Urban, R. (2007): *Dilemma Humankapitalbe-
wertung – Ein möglicher Ausweg durch die
Betrachtung unternehmensinterner Transaktionen*, Saarbrücken.

Verband Forschender Arzneimittelhersteller
e. V. (2005): *Der Schutz geistigen Eigentums.
Patente – Voraussetzung für Innovation*, o.
O. Vergütungsrichtlinie von Arbeitnehmererfindungen Richtlinien für die Vergütung von Arbeitnehmererfindungen im
privaten Dienst vom 20.07.1959 (Beilage
zum Bundesanzeiger Nr. 156 vom 18. August 1959), einschließlich der Änderungen
durch die Richtlinie vom 01.09.1983 Vergütungsrichtlinien für Arbeitnehmererfindungen (Bundesanzeiger Nr. 169,
S. 9994).

Verordnung zu Art, Inhalt und Umfang von
Aufzeichnungen im Sinne des § 90 Abs. 3
der Abgabenordnung (Gewinnabgren-
zungsaufzeichnungsverordnung, GAufzV)
vom 13. November 2003 (Bundesgesetzblatt. I S. 2296), zuletzt geändert durch
Artikel 9 des Gesetzes vom 14. August
2007 (Bundesgesetzblatt I S. 1912).

Verordnung zur Anwendung des Fremdvergleichsgrundsatzes nach § 1 Abs. 1 des
Außensteuergesetzes in Fällen grenzüberschreitender Funktionsverlagerungen
(Funktionsverlagerungsverordnung –
FVerlV), BR-Drucksache 352/08 vom
23.05.2008.

Vögele, A./Borstell, T./Engler, G. (2004):
Handbuch der Verrechnungspreise, 2. Aufl.,
München.

Wagner, W./Jonas, M./Ballwieser, W./Tschö-
pel, A. (2006): »Unternehmensbewertung
in der Praxis – Empfehlungen und Hinweise zur Anwendung von IDW S 1«, in:
Die Wirtschaftsprüfung, 59. Jg., S. 1005–
1027.

Weber, J./Kaufmann, L./Schneider, Y.
(2006): *Controlling von Intangibles, Nicht-
monetäre Unternehmenswerte aktiv steuern*,
Weinheim.

Wiederhold, G. (2006): »What is Your Software Worth?«, in: *Communications of the
ACM*, Vol. 49, Heft 9, S. 65–75.

236

Wiederhold, G./Gupta, A./Mittal, R./Neu-
hold, E. (2006): »The Value of Outsourced
Software«, Eller College of Management
Working Paper No. 1031–06.

Wiese, J./Gampenrieder, P. (2007): »Kapitalmarktorientierte Bestimmung des Basiszinssatzes«, in: *Der Schweizer Treuhänder*,
Heft 6/7, 81. Jg., S. 442–448.

Wiswede, G. (1992): »Die Psychologie des
Markenartikels«, in: Dichtl, E./Eggers, W.
(Hrsg.): *Beck-Wirtschaftsberater: Marke und
Markenartikel als Instrumente des Wettbe-
werbs*, München, S. 72–95.

Wurzer, A./Reinhardt, D. (2006): *Bewertung
technischer Schutzrechte*, Köln.

Zieren, W. (2005.): »Steuerrechtliche Fragen
(Teil V)«, in: Hölters, W. (Hrsg.): *Handbuch
des Unternehmens- und Beteiligungskaufs*,
6. Aufl., Köln.

Zimmermann, P. (1997): *Schätzung und Prognose von Betawerten: Eine Untersuchung
am deutschen Aktienmarkt*, Bad Soden/Tau-
nus.

Zimmermann, V. (2007): »Immaterielle Vermögenswerte als Sicherheiten bei der Kre-
ditvergabe«, in: Kreditanstalt für Wiederaufbau (KfW) Bankengruppe (Hrsg.): *Beiträge zur Mittelstands- und Strukturpolitik*,
Nr. 39, S. 80–118.

Stichwortverzeichnis